AF524271

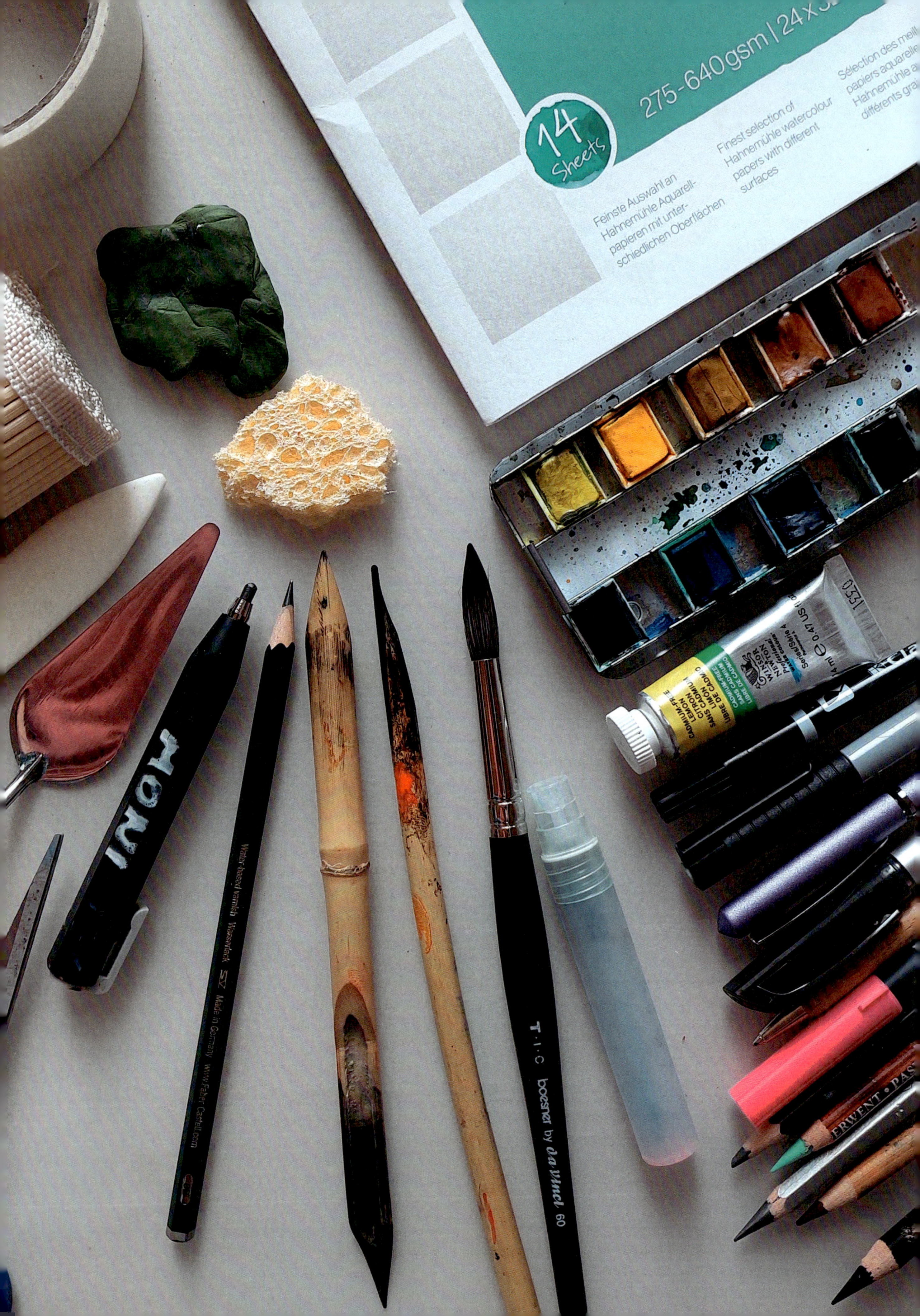
14 Sheets
275-640gsm
Feinste Auswahl an Hahnemühle Aquarell-papieren mit unter-schiedlichen Oberflächen
Finest selection of Hahnemühle watercolour papers with different surfaces
MONI
Made in Germany www.Faber-Castell.com
boesner by da Vinci 60

MONIKA REITER
CHRISTIN STAPFF

1x1 KREATIV

AQUARELLMALEREI WATERCOLOR

GRUNDWISSEN, MOTIVE, INSPIRATIONEN

INHALT

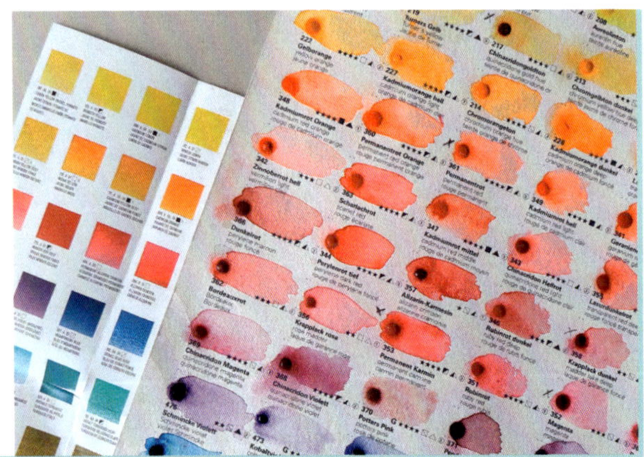

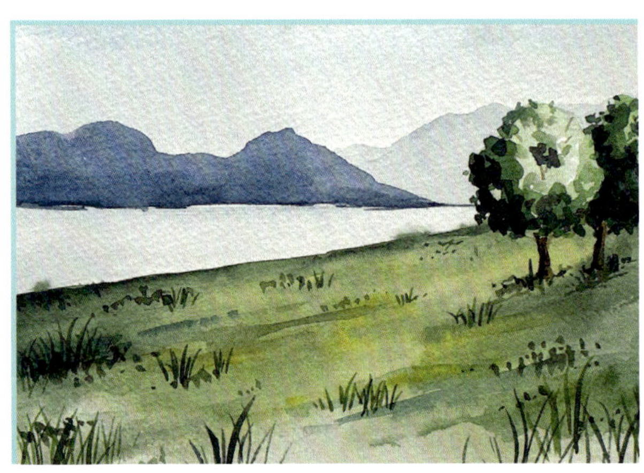

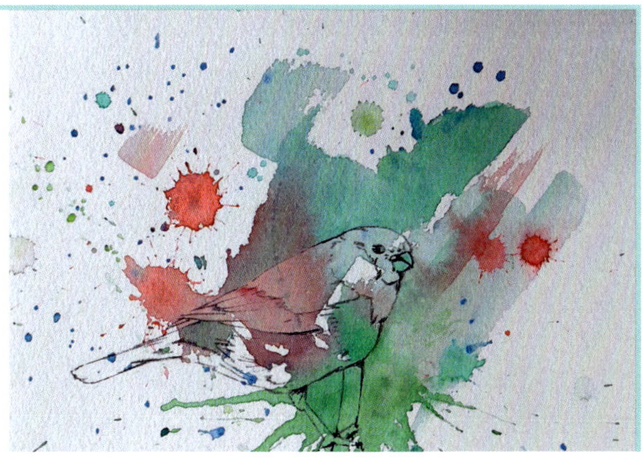

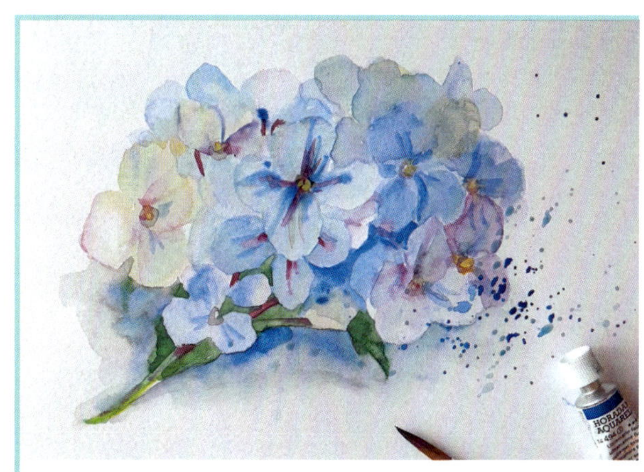

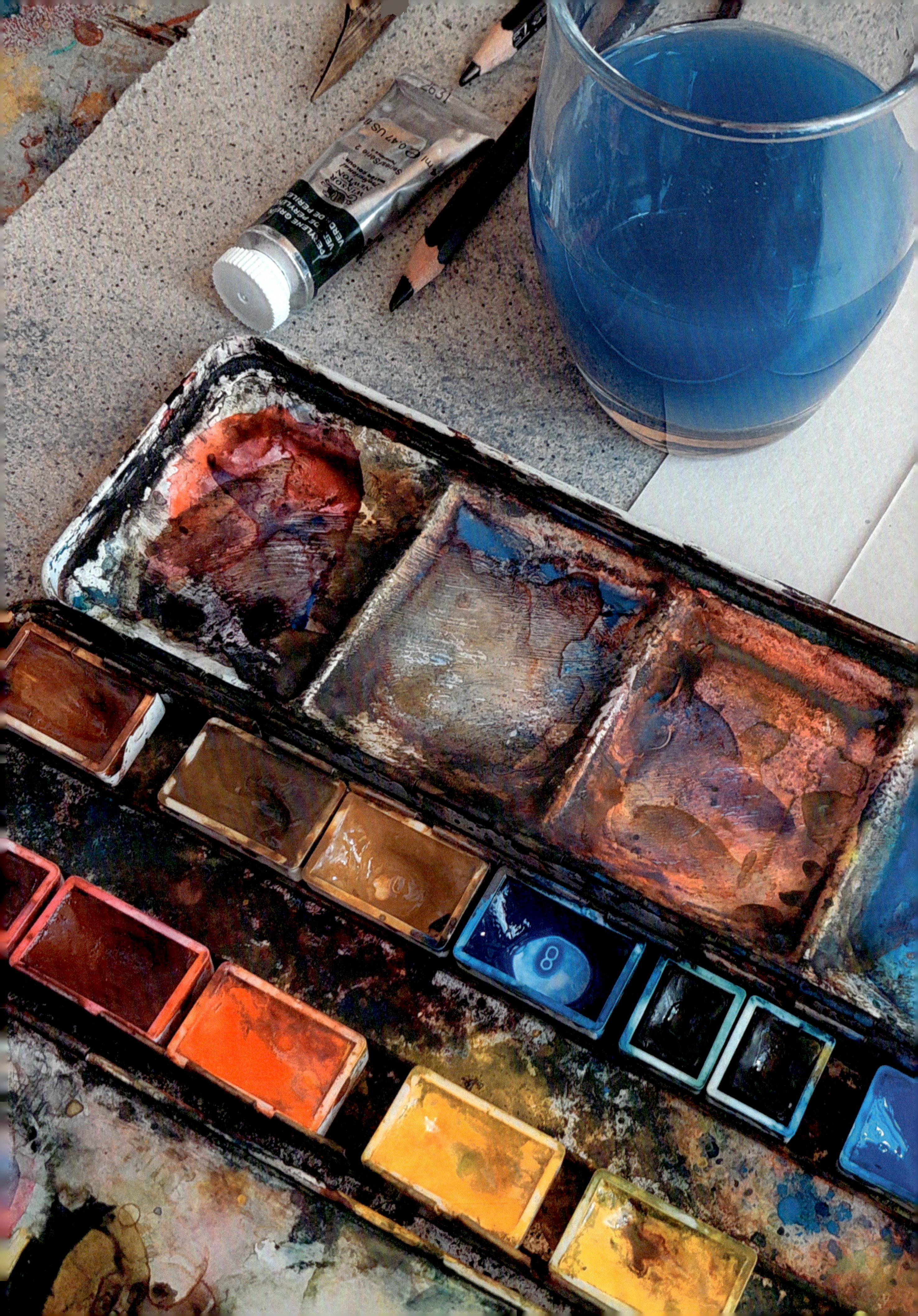

VORWORT

Hallo und willkommen …

… zum Grundlagenkurs 1 x 1 kreativ Aquarellmalerei und Watercolor. Moment mal: Wieso eigentlich Aquarellmalerei und Watercolor? Ist das nicht das Gleiche? Im Prinzip schon. Trotzdem kann man sagen, dass sich in den letzten Jahren neben den Techniken und Motiven der klassischen Aquarellmalerei eine neue Form des Umgangs mit Aquarellfarben etabliert hat, die keine Grenzen kennt.

Uns war es wichtig, zu zeigen, was Aquarellfarben alles können. Deshalb haben wir dieses Buch im Team erarbeitet.

Wir, das sind Monika, Künstlerin und Workshop-Leiterin und die bekannte Bloggerin Christin, die auf Youtube mit vielen Tutorials vertreten ist. Wir zeigen dir unsere Techniken und Motive und bringen dir unsere Liebe für die fließenden und transparenten Farben näher.

Auf dieser Seite findest du einen QR-Code. Über diesen Code kannst du viele Vorlagen zu den Motiven im Buch herunterladen. Das erleichtert dir den Einstieg, wenn du ein schwierigeres Motiv malen möchtest.

Wir wünschen dir viel Spaß!

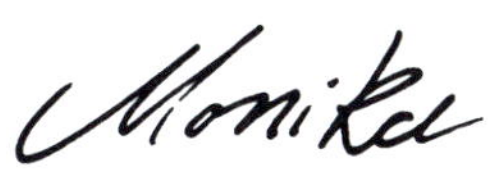
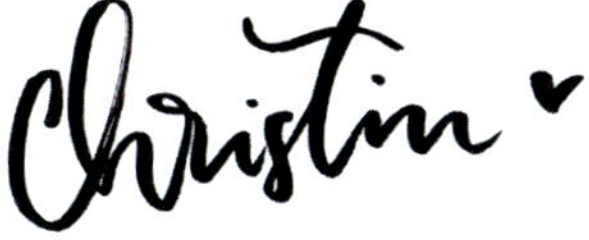

Die Vorlagen zu diesem Buch stehen in Ihrer Digitalen Bibliothek unter **www.topp-kreativ.de/digibib** nach erfolgter Registrierung zum Ausdrucken bereit. Den Freischalte-Code findest du im Impressum.

1 **Material**kunde

Die Aquarellmalerei entwickelt sich erst im Laufe des 20. Jahrhunderts zu einer eigenen Kunstform, nahm ihren Anfang aber bereits im 18. Jahrhundert in England. Dort stellte die Firma Winsor & Newton erstmals Aquarellfarbe in Näpfchen her. Das ermöglichte eine wesentlich einfachere Handhabung der Farben – und es wurde möglich, im Freien und vor Ort zu malen. In Deutschland ist die Aquarellmalerei vor allem mit den Künstlernamen Emil Nolde, August Macke und Paul Klee verbunden.

Der einfache Transport der Farben und Materialien, beispielsweise auf Reisen oder im Freien, sowie die vielfältigen Möglichkeiten, die uns das Aquarell bietet, macht es bei Künstler:innen zu einem geschätzten und beliebten Malmedium.

Hinweis

» Pigmente sind der Grundstoff jeder Künstlerfarbe. Die Träger der Pigmente sind bei den Aquarellfarben Gummiarabikum, Glycerin oder Honig. Verdünnt mit Wasser kann rasch jede Farbnuance ermischt werden. Heutzutage sind Aquarellfarben relativ lichtecht, dennoch sollten sie nicht starkem Sonnenlicht ausgesetzt werden. Wichtige Aspekte beim Kauf einer Farbe sind Transparenz, Lichtechtheit und Granulation. Starte deshalb nicht mit Billigfarben, wenn leuchtende Aquarelle entstehen sollen. Ein Kasten in Künstlerqualität zahlt sich aus. Näpfchenfarben sind für Aquarellneulinge am leichtesten zu handhaben.

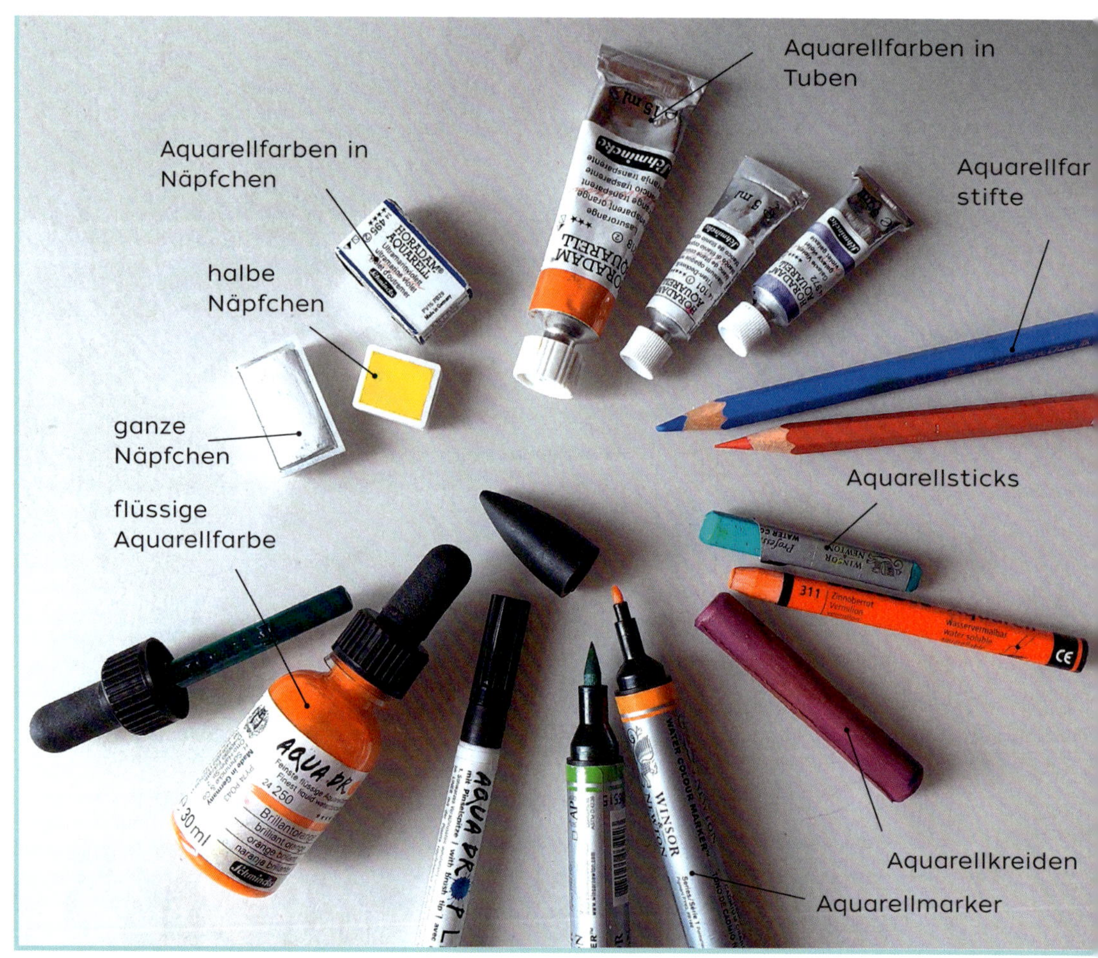

Aquarellfarben

Näpfchen, Tuben, Sticks und Marker: Echte Pigmentaquarellfarbe gibt es von flüssig bis fest. Mit flüssiger Aquarellfarbe kannst du sogar auf Keilrahmen malen. Je nachdem, welche Technik du anwenden möchtest und wie groß das gewünschte Format sein soll, gibt es verschiedene Farbsorten.

Hinweis 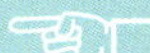

» Auch für Tubenfarben gibt es geschickte, vorsortierte Kästen.

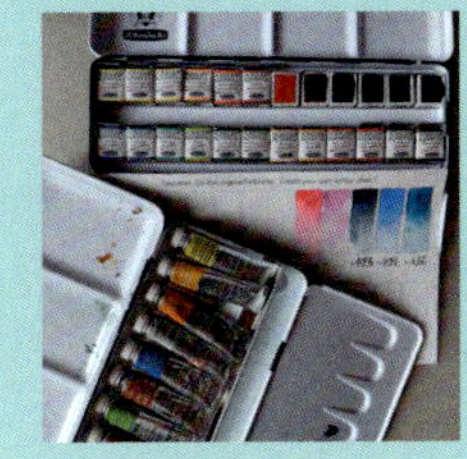

Aquarellkasten

Erstelle für deinen Kasten immer zuerst eine Farbkarte. Im Näpfchen sehen die Farben anders aus als mit Wasser angelöst. Bei einem schon vorhandenen, gebrauchten Aquarellkasten vergleichst du deine Farben am besten mit Prospekten diverser Hersteller.

Von Premiumherstellern wie Schmincke, Lukas oder Winsor & Newton gibt es sogar Echtfarbkarten. Das Auftragen der Farbtupfen ist eine schöne Möglichkeit, sich mit der Welt der leuchtenden Aquarellfarben bekannt zu machen und die ein oder andere Lieblingsfarbe zu entdecken.

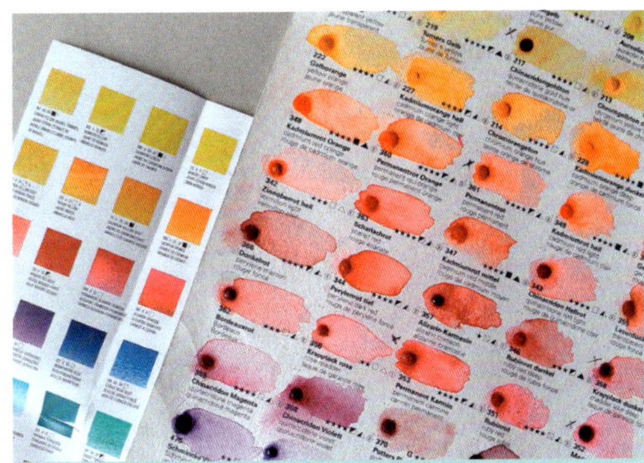

Kasten zusammenstellen

Möchtest du dir einen Kasten neu zusammenstellen, reicht ein überschaubares Farbsortiment mit neun oder zwölf Farben völlig aus. Besorge dir zuerst einen Leerkasten, der mit ganzen Näpfchen gefüllt werden kann.

Farbsortiment mit zwölf Farben: Zitronengelb, Mittelgelb, Cadmiumgelb dunkel, Kobalt Blauton, Ultramarin, Preußisch Blau, Permanentrot, Krapplack dunkel, Magenta, Siena Natur, Umbra Natur, Siena gebrannt.

Farbsortiment mit neun Farben: Zitronengelb, Cadmiumgelb dunkel, Coelinblau, Ultramarin, Lasurbraun, Phthalogrün, Lasur Orange, Permanentrot, Magenta.

Bei Vielmaler:innen sind Tubenfarben sehr beliebt. Sie eignen sich für größere Formate und können auch in leergemalte Näpfchen nachgefüllt werden.

Leerkästen und Paletten für Tubenfarben gibt es in allen möglichen Größen und Ausführungen.

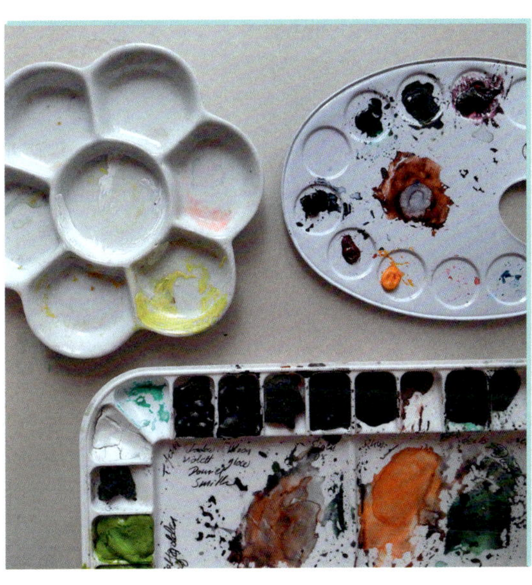

Tipps & Tricks

✦ Es gibt inzwischen sogar schwarze Keilrahmen, auf denen du mit Aquarellfarben malen kannst.

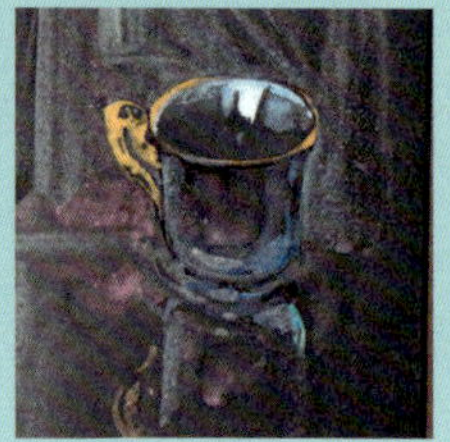

Effektvolle Farben

Viele neue Techniken haben die Farbhersteller dazu bewogen, interessante und besondere Farben einzuführen. So gibt es schillernde Perlglanz-Farbtöne, die auf dunklem Papier ihre Wirkung besonders gut entfalten. Auch Metallicfarben wie Silber und Gold sind als Aquarellfarbe erhältlich, ebenso wie Farben mit extremem Granulier-Effekt.

Besonders interessant - da nachhaltig - sind Schwarznuancen aus Fruchtkernen, die ebenfalls mit Gummiarabikum gebunden sind. All diese Farben werden einzeln und in Sonderkästen und Sets angeboten.

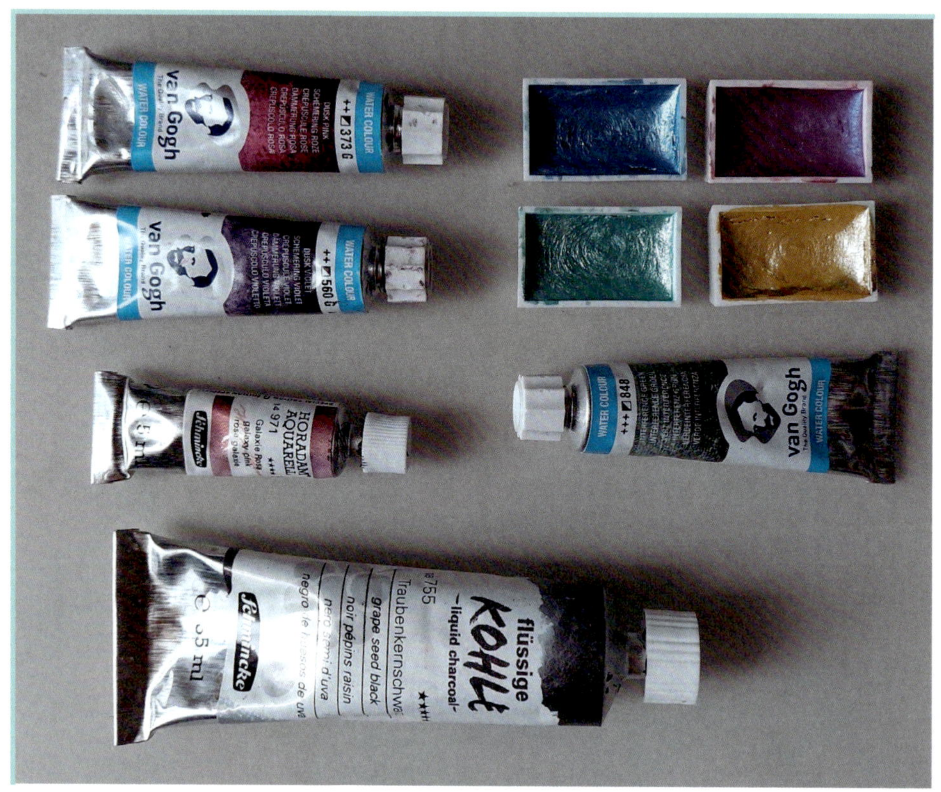

So wirken diese Farben auf weißem oder schwarzen Aquarellkarton:

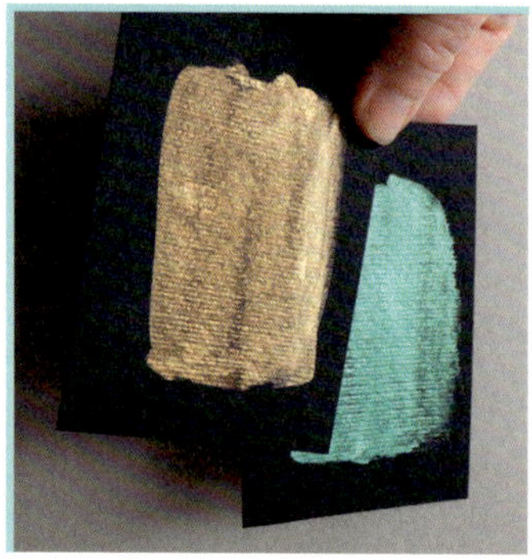

Glanzeffektfarben

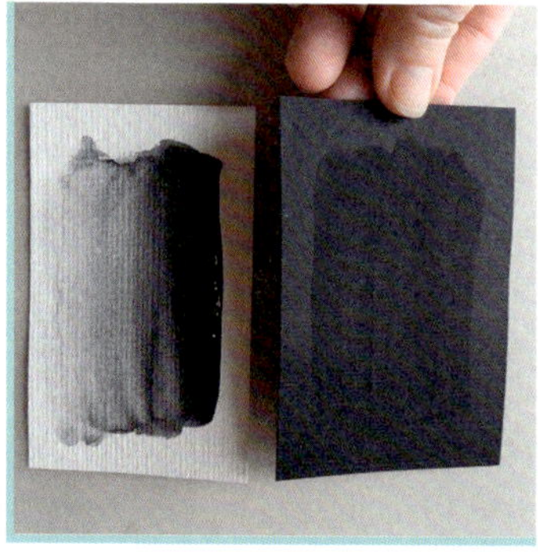

Kohlfarbe auf Schwarz und Weiß

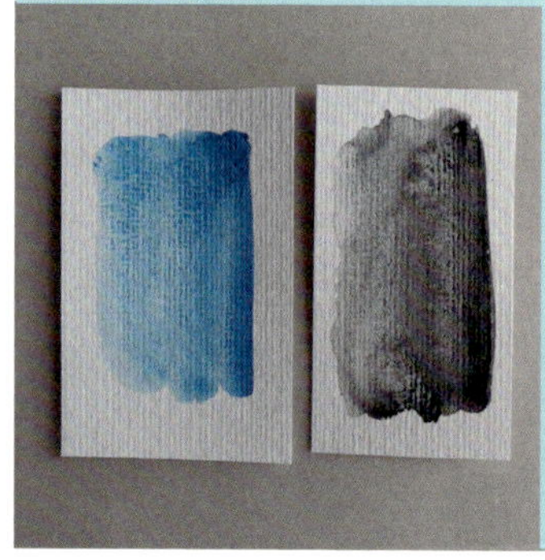

Granulierende Farben

Malmittel

Für die Aquarellmalerei gibt es verschiedene Hilfsmittel. Durch deren Verwendung lässt sich die Aquarellfarbe verändern und es können unterschiedlichste Malgründe bemalt werden. Universalbindemittel machen sogar das Herstellen eigener Aquarellfarben möglich.

Ochsengalle

Ochsengalle, die es in Näpfchen, Tuben oder in flüssiger Form gibt, ist ein sogenanntes Fließmittel. Setzt man es der Aquarellfarbe zu, wird diese fließfähiger. Gleichzeitig verringert sich der Aquarellglanz und die Farbe haftet besser auf dem Untergrund.

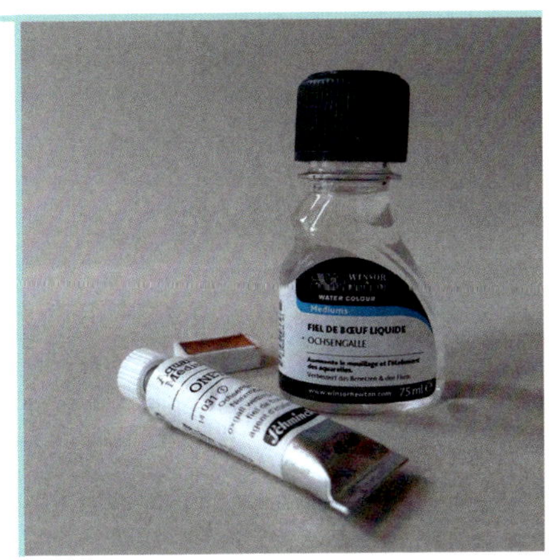

Gummiarabikum

Das Hauptbindemittel der Aquarellfarbe verstärkt deren Glanz. Gleichzeitig wird die Aquarellfarbe leichter wasserlöslich. Gummiarabikum eignet sich auch zum Verkleben leichter Papiere. Ähnlich wie mit Honig kannst du mit Gummiarabikum durch Zusatz von Pigment eine einfache Aquarellfarbe herstellen.

Universalbindemittel

Versetzt man Universalbindemittel mit Pigment, erhält man schon eine haltbare Aquarellfarbe. Wie Gummiarabikum kann Universalbindemittel ebenfalls zum Verkleben von Papier verwendet werden.

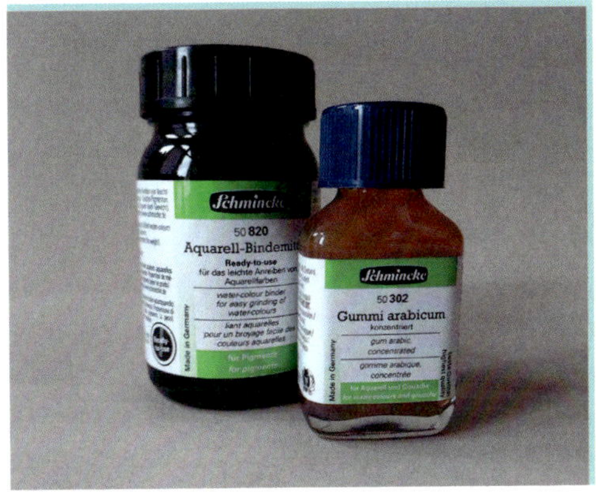

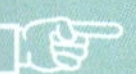

Hinweis

» Vorsicht! Maskierflüssigkeit schrottet Haarpinsel. Verwende deshalb am besten einen alten Kunststoffpinsel und seife ihn vor dem Auftrag ein. Wasche ihn sofort nach dem Benutzen mit Seife aus.

Tipps & Tricks

✦ Falls du einen Maskierstift verwendest, säubere diesen am besten vor und nach dem Benutzen mit einer Stecknadel, da sich die Masse in der dünnen Spitze gern verklebt.

Weitere Hilfsmittel

Aquashine

Mit Aquashine erhält jede Aquarellfarbe einen Perlglanz. Du mischst dieses Malmittel deinen Farben in einer separaten Mischpalette zu. Aquashine kann auch lasierend auf ein getrocknetes Aquarell aufgebracht werden.

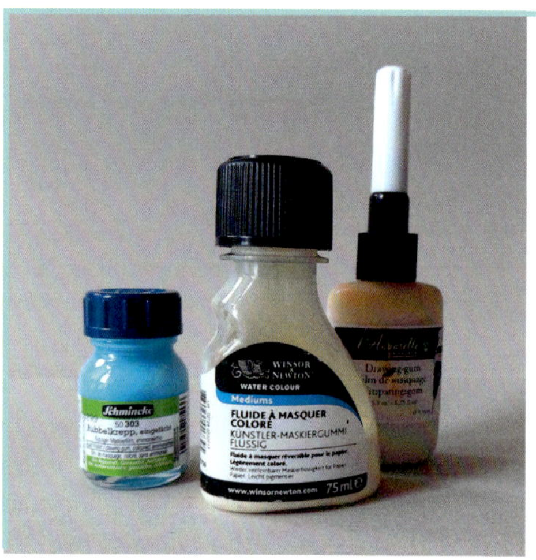

Maskierflüssigkeit

Maskierflüssigkeit erleichtert es dir, in einem Aquarell das Papierweiß stehen zu lassen. Es gibt farbige und transparente Maskierflüssigkeit. Du trägst sie auf die Stellen auf, an denen du später keinen Farbauftrag möchtest. Anschließend kannst du die zuvor maskierten Stellen übermalen. Nach dem Trocknen der Farbe rubbelst du die Maskierflüssigkeit vorsichtig mit dem Finger ab. Transparente, permanente Maskierflüssigkeit bleibt auf dem Bild.

Grundierungen

Spezielle Grundierungen wie Aquagrund grob oder fein sind dazu gedacht, unterschiedliche Malgründe wie Pappen oder Holzplatten bemalbar zu machen. Gesso, eine transparente Grundierung, lässt dagegen den Untergrund durchscheinen. Bringt man es beispielsweise auf Holz auf, wird die Holzoptik zum Aquarellgrund.

Mit diesen Grundierungen können auch Keilrahmen vorbereitet werden.

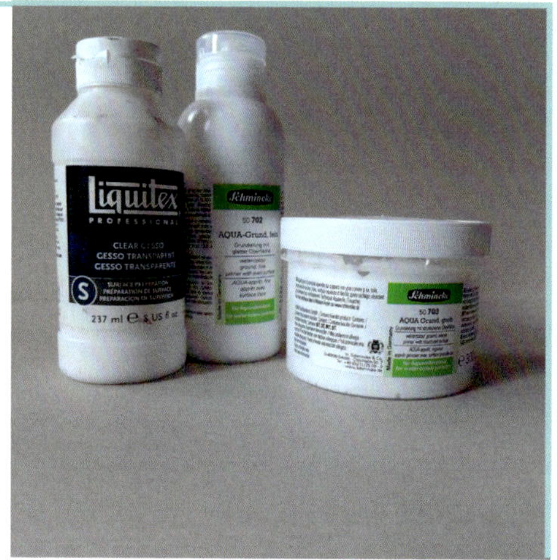

Papiere

Aquarellfarben wirken auf verschiedenen Papieren sehr unterschiedlich. Die meisten gängigen Papiere sind kalt gepresst. Heiß gepresstes Papier saugt die Farbe gut an und ist deshalb für Lasurtechniken bestens geeignet. Bist du noch Aquarellneuling, starte am besten mit maschinell hergestellten Aquarellkartons. Nachhaltig sind Papiere aus nachwachsenden Rohstoffen wie Agave oder Bambus, die sich für alle Aquarelltechniken eignen. Handgeschöpftes Büttenpapier ist am teuersten und für Nasstechniken perfekt geeignet.

Natürlich kannst du auch auf farbigen Papieren malen. Perlglanzfarben erlauben sogar Motive auf schwarzen Untergründen (siehe Seite 63).

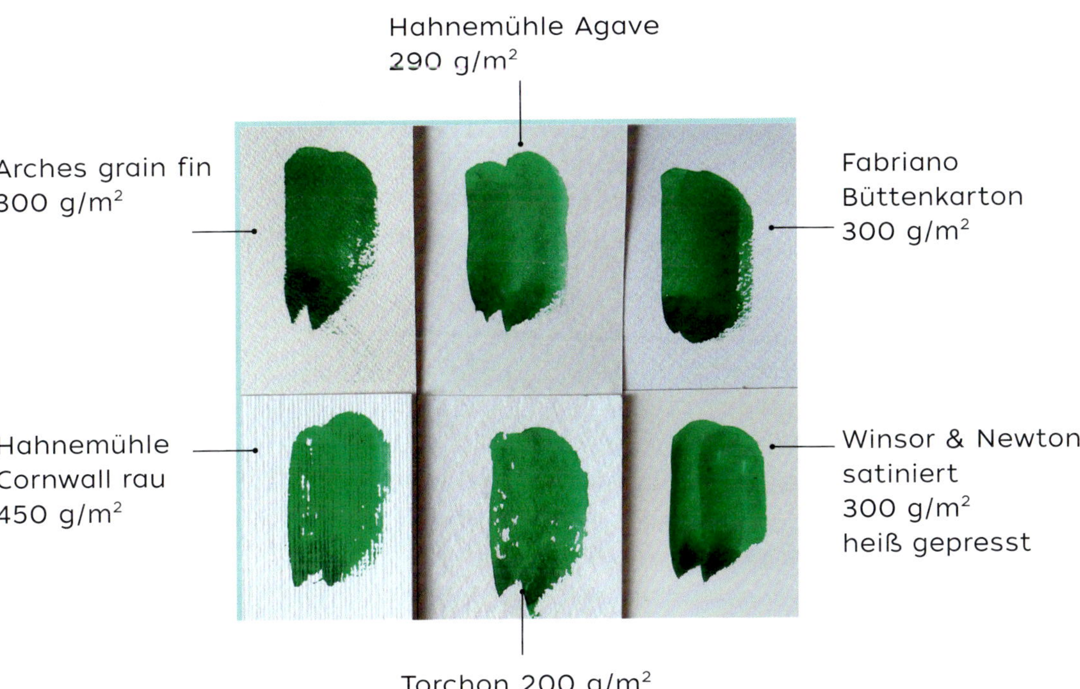

Aquarellblöcke

Blöcke, Spiralblöcke und Aquarellskizzenbücher gibt es von unterschiedlichen Herstellern in verschiedenen Größen. Für den Start sind Spiralblöcke mit einem Papiergewicht von mindestens 300 g/m² eine gute Wahl. Das Papier bleibt formstabil und der Block eignet sich auch gut für unterwegs. Für die Übungen im Buch sind Blöcke in kleinem Format, zum Beispiel von 17 x 24 cm, ausreichend.

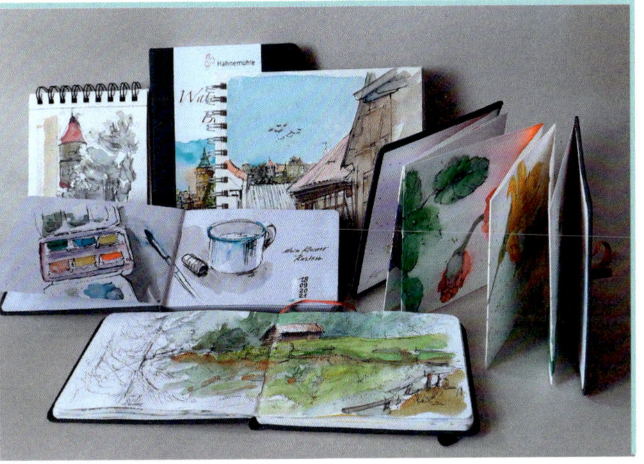

Tipps & Tricks

✦ Ein Aquarellblock mit unterschiedlichsten Papierarten vereinfacht das Kennenlernen der Papiereigenschaften.

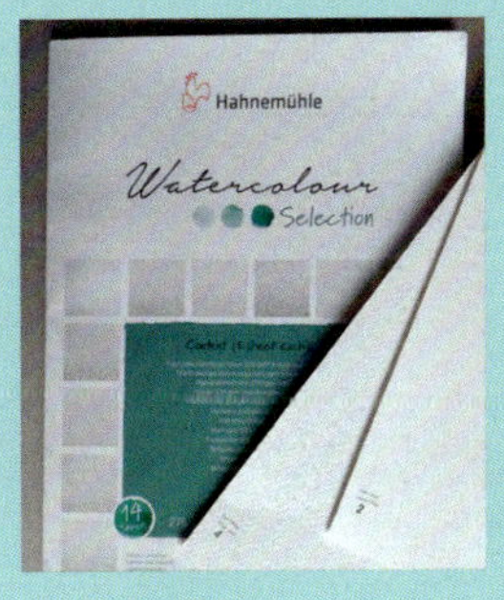

Hinweis

» Schwarze Papiere bringen Perlglanzfarben und weiße Farbaufträge am besten zur Geltung.

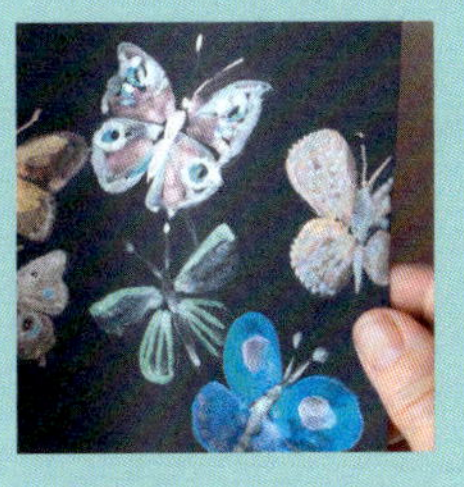

Motiv & Vorlage

☞ **Hinweis**

» Das freie Zeichnen und Malen eines Motivs sollte ein regelmäßiger Übungsbestandteil sein. Nur so kannst du deinen eigenen Stil finden und ausbauen.

Ein Motiv auf ein weißes Blatt Papier zu bringen ist für Aquarellneulinge keine leichte Aufgabe. Versuchst du auch noch, ein Bild 1:1 der Wirklichkeit entsprechend umzusetzen, kann dich das kreativ blockieren und den Malprozess deutlich einschränken. Wirkungsvoller ist es, mit seinen künstlerischen Mitteln die Realität neu zu interpretieren. Das nimmt den Druck und lässt Körper und Geist entspannter ins Malen abtauchen.

Du hast dich für ein Motiv entschieden? Bevor es direkt mit dem Malen losgeht, kannst du dir noch einige Fragen zur Bildgestaltung stellen:

- Welches Format eignet sich für mein Motiv? Möchte ich im Quer-, Hoch- oder quadratischen Format malen? Habe ich vielleicht sogar Lust auf ein ganz ausgefallenes oder ein rundes Format?
- Welches Element in meinem Motiv möchte ich hervorheben?
- Welche Maltechniken kann ich für mein Motiv einsetzen?
- Welche ersten Ideen zu den Farben fallen mir für die Bildgestaltung ein?

Für die erste Skizze gibt es neben dem freien Zeichnen verschiedene Möglichkeiten, deine Motive auf dein Aquarellpapier zu übertragen. Auf den folgenden Seiten findest du mehrere Methoden, um Vorlagen zu übertragen. Nutze diese gern, auch für Fotovorlagen oder lizenzfreie Vorlagen aus dem Internet.

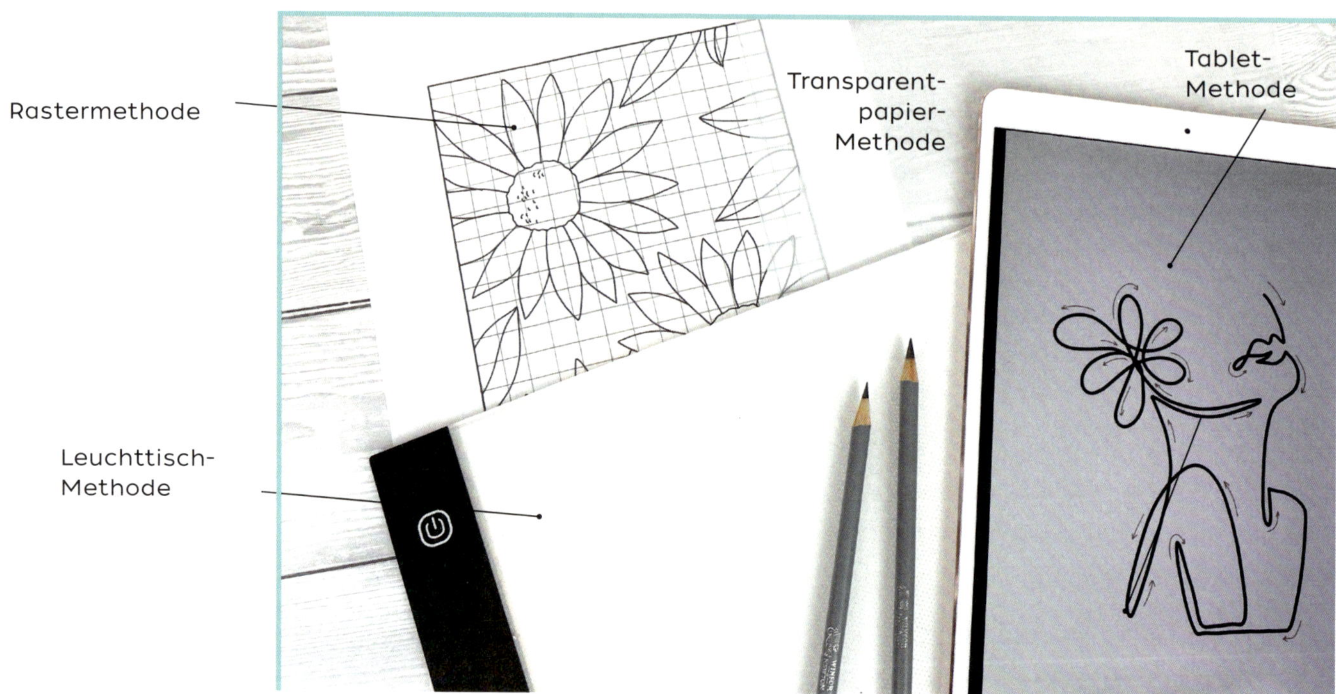

Ein Motiv frei malen

Fertige in deinem Skizzenbuch mit einem Bleistift erste Skizzen deines Motivs an. Aus diesen ersten gezeichneten Ideen kannst du diejenigen wählen, die dir geeignet erscheinen. Das kann auch ein Ausschnitt sein. Übertrage eine deiner Skizzen schließlich auf dein Aquarellpapier.

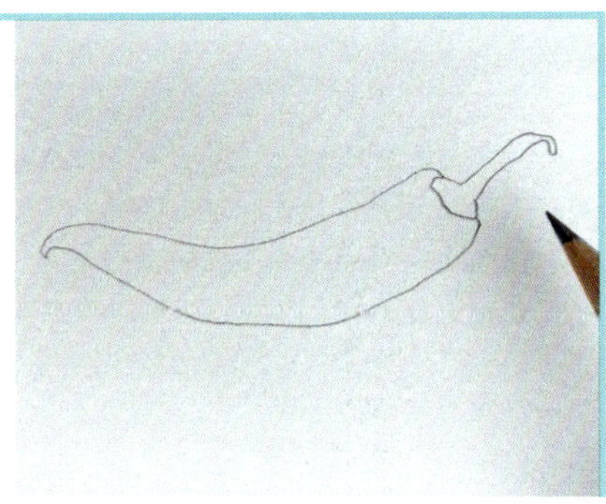

1 Motiv auswählen
Entscheide dich für ein reales Motiv, ein Foto oder eine Grafik. Für den Einstieg ins Aquarell eignen sich vor allem Motive mit einfachen Formen und Strukturen.

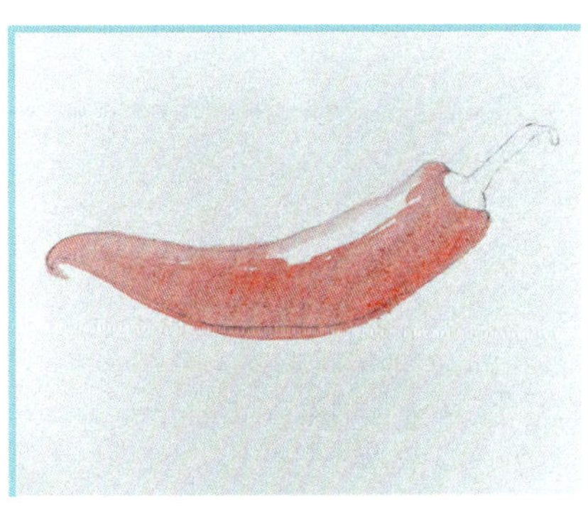

2 Erster Farbauftrag
Befülle deinen Pinsel mit einem transparenten Rot und trage die Farbe auf deiner Chilischote auf. Der obere Teil der Schote bleibt hell, das Weiß des Papiers soll hier noch gut durchscheinen. Das sind die Lichtreflexe.

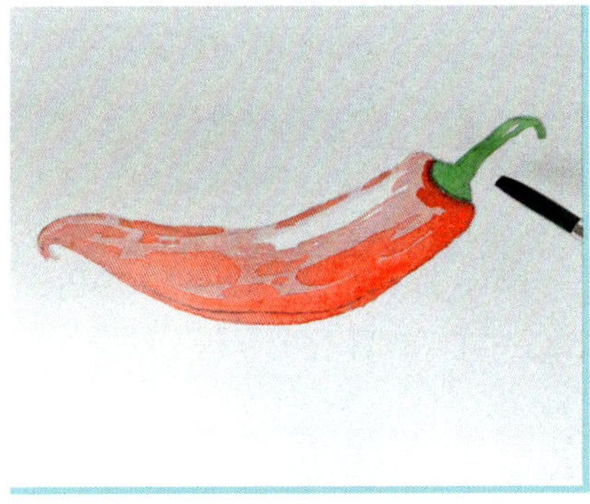

3 Schatten festlegen
Schattenbereiche können nach dem Trocknen der ersten Schicht aufgetragen werden. Verdünne den Rotton mit weniger Wasser und trage ihn vor allem auf den unteren Teil der Schote auf.

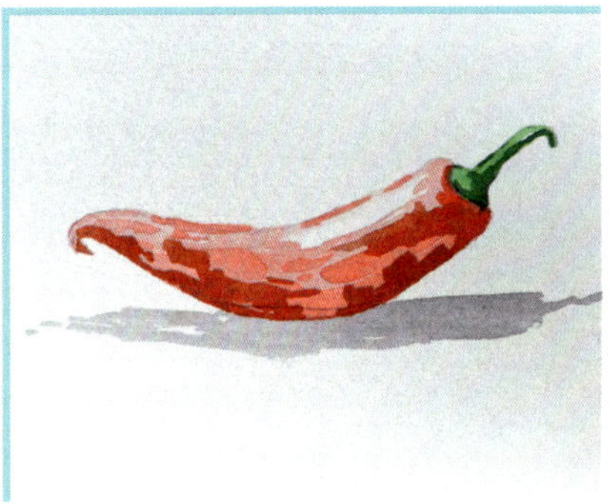

4 Der eigene Stil
Mit Details nach deinem Geschmack kannst du deinen eigenen Stil einbringen. Probiere gern mal einen Hintergrund aus, feinere Schattenbereiche, Blätter in der Komplementärfarbe oder Finelinerlinien.

Tipps & Tricks

✦ Du weißt nicht, was du malen sollst? Sieh dich einfach in deinem Zuhause nach geeigneten Motiven um. Starte mit ein bis zwei Gegenständen und arbeite dich dann mit etwas Übung zu mehr Dingen und zum freien Malen vor.

Hinweis

» Die Vorlage für die Chillischote findest du in der Digitalen Bibliothek..

Komposition

Möchtest du ein Bild in Aquarell malen, ist es nicht nötig, das Motiv 1:1 genauso umzusetzen, wie du es in deiner Vorlage siehst. Du kannst dir das Wissen über Kompositionsregeln zunutze machen, um deine Bilder spannender und ausdrucksstärker zu gestalten. Auch für die Auswahl deiner Vorlagen kann die Theorie der Bildgestaltung hilfreich für dich sein.

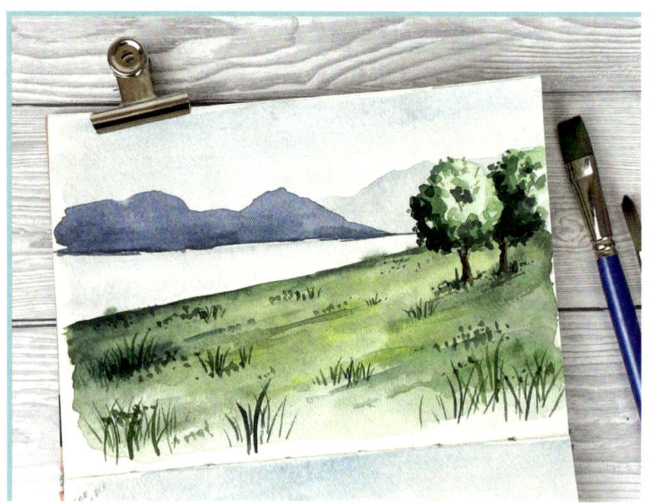

Linien und Flächen lenken die Aufmerksamkeit der Betrachtenden durch das Bild. Um diese Linien und Flächen zu erkennen, ist es wichtig, dass du dein Motiv mit Abstand betrachtest und die Details ausblendest. Bleistiftskizzen helfen dir dabei, dein Aquarellbild in grobe Formen einzuteilen. Unsere Leserichtung von links nach rechts ist so tief in uns verankert, dass Linien, die von links nach rechts verlaufen, positiv auf uns wirken. Umgekehrt verlaufende Linien lösen hingegen eher negative Gefühle in uns aus.

Der Goldene Schnitt

Der Goldene Schnitt ist schon seit Jahrtausenden ein klassisches Mittel der Bildgestaltung. Damit kannst du Bildelemente in deinem Motiv ganz harmonisch gestalten. Vielleicht hast du selbst schon festgestellt, dass ein genau in der Mitte platziertes Hauptelement meistens langweilig wirkt. Viel mehr Spannung bekommt es, wenn du es im Verhältnis 1:1,618 platziert. Vereinfacht heißt das: in einem Verhältnis von einem Drittel zu zwei Dritteln. Dabei verhält sich der kleine Bildteil zum größeren Bildteil wie der größere Bildteil zum Gesamtbild.

Das Beispiel zeigt dir die Aufteilung der vier verschiedenen Varianten des Goldenen Schnitts. Die bewusst eingesetzte Asymmetrie wirkt auf uns beruhigend.

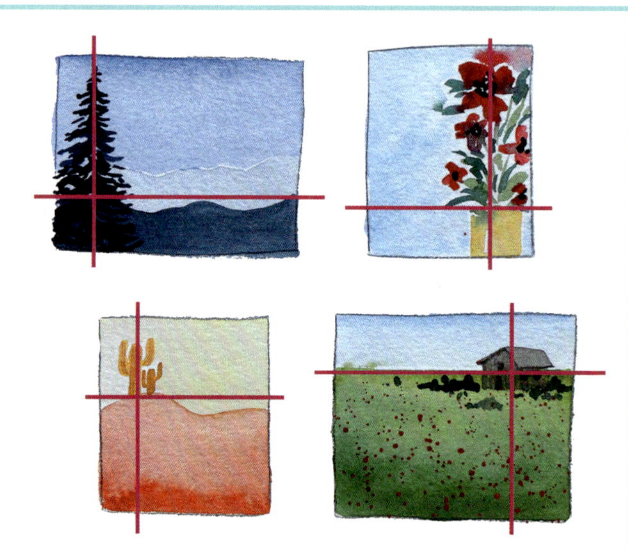

Transparentpapier-Methode

Für die Transparentpapier-Methode zum Übertragen von Vorlagen brauchst du Bleistifte in unterschiedlichen Härtegraden. Der große Vorteil dieser Übertragungsmethode ist, dass du auch feine Details ganz leicht übertragen kannst.

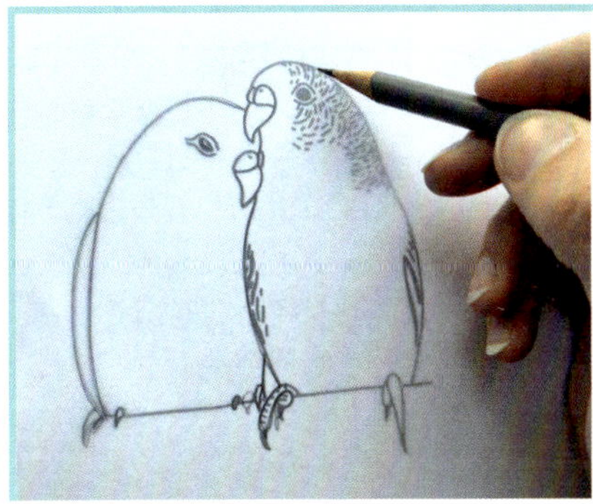

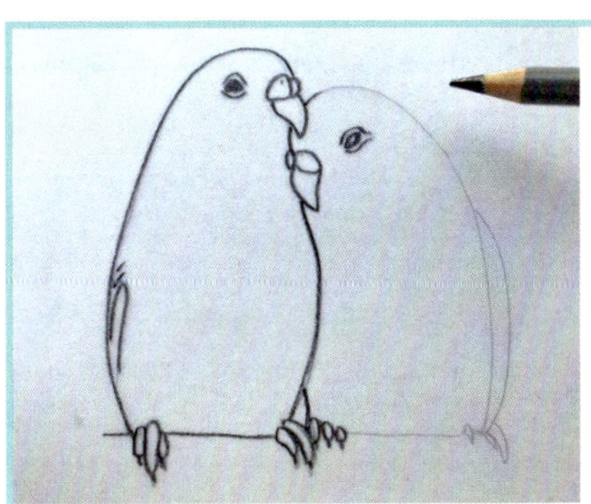

1 Vorlage durchpausen
Drucke deine Vorlag aus. Lege anschließend dein Transparentpapier darüber und fixiere es. Zum Fixieren eignen sich Abklebeband oder Washi Tape, weil sie sich ohne Rückstände wieder ablösen lassen. Fahre die Linien mit einem Bleistift H oder 2H auf deinem Transparentpapier nach.

2 Linien rückseitig nachziehen
Wende nun das Blatt und ziehe die Linien mit einem weichen Bleistift 4B oder 6B erneut nach.

Tipps & Tricks

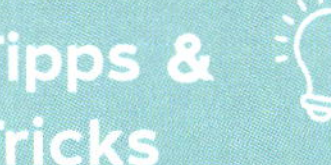

✦ Solltest du kein Transparentpapier zuhause haben, kannst du auch einfach Backpapier oder Butterbrotpapier benutzen. Es hat ähnliche Eigenschaften wie das Transparentpapier und eignet sich für diese Methode genauso gut. Wenn es ganz genau werden soll, kannst du auch transparentes Linienpapier verwenden.

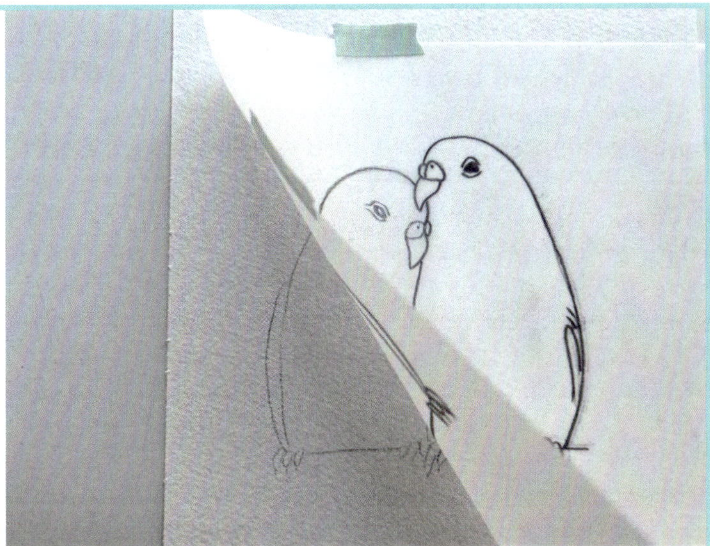

3 Bleistiftlinien übertragen
Wende das Blatt erneut und lege es auf dein Aquarellpapier. Fixiere das Transparentpapier dort gut, damit nichts verrutschen kann. Ziehe dann mit einem harten Bleistift die Linien sorgfältig wieder nach. Nach dem Entfernen des Transparentpapiers hat sich das Grafit des weichen Bleistifts auf das Aquarellpapier übertragen.

Vorlagen vergrößern

Eine sehr beliebte Methode, um Vorlagen zu übertragen, ist die sogenannte Rastermethode. Da sie aufwendiger ist als alle anderen Übertragungsmethoden, eignet sie sich vor allem dafür, Vorlagen zu vergrößern. Deine Vorlage liegt im Format A6 vor und du möchtest sie gern im Format A4 oder A5 malen? Mit der Rastermethode kannst du sehr individuell entscheiden, wie groß dein Endmotivwerden soll.

Tipps & Tricks

✦ Du kannst deine Vorlage auch mithilfe deines Druckers vergrößern. Je nachdem, wie groß dein Endmotiv werden soll, ist es nötig, ein bisschen auszuprobieren. A3-Vorlagen lassen sich meist sehr einfach in den Druckereinstellungen als Poster ausdrucken. Nach dem Druck klebst du die A4-Seiten zu einer großen Vorlage zusammen.

Rastermethode

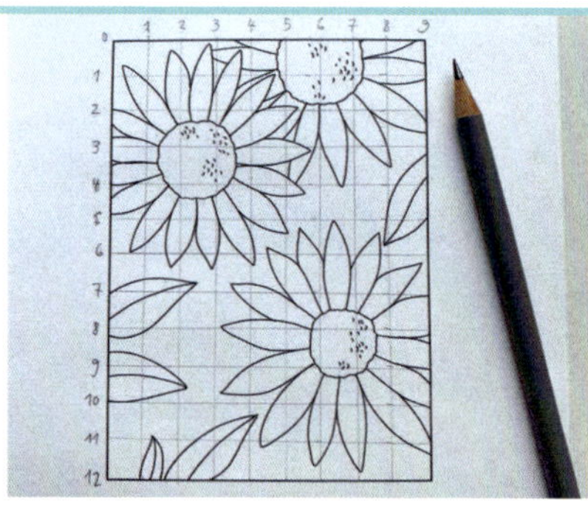

1 **Karomuster aufzeichnen**

Zeichne auf deine Vorlage ein schachbrettartiges Karomuster auf. Gib den Linien Zahlen.

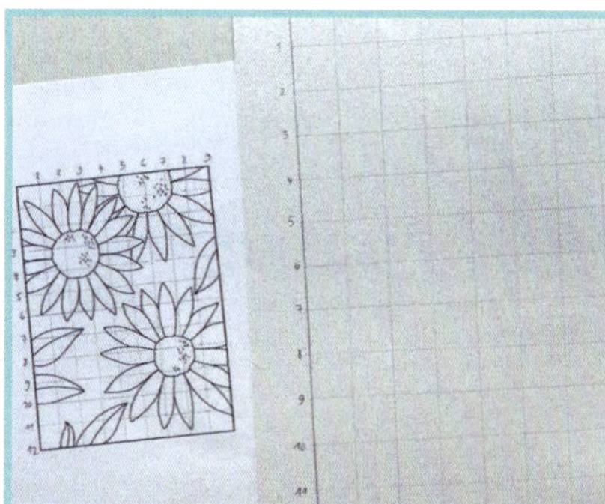

2 **Größe des Motivs bestimmen**

Nun zeichne auf einem größeren Blatt ebenfalls ein gleichmäßiges Karomuster in der Größe auf, die dein Motiv haben soll. Hier sind die Kästchen dann größer. Auch hier bekommen die Linien Zahlen.

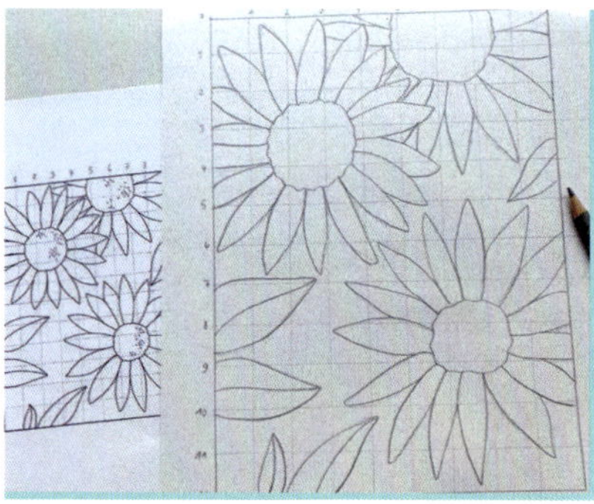

3 **Vorlage übertragen**

Übertrage die Linien deiner Vorlage nun auf dein größeres Raster. Orientiere dich dabei an den nummerierten Linien.

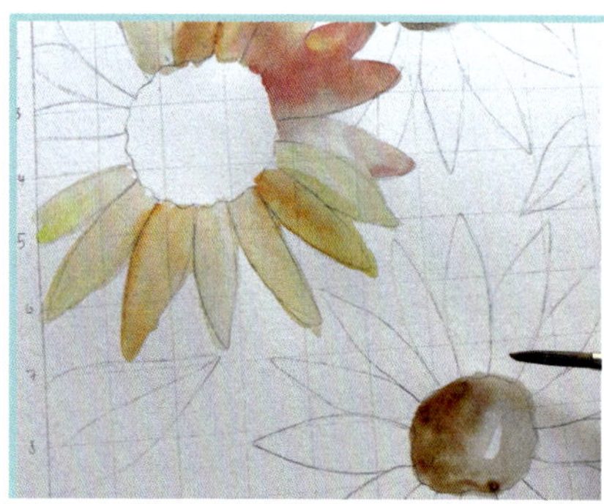

4 **Zwei Varianten**

Du hast nun zwei Möglichkeiten: Entweder überträgst du deine größere Vorlage mit der Transparentpapier-Methode auf dein Aquarellpapier oder du benutzt gleich ein Aquarellpapier und radierst die überstehenden Linien weg.

Tablet als Leuchttisch

Eine etwas modernere und digitale Herangehensweise ist das Übertragen einer Vorlage mit der Tablet-Methode. Hierbei verwendest du dein Tablet einfach als Leuchttisch. Diese Arbeitsweise hat den Vorteil, dass das Übertragen meist zügiger geht als mit den anderen Methoden.

Hinweis 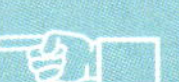

» Solltest du einen Leuchttisch besitzen, dann ist dieser sogar noch besser geeignet als die Tablet-Methode.

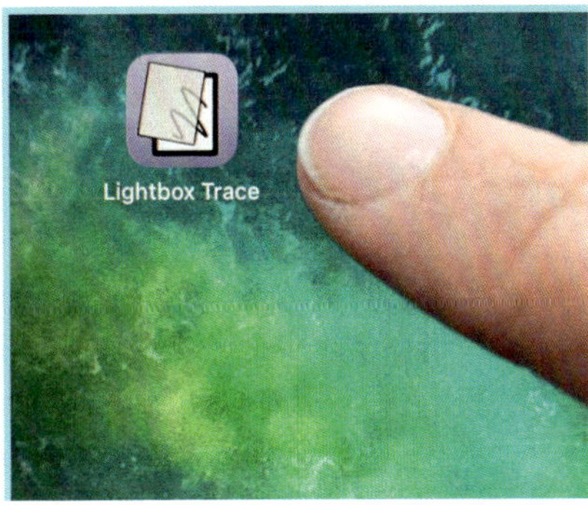

1 **App herunterladen**
Lade dir auf dein Tablet die kostenlose App »Lightbox Trace« herunter.

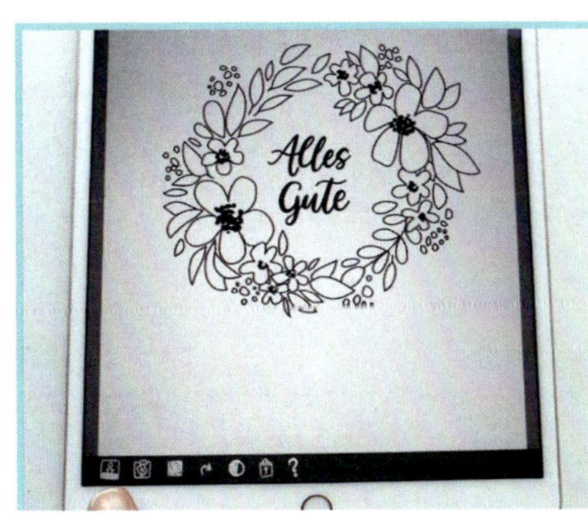

2 **Vorlage auswählen**
Öffne die App und wähle aus deinen Fotos die geeignete Vorlage aus.

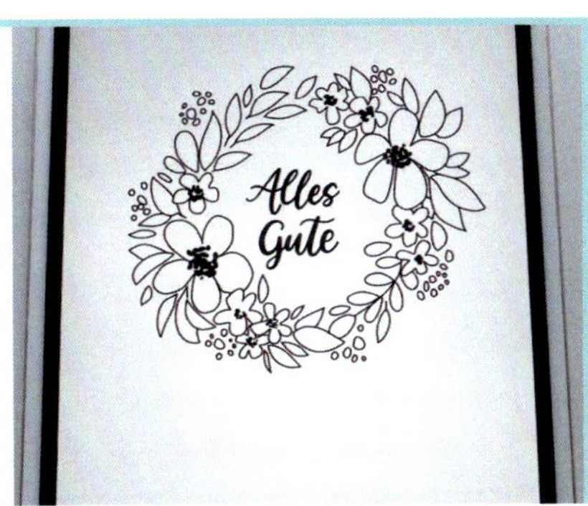

3 **App gegen Verschieben sichern**
Berühre das Schloss-Zeichen. Jetzt kann sich das Bild nicht mehr verschieben, wenn du mit deiner Hand zum Abzeichnen über das Tablet wischst.

4 **Vorlage durchzeichnen**
Lege dein Aquarellpapier auf das Tablet und zeichne die Linien mit einem Bleistift nach. Sollte die Vorlage nicht gut durch dein Papier durchscheinen, kannst du die Helligkeit deines Tablets erhöhen oder in eine dunklere Umgebung wechseln.

Hinweis 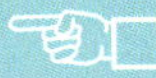

» Verwendest du Fotovorlagen aus dem Internet, solltest du stets die Lizenz überprüfen. Für den privaten Gebrauch dürfen die meisten Designs als Vorlage dienen. Anders sieht es für kommerzielle Zwecke aus. Greife dann lieber auf lizenzfreie Bildersuchmaschinen wie Pixabay, Unsplash oder Pexels zurück.

Pinsel & Co.

Tipps & Tricks

✦ Hänge ab und zu die nassen Pinsel mit der Spitze nach unten auf. Damit verhinderst du das Verbiegen und den Verlust von Haaren.

Lange Zeit war unter Aquarellmalenden die Meinung weit verbreitet, ein Marderpinsel sei der beste. Allerdings hat sich die Pinsellandschaft in den letzten Jahren stark verändert. Heute gibt es Kunstfaserpinsel, die dem Tierhaar sehr ähnlich und deshalb auch für alle akzeptabel sind. Wichtig ist, dass der Synthetikpinsel im nassen Zustand eine feine Spitze bildet und eine gewisse Elastizität beim Aufdrücken aufweist. Für den Anfang ist ein Rundpinsel in Größe 12 aus Synthetikfasern oder Mischfasern empfehlenswert. Wer gerne zeichnet, kann sich einen Pinsel mit Metallkappe zulegen, der bei Sketchern sehr beliebt ist. Für feine Details können zusätzlich noch Synthetikpinsel in Größe 6 und 3 angeschafft werden, da man damit einfacher aquarellieren kann. Mit der Zeit werden spezielle Pinsel wie Linierer, Schlepper, Flachpinsel und kreative Sonderpinsel dein Repertoire erweitern.

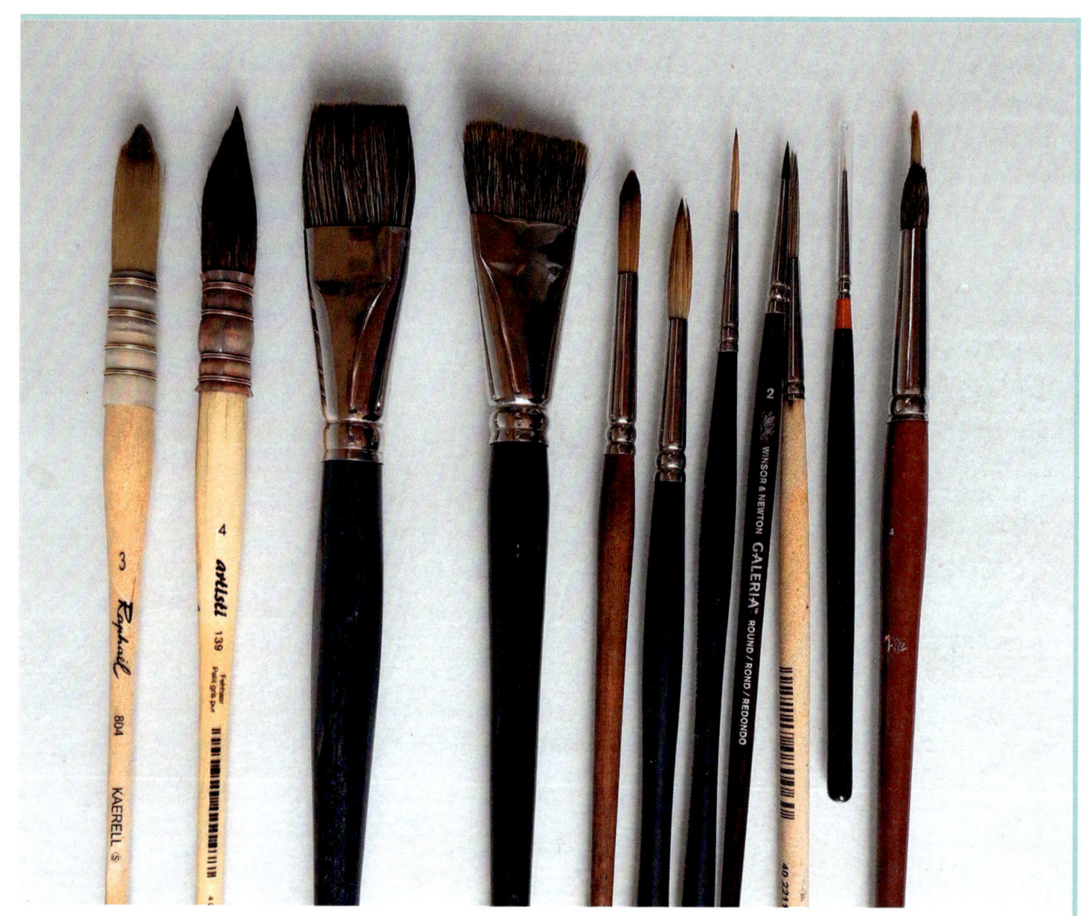

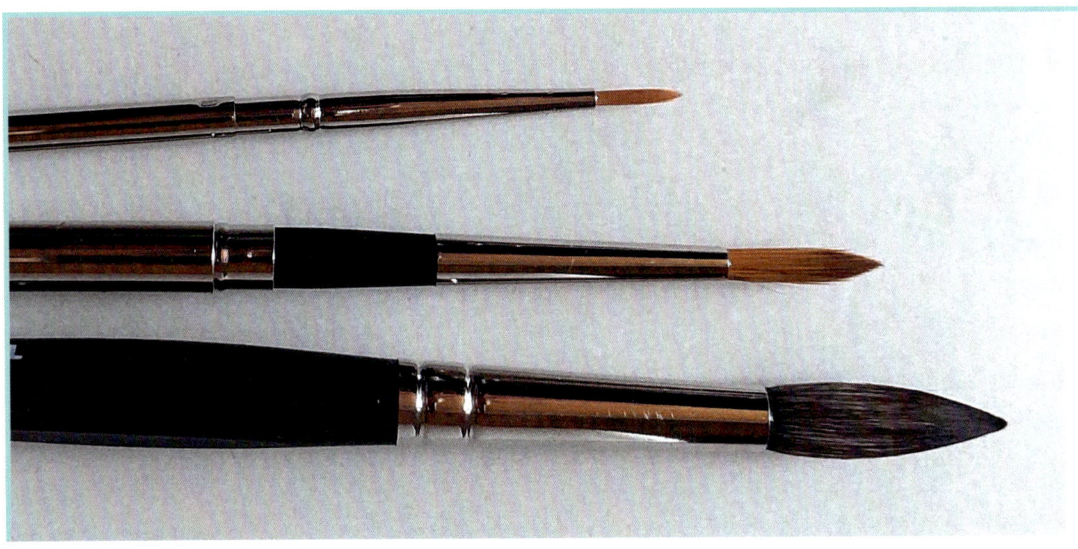

Je ein Synthetikpinsel in Größe 12, 6 und 3 ist für deinen Aquarellstart völlig ausreichend.

Palettmesser & Schwamm

Ein Palettmesser kann anstelle eines Pinsels verwendet werden und erzeugt eine völlig neue Optik. Ein Schwämmchen sorgt ebenfalls für interessante Strukturen. Zudem kannst du es benutzen, um überschüssige Farbe herauszusaugen oder abzutupfen.

Für besondere Effekte, für feine Linien oder zum Anlegen großer Flächen gibt es weitere, verschiedenartigste Pinsel. Lege dir nach deinen Vorlieben nach und nach ein Sortiment davon an.

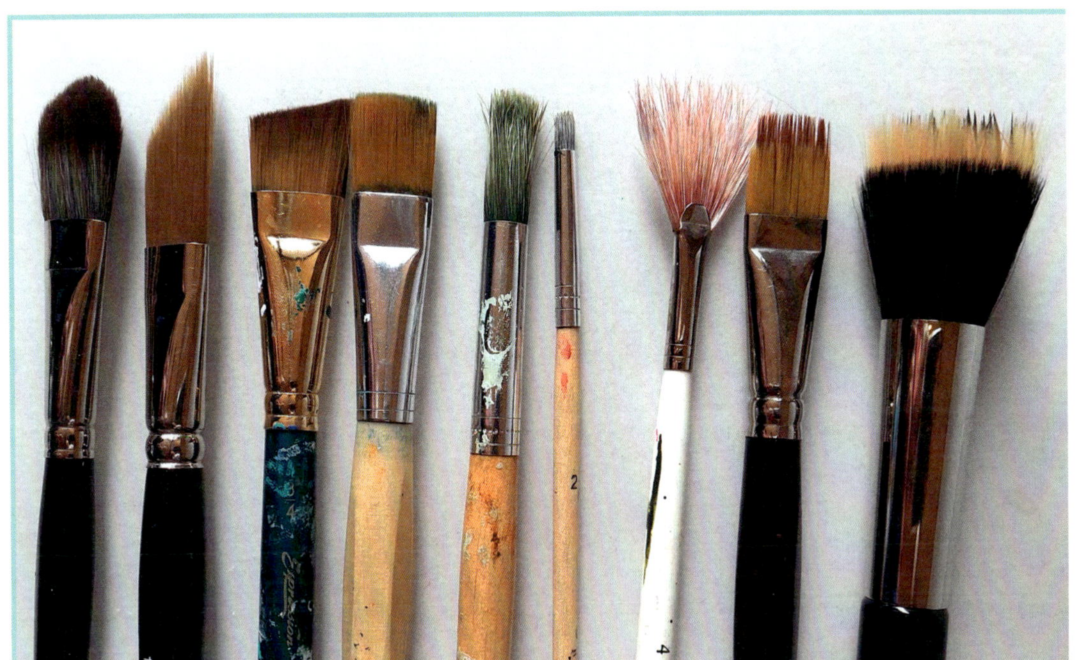

Deine Grundausstattung:

Es reichen schon wenige Materialien, damit du mit dem Aquarellmalen loslegen kannst. Hier eine Übersicht:

- Aquarellkasten mit neun oder zwölf Farben
- Rundpinsel Größe 12
- Probieraquarellblock im Format A4
- Bleistift, Knetradiergummi
- Baumwolllappen, Wasserglas, Kreppband

Tipps & Tricks

✦ Wasche neue Pinsel vor der Benutzung aus. Wirf die Plastikhülle lieber weg, da sie nicht wieder exakt aufgesetzt werden kann, ohne die Pinselhaare zu verletzen. Dehnbare Pinselschutzhüllen dagegen schützen und formen die Pinsel für den Transport.

Malgrund vorbereiten

☞ **Hinweis**

» Falls du auf deinem Aquarellblock sehr nass arbeiten willst, ist es vorteilhaft, vorher die Blätter vom Block abzulösen und aufzukleben. Damit verhinderst du, dass sich der ganze Block wellt.

Aquarellpapier in Blöcken und Bogenware, die ein Papiergewicht von weniger als 300 g/m² aufweist, solltest du aufkleben, um zu vermeiden, dass es sich während des Malens wellt. Besonders für die Nass-in-nass-Technik brauchst du gut befeuchtetes Papier. Damit es sich nicht wellt, verklebst du es mit Nassklebeband oder streichst es auf einer wasserfesten Platte aus. Das Papier für Trockentechniken kann mit normalem Malerkreppband verklebt werden. Beträgt das Gewicht deines Aquarellpapiers mehr als 300 g/m², ist es meist nicht nötig, es extra aufzuziehen.

Tipps & Tricks 

✦ Sehr dünne Papiere lassen sich mit stark verdünntem Tapetenkleister oder Reisstärke aufkleben. Nach dem Trocknen löst du sie vorsichtig mit dem Palettmesser ab.

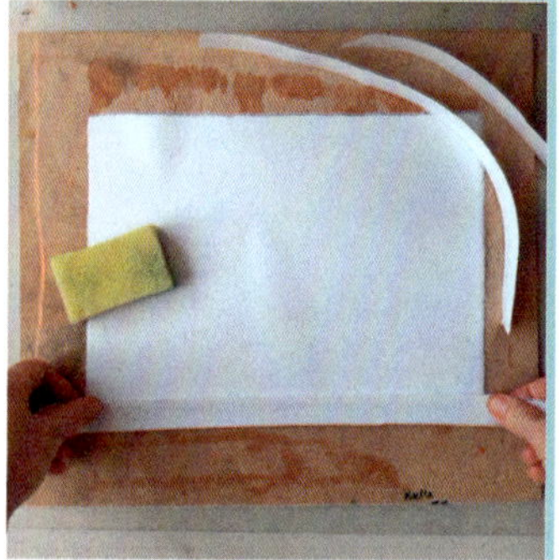

Bogenpapier aufkleben
Bogenpapier nach dem Zuschneiden in ein Wasserbecken tauchen. Auf einer Span- oder Sperrholzplatte mit einem Schwamm glattstreichen und mit angefeuchtetem Nassklebeband festdrücken. Nach dem Bemalen und dem Trocknen ist dein Motiv absolut plan.

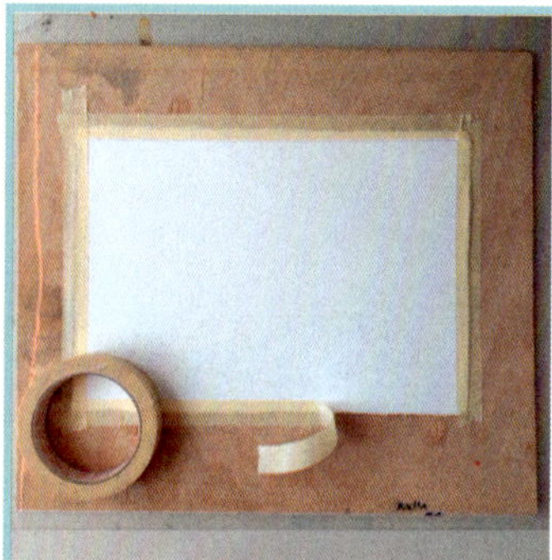

Trocken aufkleben
Gepresste Aquarellpapiere bleiben erstaunlich glatt, wenn sie trocken mit Kreppband aufgeklebt werden.

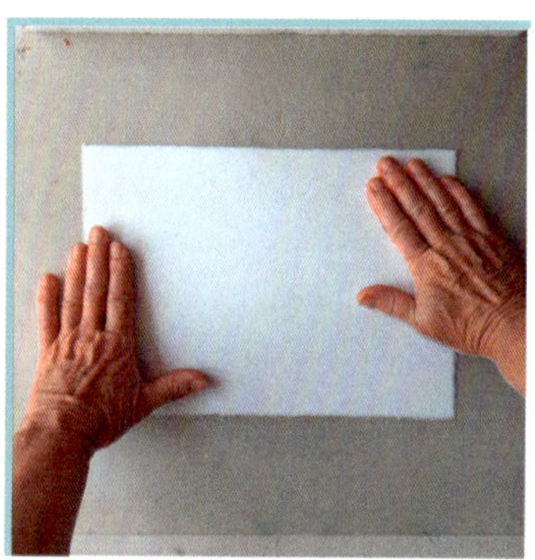

Büttenpapier feststreichen
Büttenpapier mit einem Fließrand für Nasstechniken gründlich in Wasser einweichen. Danach auf einer Kunststoff- oder Glasplatte glattstreichen. Anschließend kann der Bogen nass in nass bemalt werden. Wenn du ihn komplett bemalst, kommt der Fließrand zur Geltung.

Format festlegen

Format vorgeben
Du kannst mit einem weichen Bleistift das Format vorgeben. Der Rand kann zügig übermalt werden und dient zur Orientierung für ein späteres Passepartout, das den Bleistiftstrich abdeckt.

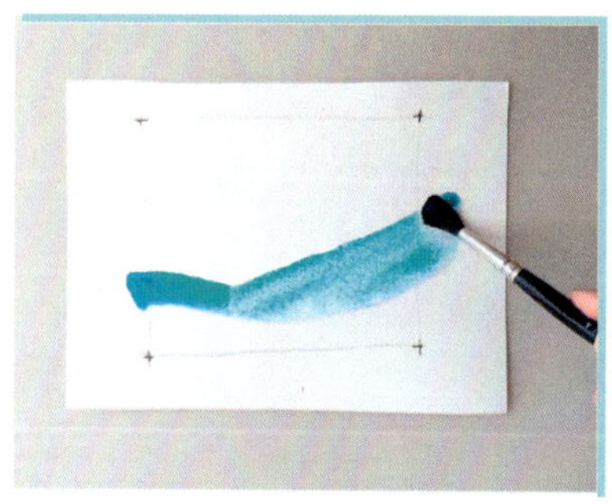

Exakte Bildränder
Du kannst das gewünschte Format mithilfe von wiederablösbaren Klebestreifen, zum Beispiel Washi Tape, abkleben.

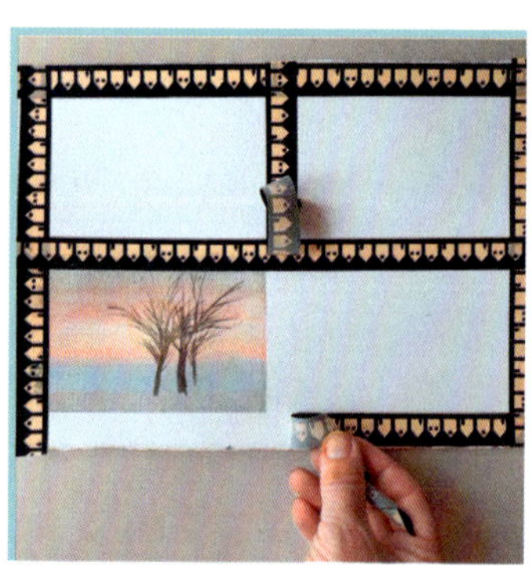

Erste Übungen

Nun hast du Aquarellfarbe und Papier schon kennengelernt und einiges über die Grundlagen der Bildgestaltung erfahren. Jetzt übst du Schritt für Schritt den Umgang mit Pinsel und weiteren Malutensilien.

Wie du Pinsel, Schwamm und Spachtel geschickt einsetzen kannst, erfährst du anhand zahlreicher Schritt-für-Schritt-Übungen. Du lernst deinen Pinsel zu führen und unterschiedliche Strukturen zu erzielen.

Schon die ersten Übungen ergeben kleine Motive für Postkarten oder Lesezeichen. Mit einem Passepartout werden deine ersten Schritte in die Aquarellmalerei zu hübschen Bildern.

Tipps & Tricks 

✦ Sammle deine Übungen in einem Aquarellskizzenbuch, dann gehen sie nicht verloren und du hast ein gutes Nachschlagewerk.

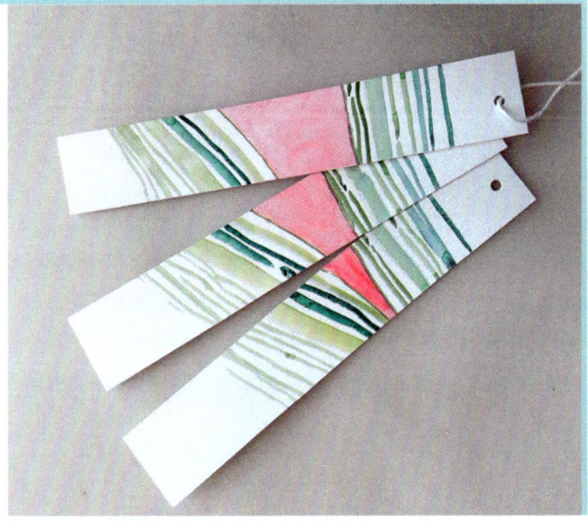

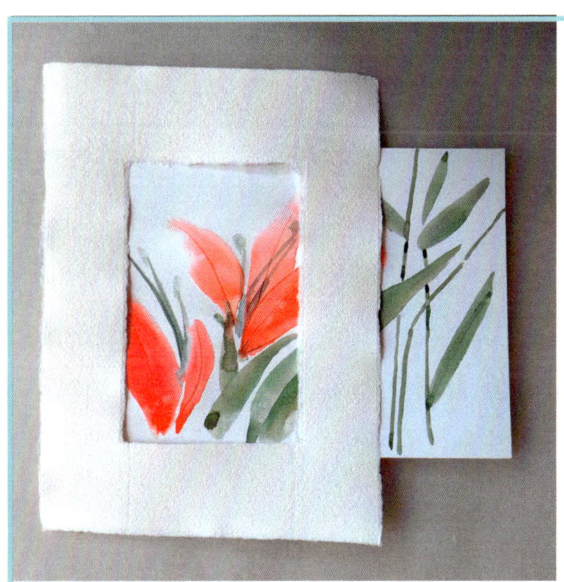

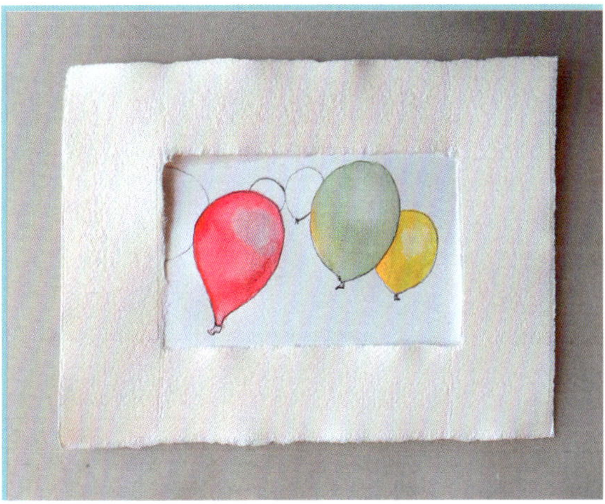

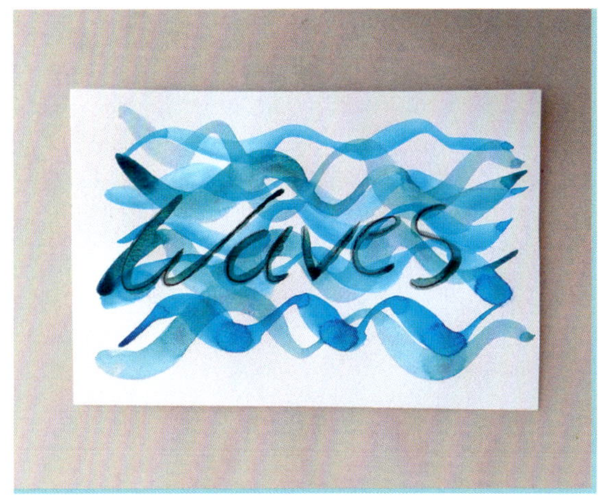

Tipps & Tricks

+ Halte deinen Baumwolllappen immer in der freien Hand, damit du den Pinsel abtupfen und formen kannst.

Tipps & Tricks

+ Deine Pinsel halten länger, wenn du es vermeidest, sie mit den Haaren nach unten ins Wasserglas zu stellen.

Was dein Pinsel alles kann

Den Pinsel zu bewegen macht den Reiz der Aquarellmalerei aus. Der Pinsel ist das Instrument, mit dem du deine Handschrift und deinen Stil formst. Gewöhne dir an, jeden Pinsel vor dem Malen auf seine Eigenschaften zu testen.

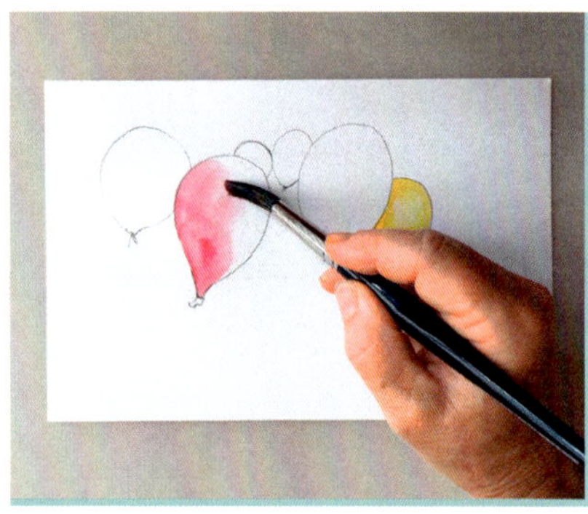

1 **Flächen bemalen**
Um große Flächen zu füllen setze den Pinsel mit der Spitze an die Bleistiftkante und fülle deine Form mit mehr Druck aus.

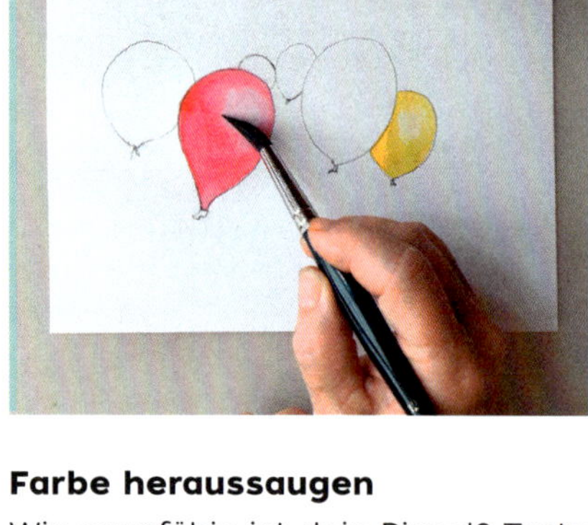

2 **Farbe heraussaugen**
Wie saugfähig ist dein Pinsel? Teste es, indem du noch nasse Farbe mit dem trockenen Pinsel aufnimmst.

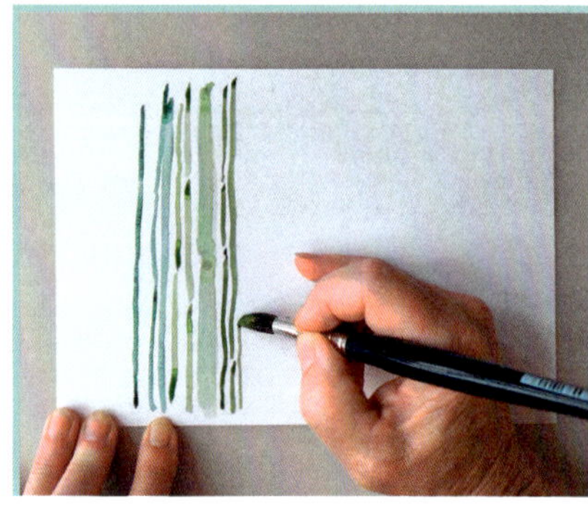

3 **Stängel kreieren**
Male Stängel von Blumen oder Pflanzen, indem du deinen Pinsel senkrecht hältst. Hier kannst du auch das Mischen verschiedener Grüntöne aus Gelb und Blau üben.

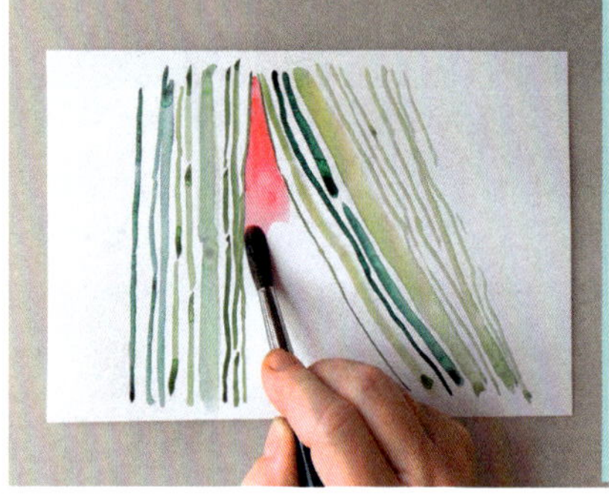

4 **Zwischenräume ausmalen**
Möchtest du kleine Details malen, setzt du den Pinsel senkrecht auf und fasst ihn kurz. Die Zwischenräume füllst du mit kleinen Bewegungen.

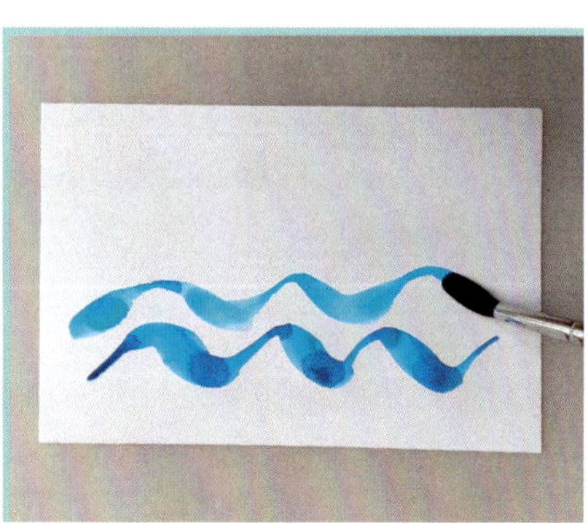

5 **Druck variieren**
Ziehe mit dem mit Farbe gefüllten Pinsel eine Linie und bewege ihn gleichzeitig auf und ab. So entstehen dicke und dünne Spuren, die an Wellen erinnern.

Pinselübung: Blüten und Blätter

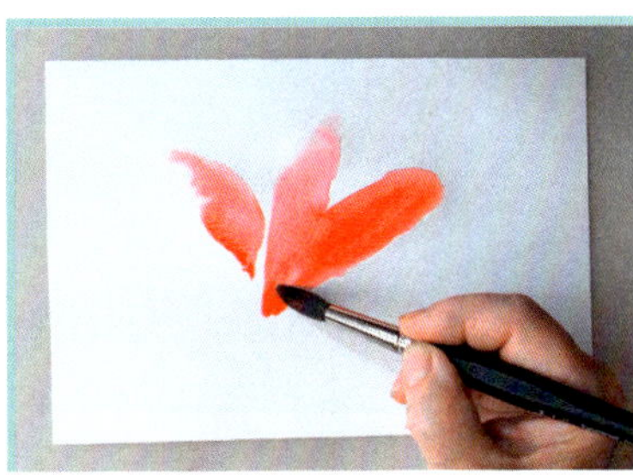

1 Blüten malen

Male mit Wasser Blüten auf, in die du konzentrierte Farbe hineintupfst. Wenn die Farbe mit Wasser in Berührung kommt, blüht sie aus. Auf diese Weise können Farben auch in Wasser auf dem Papier gemischt werden.

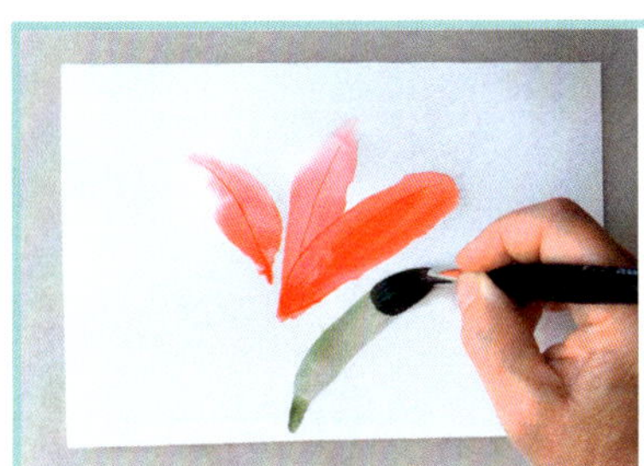

2 Blütenblätter gestalten

Indem du mehr oder weniger Druck auf deinen Pinsel ausübst, erzeugst du typische Blütenblätter.

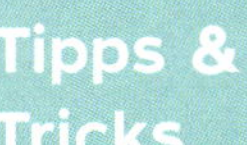

Tipps & Tricks

✦ Tauche deinen Pinsel für größere Flächen vor Arbeitsbeginn gut in die Farbe ein. Dadurch bleibt sie zum Malen lange verfügbar. Das Nachmischen einer Farbe ist oft schwierig und muss geübt werden.

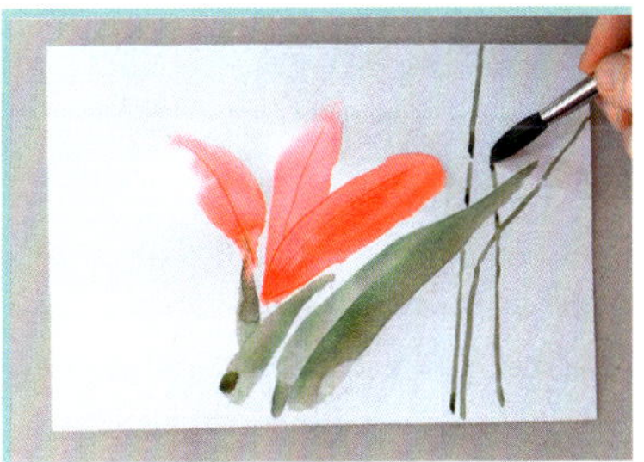

3 Stängel hinzufügen

Füge mit der Spitze des Pinsels hinter den vorderen Blättern einfache Linien hinzu.

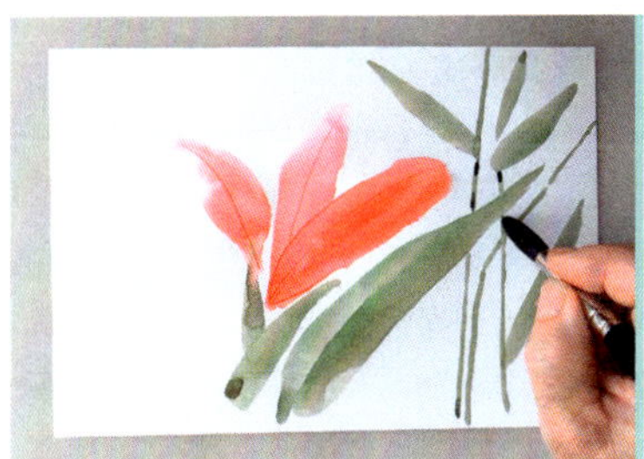

4 Blumenhintergrund

Durch Stängel und weitere Blätter entsteht ein einfacher Hintergrund.

Tipps & Tricks

✦ Mit dem Pinselstiel kannst du trockene Strukturen wie etwa Blattadern ins Nasse einzeichnen.

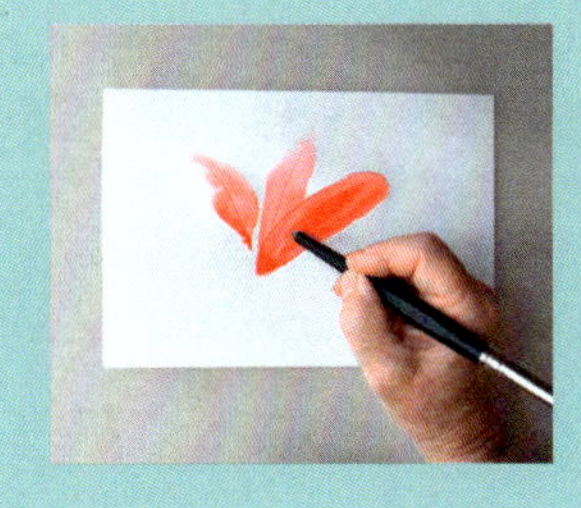

Pinselübung: Einfache Figuren

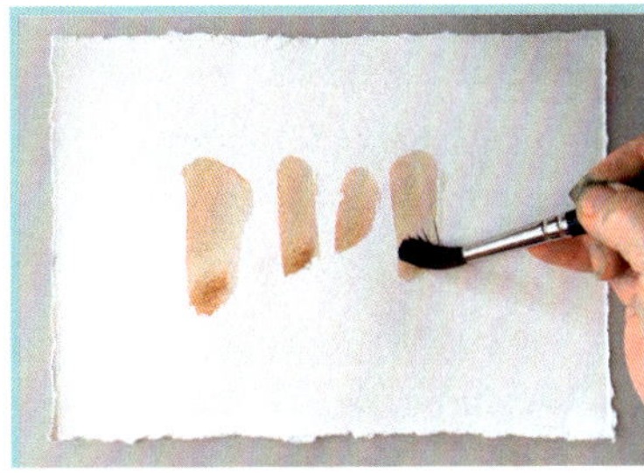

1 Seitliche Pinselhaltung

Mische Ultramarin und Siena gebrannt. Wenn du deinen Pinsel nun seitlich aufsetzt, entstehen breite Pinselspuren, die an einen Rumpf erinnern.

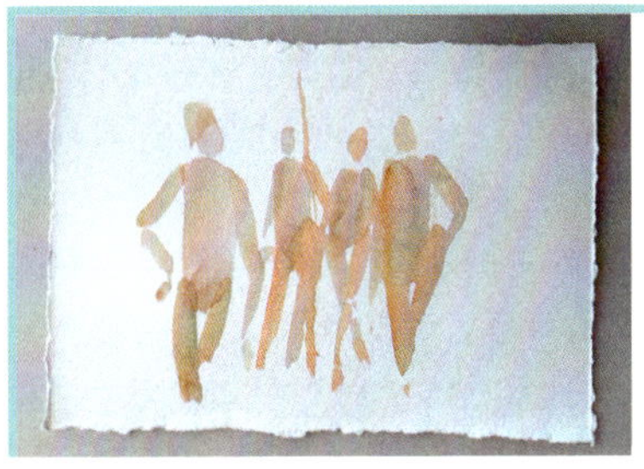

2 Details

Setze nun kleine Flächen und unterschiedlich dicke Linien für Arme, Beine und Köpfe an die Körper an.

Strukturen mit dem Palettmesser

Das Palettmesser ist ein geniales Werkzeug, das du anstelle eines Pinsels benutzen kannst. Du spachtelst damit quasi die Farbe auf deinem Malgrund. Achte darauf, zu großen Druck und das Verschmieren der Farbe zu vermeiden. Schiebe die wässrige Farbe mit der Kante des Palettmessers an den Ort, wo du sie haben möchtest und drücke sie anschließend mit der Fläche des Palettmessers leicht in verschiedene Richtungen.

Hinweis

» Für das Verspachteln von wässriger Farbe brauchst du mehr Gefühl als für das Verspachteln von Acrylfarbe.

Tipps & Tricks

✦ Auf glattem Papier lässt sich die Farbe am einfachsten verteilen. Raues Papier dagegen lässt interessante Strukturen entstehen.

Hinweis

» Besprühe deinen Farbauftrag zwischendurch mit Wasser, damit sich die Farbe gut verarbeiten lässt.

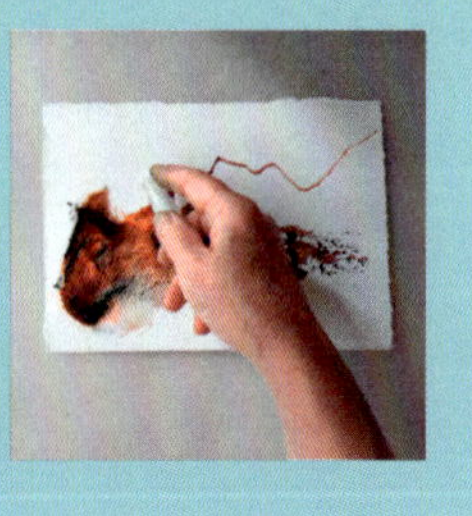

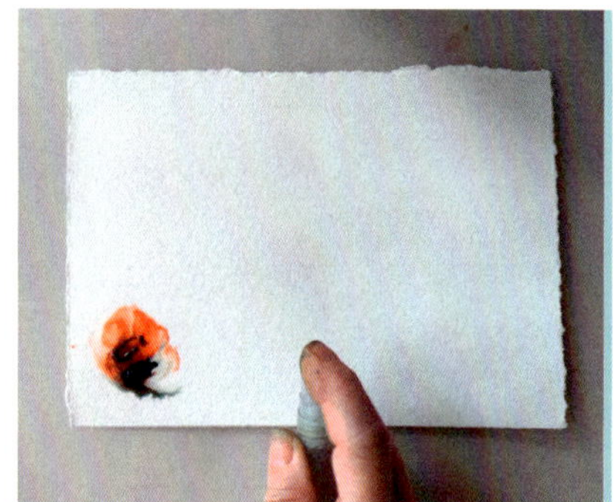

1 **Mit Wasser besprühen**
Besprühe zwei Kleckse Lasurbraun und Perylengrün aus der Tube mit Wasser und beobachte das Ausblühen der Aquarellfarbe.

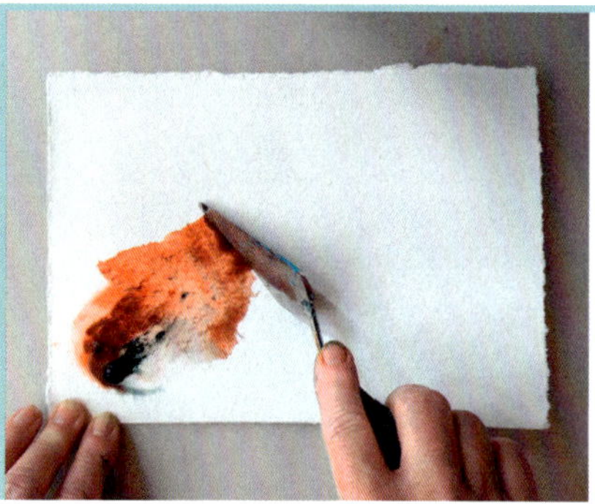

2 **Farbe verschieben**
Verschiebe das Farb-Wasser-Gemisch mit der Kante des Palettmessers.

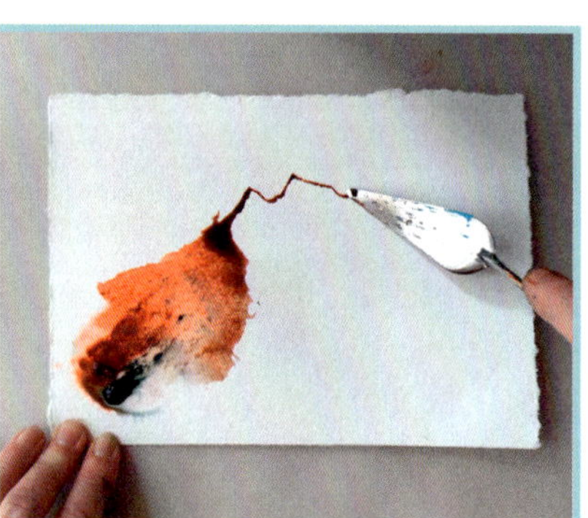

3 **Mit der Spitze zeichnen**
Ziehe mit der Spitze des Palettmessers eine beliebige Linie. Du kannst dabei an die Form von Bergen denken.

4 **Weiter ausarbeiten**
Gib mehr Farbe aus der Tube dazu oder hole sie von deinem Farbfleck. Arbeite mit der Fläche des Palettmessers.

Strukturen mit Pinsel und Schwamm

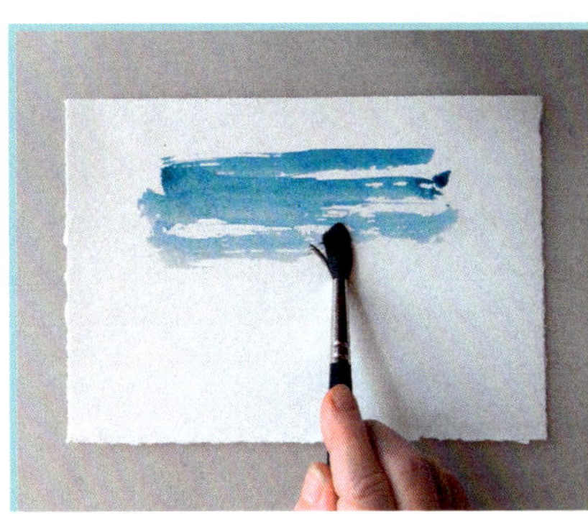

1 Farbauftrag ins Trockene auslaufen lassen

Trage so lange blaue Farbe auf dein Aquarellblatt auf, bis dein Pinsel leer ist und ein flimmerndes Weiß entsteht.

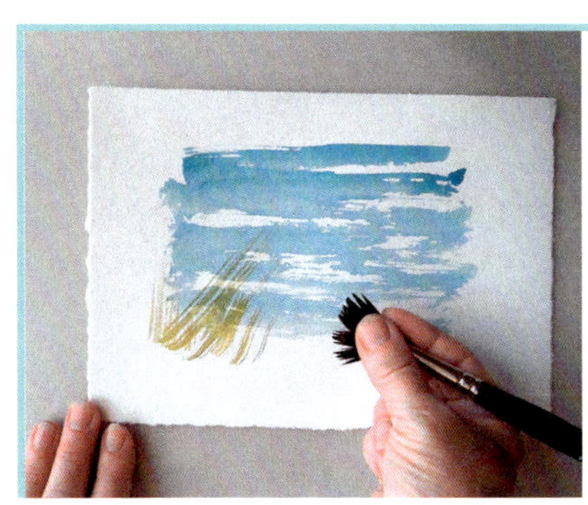

2 Farbauftrag mit gespreiztem Pinsel

Spreize deinen mit Farbe gefüllten Pinsel mit den Fingern auseinander und streiche über die getrocknete, blaue Farbe. Auf diese Weise entstehen Gräserstrukturen oder Haare.

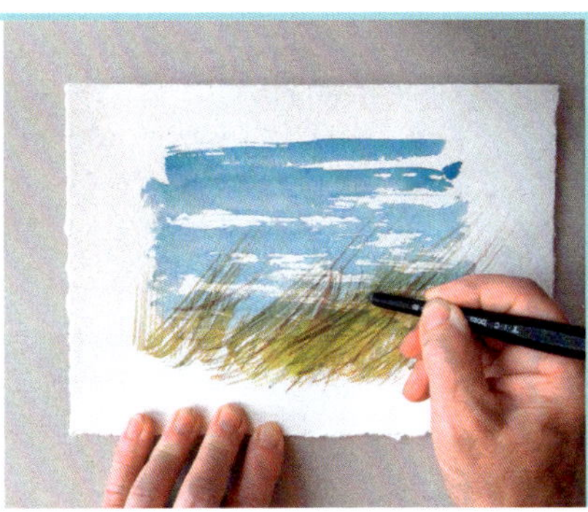

3 Strukturen mit dem Pinselstiel

Mit dem umgedrehten Pinsel kannst du Linien in die nasse Farbe eindrücken. Das geht besonders gut mit der Spitze des Sketchingpinsels.

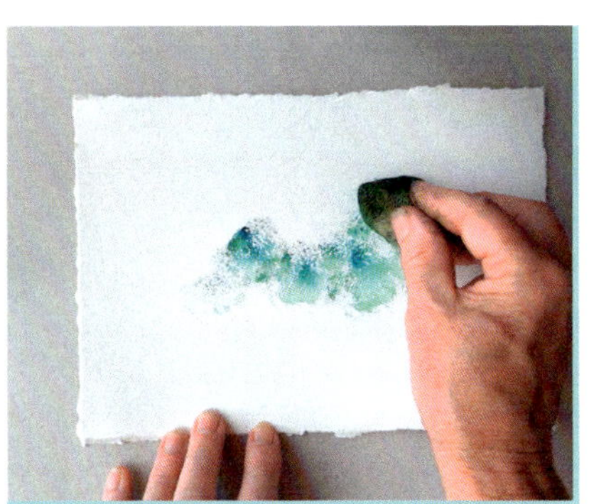

4 Strukturen mit dem Schwamm

Mit einem kleinen Naturschwämmchen lassen sich Bäume und Büsche ganz einfach darstellen. Tauche dein Schwämmchen in eine oder mehrere Farben und tupfe es vorsichtig auf das trockene Papier. Du kannst diesen Vorgang mehrmals wiederholen.

Tipps & Tricks

+ Überschüssiges Wasser in antrocknender Farbe kann mit dem Lappen oder Pinsel weggesaugt werden. Auf diese Weise entstehen weiße Strukturen.

Hinweis

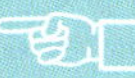

» Strukturen können auch mit dem Mallappen entstehen. Den Mallappen kannst du sowohl zum Abtupfen der Farbe als auch zum Heraussaugen der Farbe aus deinem Motiv verwenden.

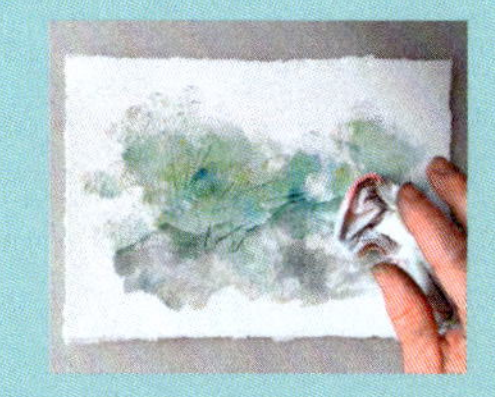

IDEENINSEL

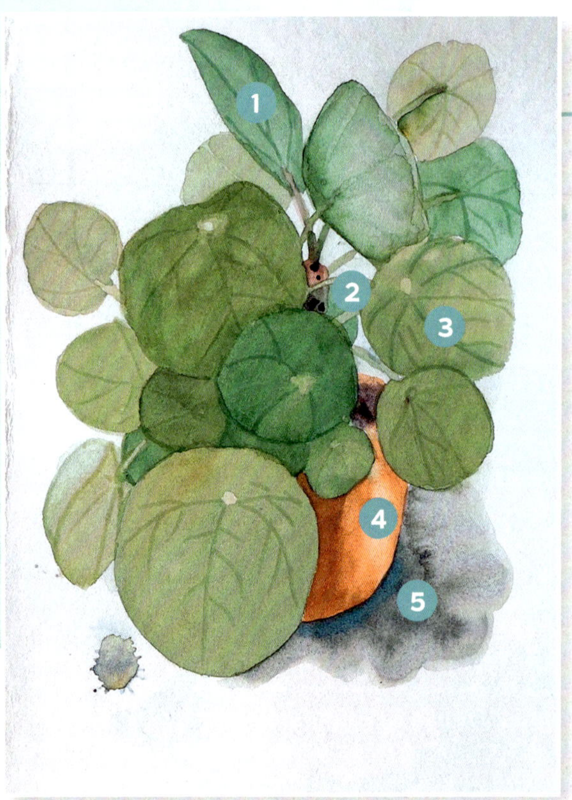

Zimmerpflanze

1. Blätter malen
2. spitzer Pinsel
3. Linien eindrücken
4. Zwischenräume ausmalen
5. Schatten wässrig auslaufen lassen

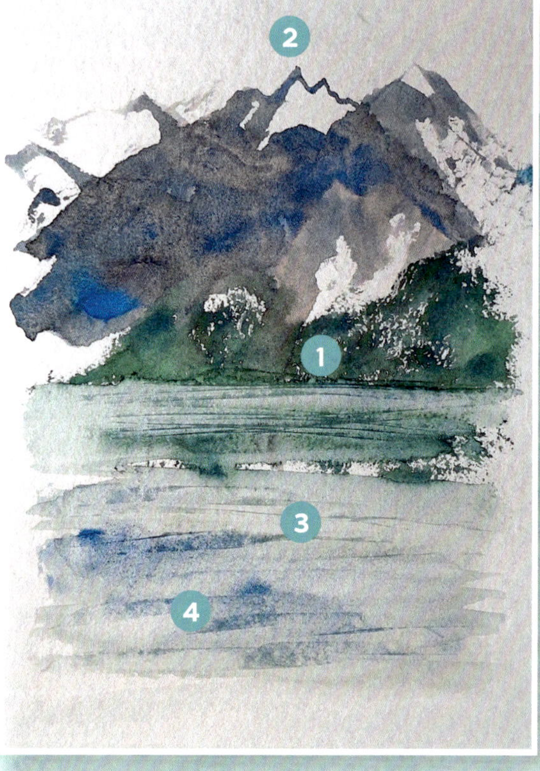

Landschaft am Wasser

1. Schwammtechnik
2. Spachteltechnik
3. Linien eindrücken
4. Pinseltechnik

Wasserspiegelung

1. Farbauftrag auslaufen lassen
2. seitliche Pinselspuren
3. senkrechte Pinselhaltung

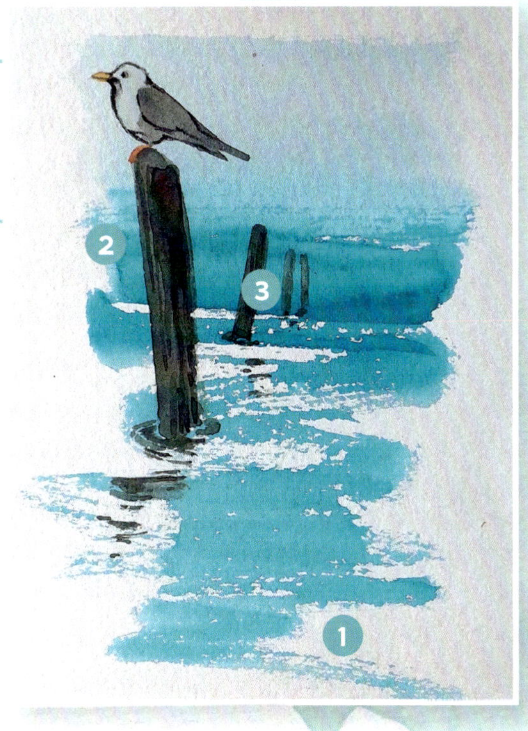

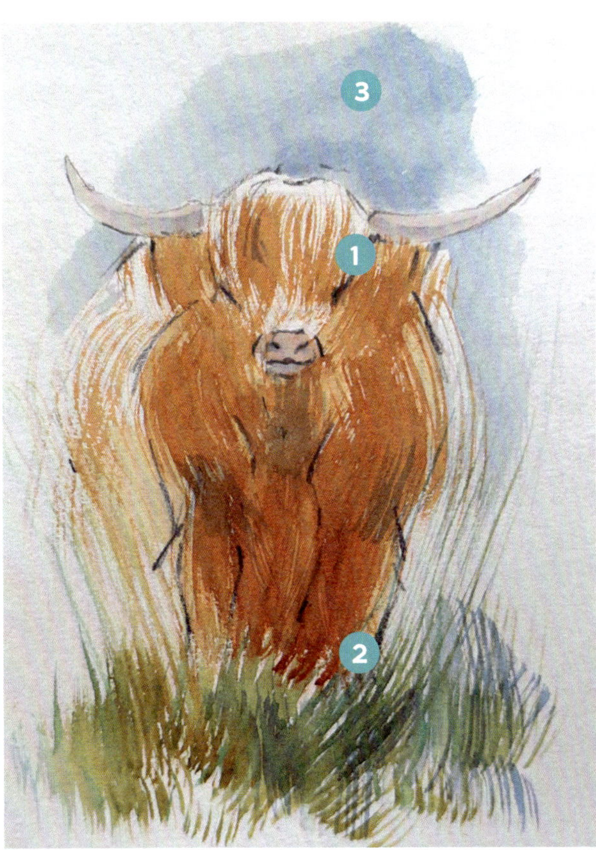

Hochlandrind

1. Gespreizte Pinselhaltung
2. Bleistiftzeichnung 4B
3. Hintergrundfarbe nass verziehen

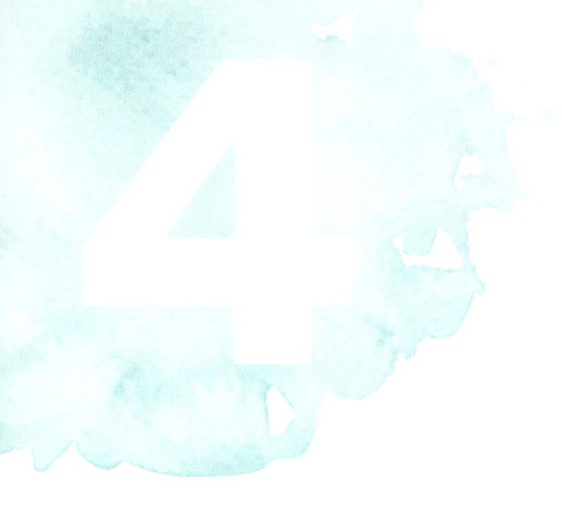

Mit Farbe umgehen

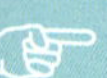

Hinweis

» Vielleicht hast du auch schon gehört oder gelesen, dass man aus den drei Grundfarben Gelb, Rot und Blau alle erdenklichen Farbtöne mischen könne. Das stimmt nicht ganz. Ein strahlendes Violett entsteht eher durch das Mischen mit einem kalten Rotton wie Magenta als durch ein warmes Rot. Auch ist es ratsam, Brauntöne als ungemischte Aquarellfarbe anzuschaffen.

Zum Werkzeugkasten eines Künstlers oder einer Künstlerin gehört vor allem das grundlegende Wissen über Farbe. Die Farbgebung eines Bildes ist das erste, was einem beim Betrachten ins Auge springt. Jede Farbkombination löst ganz automatisch unterschiedliche Gefühle aus. Scheint die Sonne und die Farben der Natur leuchten bunt, sehen wir auf den Straßen viel mehr lachende Gesichter als an Tagen, an denen der Himmel grau ist.

Sicherlich hast du schon in der Grundschule die Farbtheorie kennengelernt, die auf dem Farbkreis von Johannes Itten basiert. Wir bauen in diesem Kapitel darauf auf und konzentrieren uns vor allem auf die praktische Anwendung der Farbtheorie. Sei gespannt auf ein buntes Kapitel voller Farbmischrezepte, Farbharmonien und Farbkontraste.

Die Farblehre nach Johannes Itten

Itten geht von der Grundannahme aus, dass es drei Grund- oder Primärfarben gibt: Gelb, Rot und Blau. Mischt man jeweils zwei Primärfarben, erhält man die Sekundärfarben: Orange, Grün, Violett. Tertiärfarben ergeben sich, wenn die im Farbkreis nebeneinanderliegenden Primär- und Sekundärfarben gemischt werden.

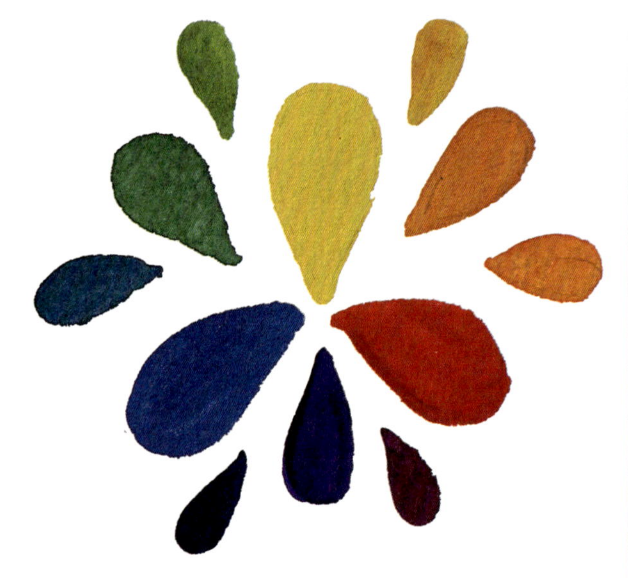

Die Farblehre nach Harald Küppers

Das Spektrum eines Rottons ist so groß, dass allein mit den verschiedenen Rot- und Gelbfarbtönen die unterschiedlichsten Orangetöne entstehen. Der Drucktechniker Harald Küppers hat dies in seiner Farblehre berücksichtigt und stützt sich auf sechs Grundfarben: Orangerot, Violettblau, Grün, Magentarot, Gelb und Cyanblau. Außerdem berücksichtigt Küppers auch die unbunten Farben Schwarz und Weiß.

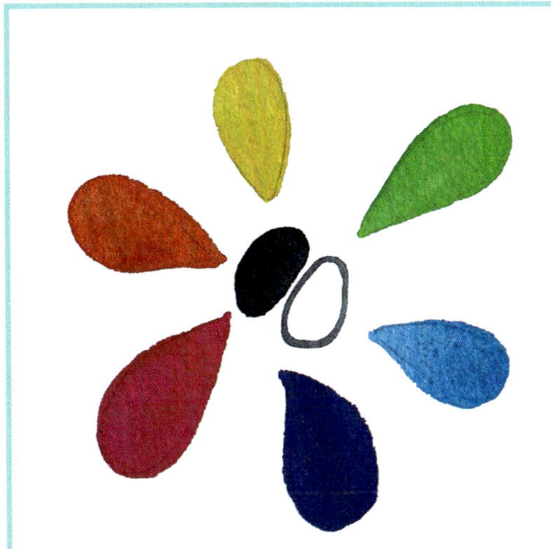

Tipps & Tricks

✦ Um deine Grundfarbtöne besser kennenzulernen, starte mit Mischexperimenten in einem Skizzenbuch oder auf einem Aquarellblock. Schreibe dir die Farbtonmischung mit Bleistift dazu, damit du immer wieder nachschauen kannst.

Warme und kalte Farben

Dass die Farben Gelb und Rot als warm gelten und die Farbe Blau als kühl, ist dir sicher nicht neu. Allerdings können auch verschiedene Rottöne als kalt oder warm empfunden werden. Auch wenn wir uns Blautöne nebeneinander anschauen, gibt es Töne, die auf uns kalt und einige, die auf uns warm wirken.

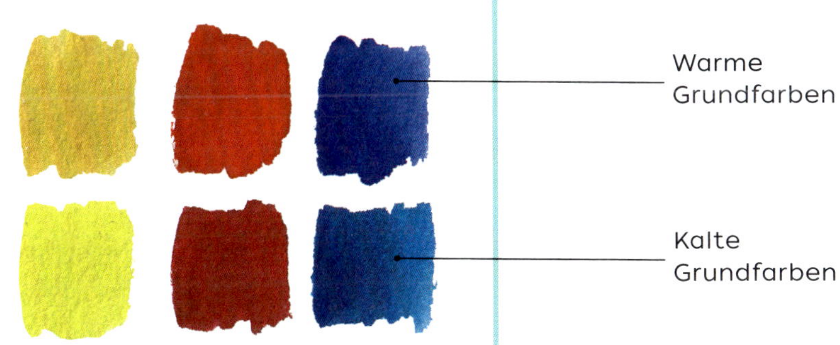

Warme Grundfarben

Kalte Grundfarben

Farben für deinen Aquarellkasten

Soweit zur Theorie. Sicherlich fragst du dich nun, welche Farben nun für deine absolute Grundausstattung nötig sind. Möchtest du strahlende Farbtöne mischen, ist es eine absolute Empfehlung, die drei Grundfarben in jeweils einem warmen Farbton und einem kalten Farbton vorliegen zu haben. Damit kannst du ein großes Spektrum an Farbmischungen abdecken und verbindest gleichzeitig die Farbtheorien von Johannes Itten und Harald Küppers.

Farben mischen

Tipps & Tricks 

✦ Für das Mischen strahlender Farben gilt: Weniger ist mehr! Je mehr verschiedene Pigmente du miteinander vermischst, desto eher sehen deine Farbtöne schmutzig oder matt aus.

Welche Farben du ganz unbedingt in deinem Aquarellkasten brauchst und welche du selbst mischen kannst, hängt sehr individuell von deinen Vorlieben und deinen Motiven ab. Farbtöne selbst zu mischen, ist nicht immer so einfach wie es scheint. Obendrein gibt es zudem Trendfarbtöne, die sich schwer aus den Grundfarben mischen lassen, aber bei Hobby- und Profikünstler:innen äußerst beliebt sind. Dazu zählen zum Beispiel Türkisfarbtöne, Perylene Grün, Indigo, Caput Mortuum oder Olivgrün. Ich empfehle dir mit den Grundfarbtönen von Seite 11 zu starten. Hast du ein wenig Malpraxis gesammelt, wirst du dir sicherer sein, mit welchen Aquarellfarbtönen du deine Grundpalette aufstocken möchtest.

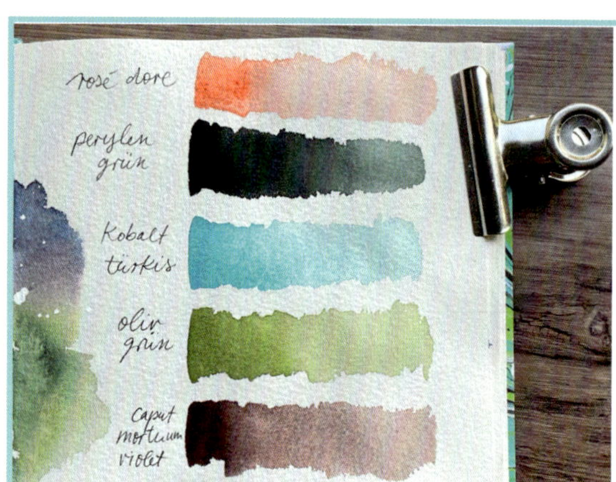

Farbkarten erstellen

Wie die Aquarellfarben und ihre Mischungen auf dem weißen Papier aussehen, ist nicht direkt ersichtlich. Deshalb ist es wichtig, eine Farbkarte deines Aquarellkastens zu erstellen. Dafür malst du die mit Wasser angelöste Aquarellfarbe einfach in der gleichen Reihenfolge auf dein Papier, wie sie in deinem Kasten vorliegt. Ist das Papier genauso groß wie dein Kasten, kannst du die Farbkarte dort hineinlegen und überall hin mitnehmen.

Auf einer separaten Karte kannst du auch eine Farbmischkarte anlegen. Male dafür die Farbtöne aus deinem Kasten jeweils auf die x- und auf die y-Achse. Lege dir ein Raster mit einem Bleistift an und vervollständige die Farbmischungen in den Zwischenräumen.

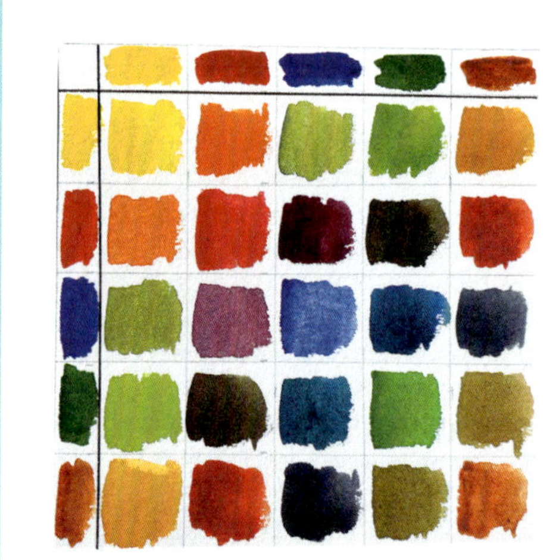

Schritt für Schritt

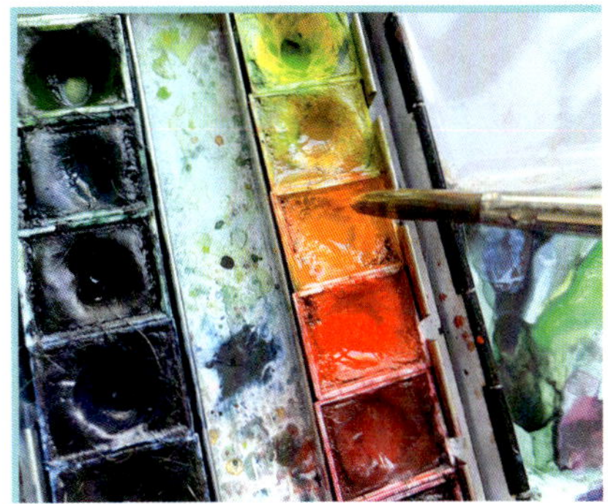

1 Farbe mit Wasser anlösen

Gib ein bis zwei Pinselladungen Wasser auf dein Aquarellnäpfchen und löse die Pigmente an, indem du mit dem Pinsel über das Näpfchen streichst.

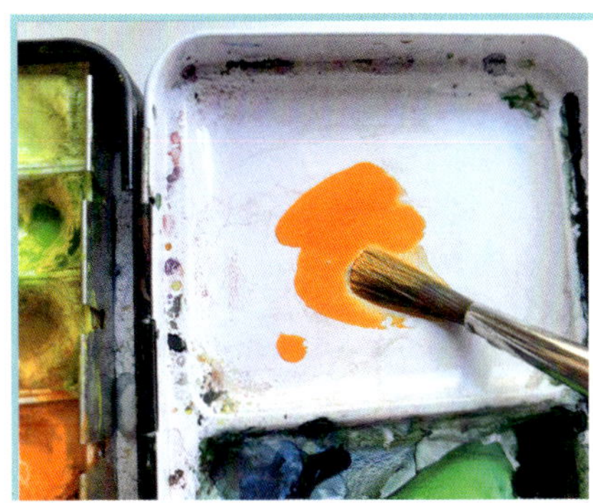

2 Farben auf die Mischpalette übertragen

Farben werden nicht direkt im Farbnapf einer Farbe gemischt, sondern immer in einer angrenzenden Mischpalette. Übertrage also mit demselben Pinsel ein paar Pinselladungen der Farbe auf deine Mischpalette. Wasche dann deinen Pinsel im Wasser aus und streiche ihn auf einem Baumwolltuch oder einem Stück Küchenrolle ab, um ihn zu reinigen.

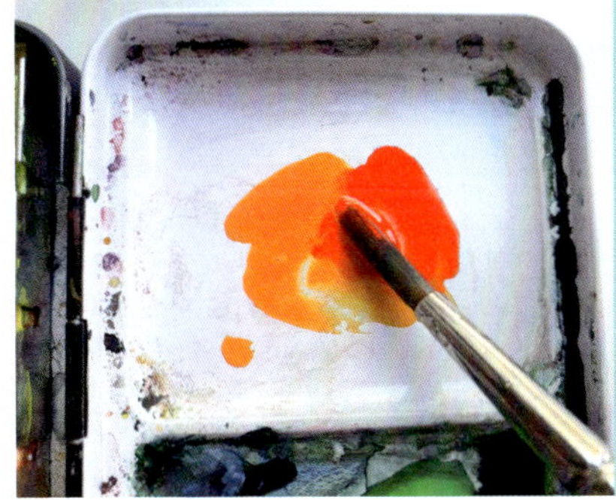

3 Auf der Mischpalette mischen

Gib nun ein bis zwei Pinselladungen Wasser auf dein zweites Aquarellnäpfchen und streiche vorsichtig darüber, um die Pigmente anzulösen. Übertrage nun eine Pinselladung der Farbe in das Mischfach der ersten Farbe auf der Mischpalette. Vermische beide Farbtöne mit dem Pinsel.

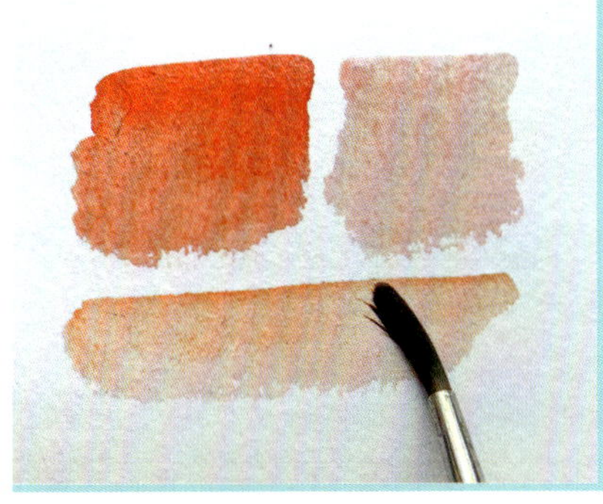

4 Farbe auftragen

Streiche die gemischte Farbe nun auf dein Aquarellpapier und verteile sie gut. Warte, bis die Farbe getrocknet ist, um das finale Farbergebnis zu beurteilen. Gibst du mehr Wasser hinzu, wird dein Farbton heller, gibst du mehr Pigmente hinzu, wird er dunkler.

Hinweis 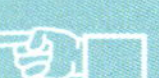

» Bevor du deine angemischte Farbe auf dein Motiv malst, teste sie zuerst auf einem Test-Aquarellpapierstreifen. Bist du mit deinem Ergebnis noch nicht zufrieden, kannst du mehr Wasser oder mehr Pigmente hinzugeben.

Tipps & Tricks 

✦ Gut aufgestellt bist du mit zwei Wassergläser an deinem Malplatz: ein Glas zum Auswaschen des Pinsels und eines, um mit klarem Wasser die Pigmente in den Aquarellnäpfchen anzulösen.

Tonwerte

Körper und Gegenstände bestehen in der Realität nicht nur aus einem Farbton, sondern aus hellen und dunklen Bereichen. Diese unterschiedlichen Helligkeitsabstufungen, auch Tonwerte genannt, ermöglichen uns, Dinge räumlich wahrzunehmen. Beim Malen helfen sie uns vor allem dabei, dreidimensionale Objekte auf unser zweidimensionales Papier zu bringen.

Im Aquarell werden diese unterschiedlichen Tonwerte durch die Zugabe von Wasser gesteuert. Wird dem Pigment wenig Wasser hinzugefügt, entsteht ein dunkler Tonwert, mit viel Wasser ein heller Tonwert.

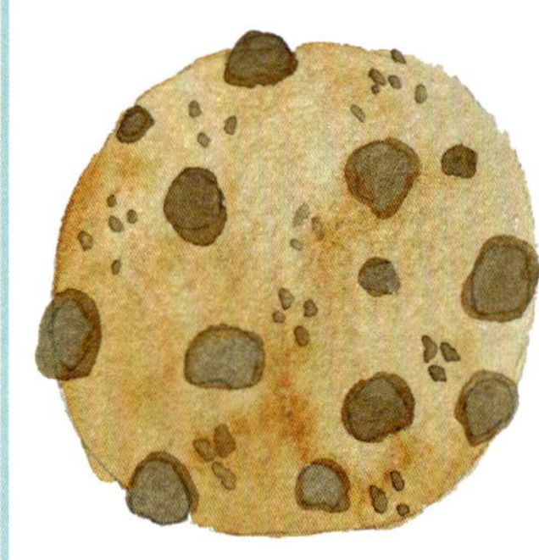

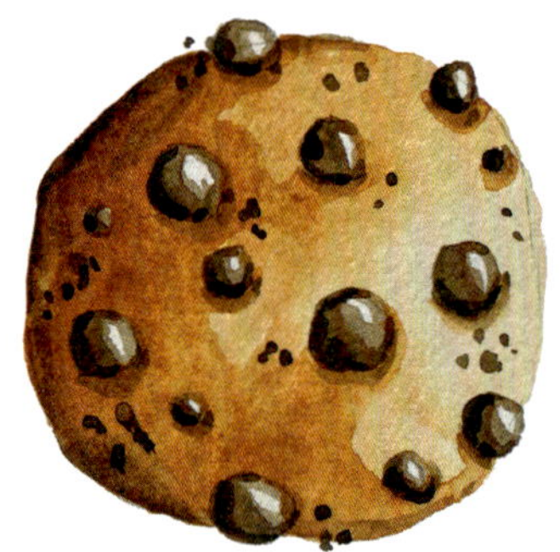

Farbe kann verwirren

✦ In der Malpraxis gibt es einen einfachen Trick, wie du die Ausprägung deiner Tonwerte überprüfen kannst. Fotografiere dazu dein gemaltes Werk einfach mit deinem Smartphone ab und bearbeite das Bild, indem du es von farbig in Schwarzweiß umwandelst. Jetzt kannst du, durch die Farbigkeit weniger abgelenkt, helle und dunkle Bereiche besser erkennen und nachbessern.

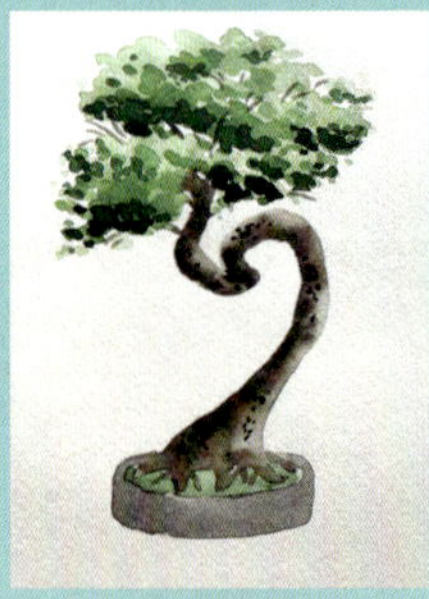

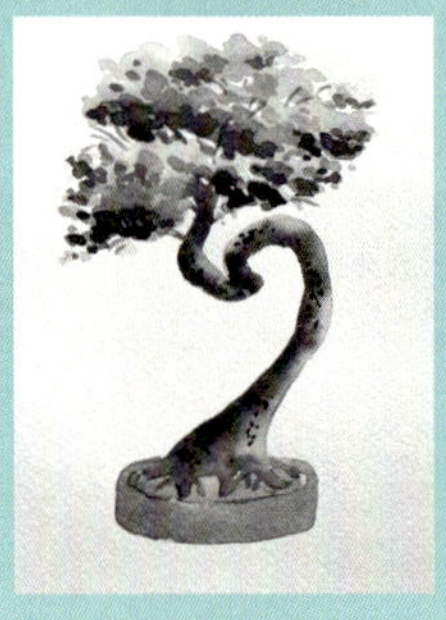

Lasieren und Lavieren von Tonwerten

Streichst du mit dem Pinsel einen hellen Tonwert auf dein Papier und gibst in die noch feuchte Farbe einen pigmentierten Ton, kannst du unterschiedliche Tonwerte erschaffen. Streichst du den dunklen Farbton so aus, dass ein gleichmäßiger Farbübergang entsteht, erhältst du einen sehr gleichmäßigen Tonwertübergang.

Aber auch mit einer Lasur lassen sich ganz unterschiedliche Helligkeitsabstufungen erschaffen. Trägst du eine mit viel Wasser verdünnte Farbschicht auf, erhältst du deinen ersten Tonwert. Legst du mit dem gleichen Farbton eine weitere Schicht über die getrocknete erste Schicht, wird der Tonwert deiner Fläche dunkler. Das kannst du noch zwei bis drei Mal wiederholen und so Teile deines Motivs dunkler gestalten.

Aufhellen und Abdunkeln

Das Aufhellen und Abdunkeln deiner Aquarellfarben ist ein wichtiger Schritt, um Tonwerte zu erzeugen. Anhand dieser einfachen Berglandschaft kannst du dein Wissen zum Aufhellen und Abdunkeln üben.

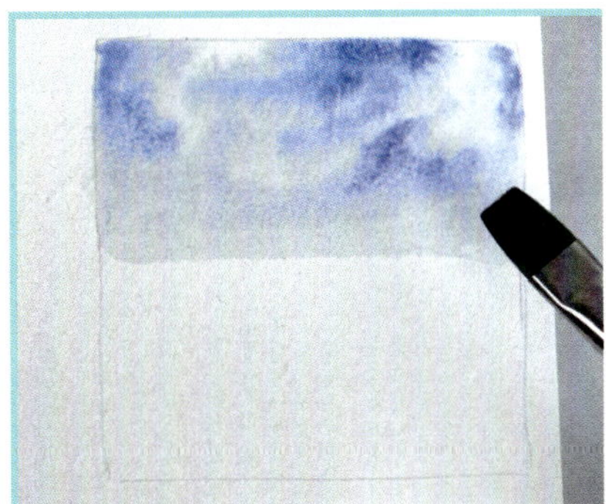

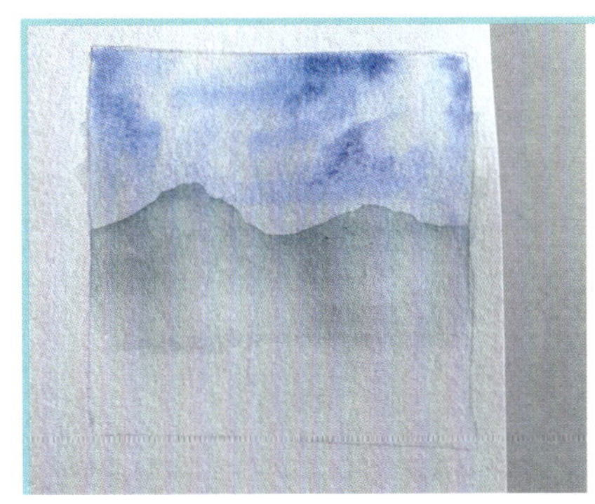

1 **Lavierung anlegen**
Starte mit einer Lavierung auf dem oberen Teil deines Aquarellpapiers: Streiche dein Papier mit einer klaren Schicht Wasser auf dem oberen Drittel komplett ein. Gib einen blauen Farbton, mal mehr, mal weniger stark verdünnt, auf die noch nasse Fläche. Lasse die Farbe anschließend trocknen.

2 **Helles Blau**
Starte mit einem Dunkelblau, das du auf deiner Mischpalette mit viel Wasser anmischst. Übertrage diese transparente Farbe in Form von ungleichmäßigen Hügeln auf dein Papier.

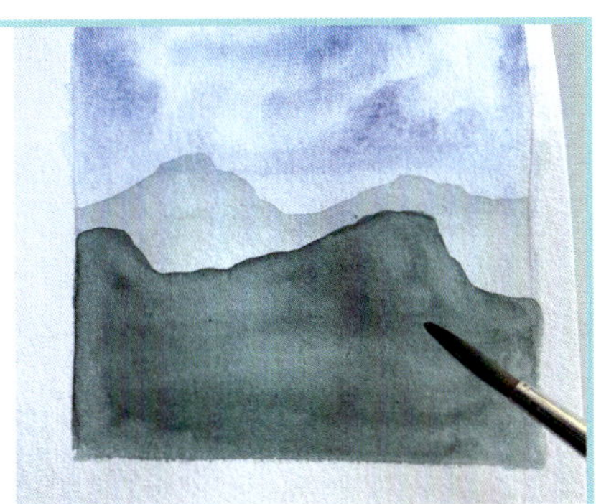

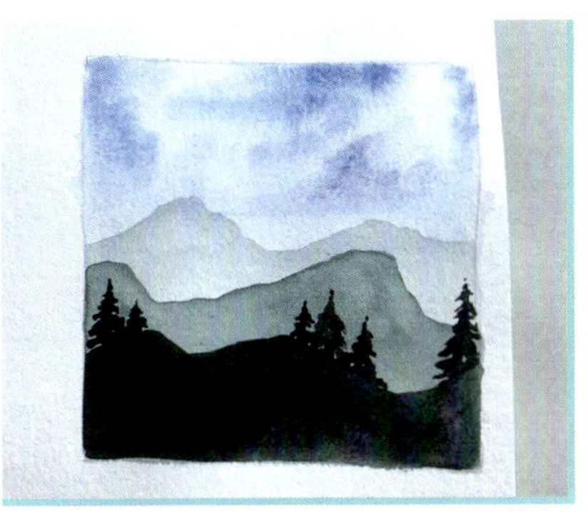

3 **Mittleres Blau**
Füge deinem transparenten Farbton nun etwas mehr Pigment hinzu. Solltest du unsicher sein, teste den Farbton erst auf einem Übungspapier. Dann siehst du, ob du noch mehr Farbpigment brauchst. Lasse den Farbauftrag trocknen und wiederhole das Malen der Berge mit zwei weiteren Lasuren.

4 **Dunkles Blau**
Mische nun zu deinem blauen Farbton, der nur noch wenig Wasser enthält, etwas Braun hinzu. Diese Farbzugabe dunkelt deinen Ton ab. Male damit den vordersten Berg auf deinem Motiv.

Farbbeziehungen

Farben haben ganz unterschiedliche Beziehungen zueinander und treten selten separat auf. Sie werden meist in Verbindung mit anderen Farben gesehen. Daher ist es wichtig zu wissen, dass Farben sich gegenseitig so stark beeinflussen, dass sie in unterschiedlichen Farbumgebungen auch eine unterschiedliche Wirkung haben.

Diese Farbbeziehungen empfinden wir Menschen unterschiedlich. Sind Komplementärfarben in einem Bild für die einen spannend und aufregend, können sie bei anderen Unruhe und Nervosität auslösen. Im Folgenden lernst du die gängigsten Farbkontraste und -harmonien kennen.

Farbkontraste

Johannes Itten hat die Wirkung von sieben Farbkontrasten untersucht und dokumentiert. Davon sind vor allem diese vier für das Malen deiner Aquarellwerke entscheidend.

1 **Der Komplementärkontrast**
Als Komplementärfarben werden die Farben bezeichnet, die sich im Farbkreis gegenüberliegen. Zwei Komplementärfarben, die nebeneinander im Bild liegen, verstärken sich gegenseitig in ihrer Leuchtkraft und sind kontrastreicher als andere Farben.

2 **Der Farbe-an-sich-Kontrast**
Für viel Spannung sorgt auch der Farbe-an-sich-Kontrast. Der Kontrast wird vor allem durch das Nebeneinandersetzen von reinen und ungetrübten Farben wie Primär- oder Sekundärfarben erzeugt.

3 **Der Kalt-Warm-Kontrast**
Kalte und warme Farben können einen idealen Kontrast bilden. Oft ist in Landschaftsbildern der Hintergrund in kühlen Farben und der Vordergrund in warmen Farben gemalt. So kann Tiefe und Dreidimensionalität entstehen.

4 **Der Quantitätkontrast**
Nicht nur welche Farben sich in einem Motiv gegenüberliegen ist entscheidend, sondern auch die Größe ihrer Flächen. Warme Farbtöne können gegenüber kalten dominieren. Werden sie zu gleichen Teilen im Motiv vermalt, kann es unausgeglichen wirken. Malst du weniger Flächen in warmen Tönen und mehr Flächen in kalten Tönen, ist die Farbwirkung meist ausbalancierter.

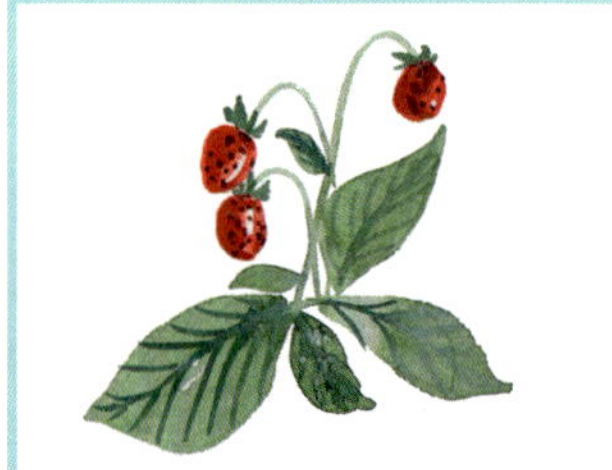
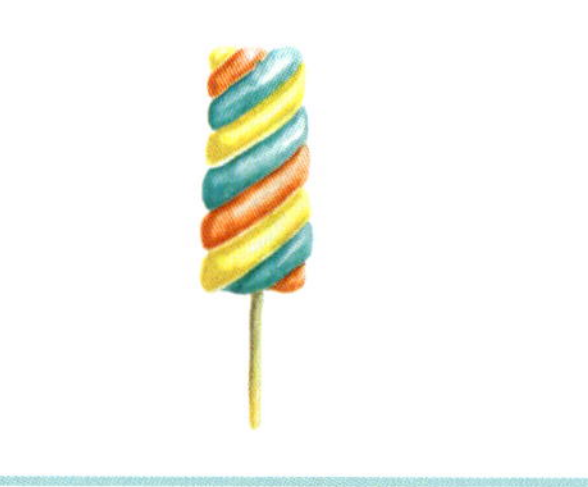

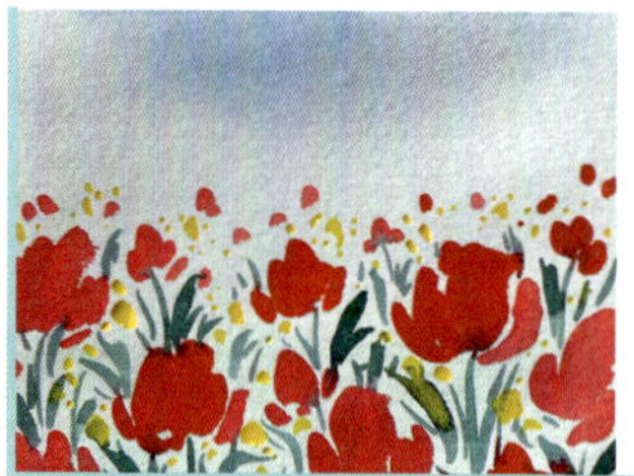

Farbharmonien

Farbharmonien bezeichnen ebenfalls die Beziehung mehrerer Farben zueinander. Jede Farbharmonie beschreibt ein bestimmtes Verhältnis zwischen den Farben im Farbkreis.

Farbregeln

- Warme Farben fallen mehr ins Auge als kalte Farben
- Kalte Farben wirken weiter entfernt als warme Farben
- Grau, Weiß, Schwarz und Beige gelten als neutrale Farben und funktionieren mit allen Farben
- Bunte Farbkombinationen wirken stärker auf die Betrachtenden als monochrome

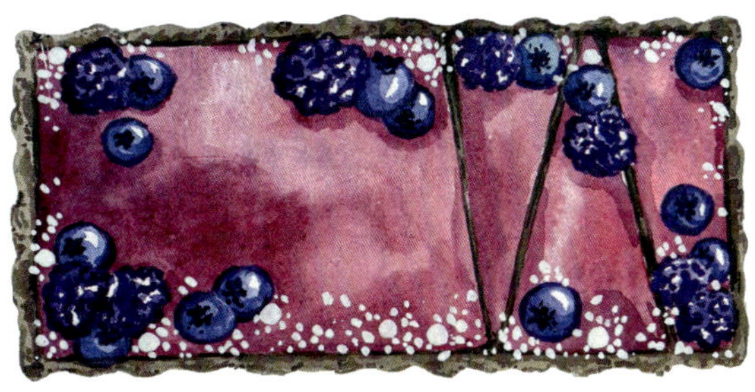

Analoge Farben

Unter analogen Farben versteht man drei Farben, die im Farbkreis direkt nebeneinanderliegen. Diese Farbkombination wird als harmonisch und optisch ansprechend gesehen. In der Natur gibt es dafür viele Beispiele: Die Farben des Herbsts sind Gelb, Orange und Rot.

Dreiklang

Drei Farbtöne, die in einem gleichseitigen Dreieck zueinander im Farbkreis liegen, bezeichnet man als Dreiklang. Die Farbbeziehung ähnelt dabei dem Farbe-an-sich-Kontrast. Liegen vier Farben in einem gleichseitigen Rechteck im Farbkreis zueinander, wird dies auch als Vierklang bezeichnet.

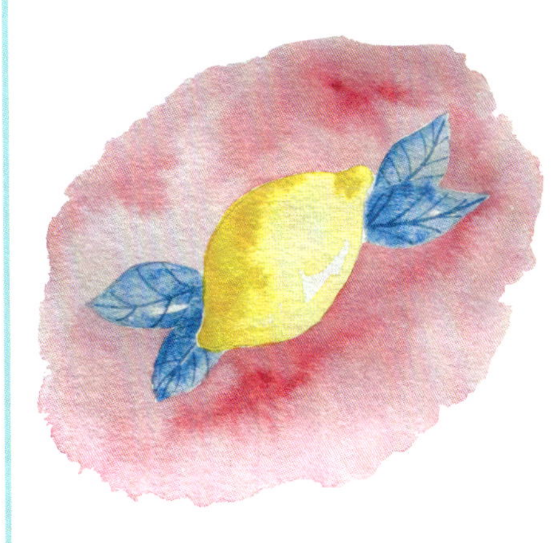

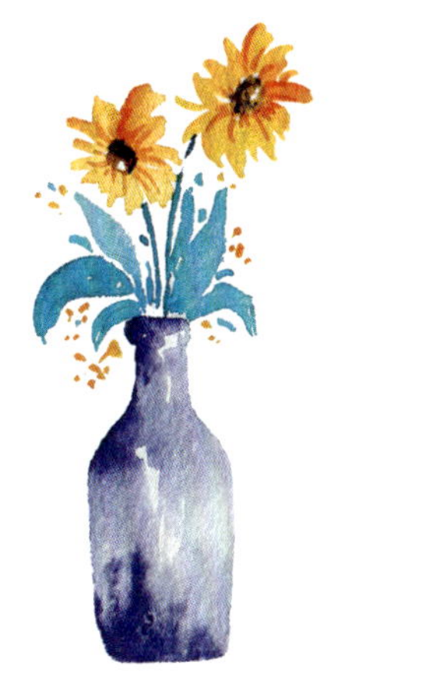

Komplementärer Dreiklang

Auch im komplementären Dreieck liegen die Farben in einem gleichseitigen Dreieck zueinander im Farbkreis. Statt der Komplementärfarbe wählst du hier zwei Farben, die im gleichen Abstand zur gegenüberliegenden ersten Farbe liegen.

IDEENINSEL

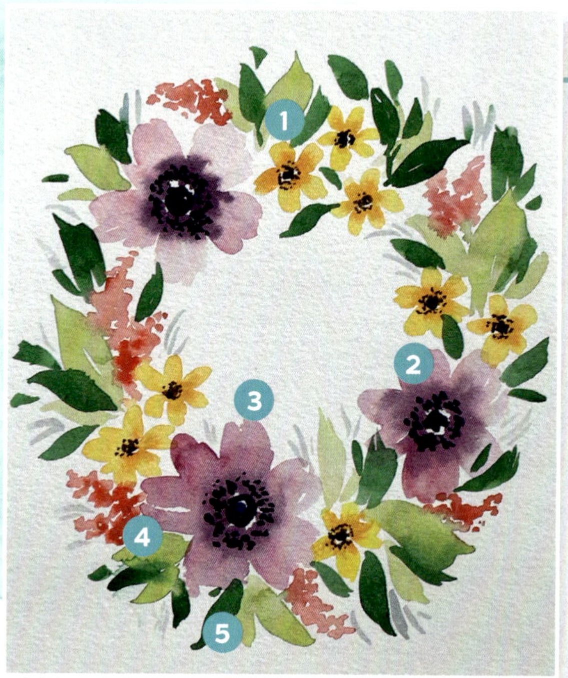

Blumenkranz

1 + 2 Gelb und Violett für einen Komplementärkontrast

3 Lockere Pinselführung ohne Bleistiftvorzeichnung

4 + 5 Helle und dunkle Grüntöne sorgen für Kontrast

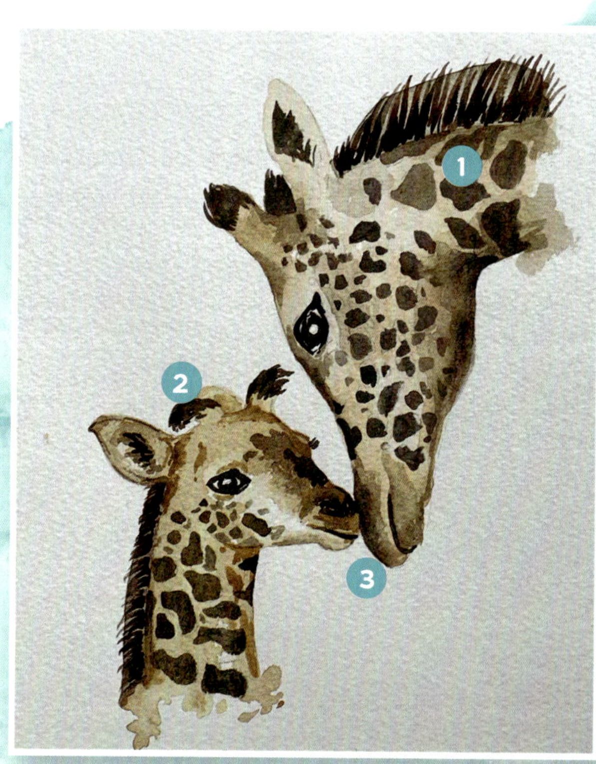

Mutterliebe

1 Erdtöne und Brauntöne in verschiedenen Transparenzen

2 Feine Details im Kontrast zu größeren Flächen

3 Monochrome Farbpalette

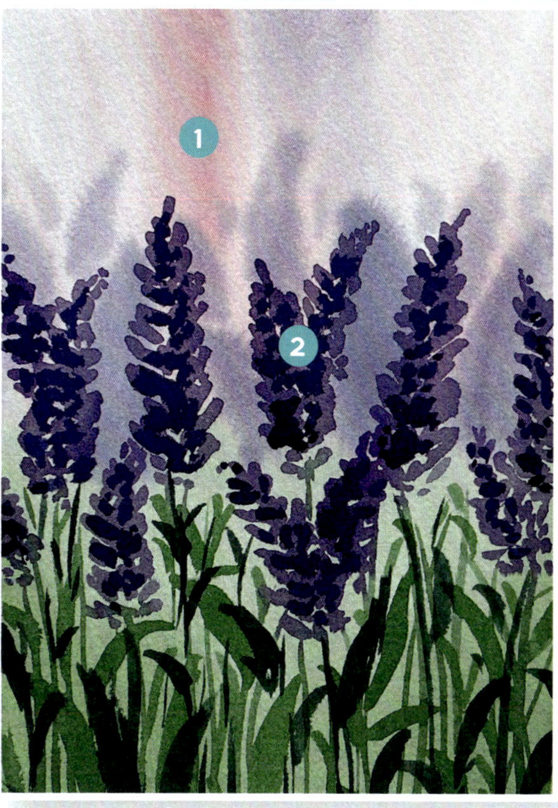

Lavendelfeld

1. Transparente Lavierung im Hintergrund
2. Übereinandergelegte Ebenen für stärkere Farbontraste

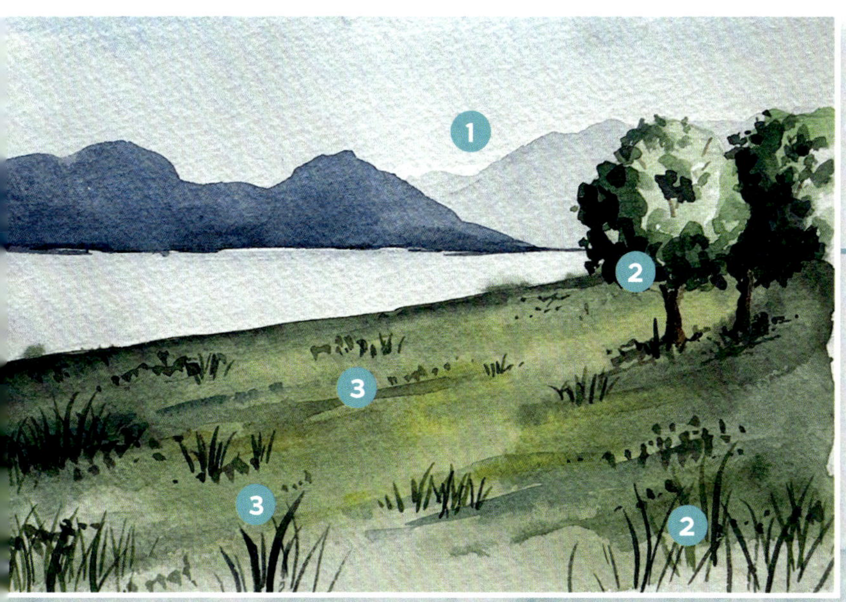

Landschaft mit Hügeln

1. Blaue Hügel im Dunst sorgen für die Anmutung von Weite
2. Feine Linien für Struktur
3. Verschiedene Grüntöne mischen

5 Grundtechniken

Zu den wichtigsten Grundtechniken zählen die Lavierung, die Lasur, die Nass-in-nass-Technik sowie die freie Pinseltechnik.

Zudem erfährst du hier, wie sich weiße Bereiche im Aquarell schaffen lassen und wie du schöne Übergänge kreierst.

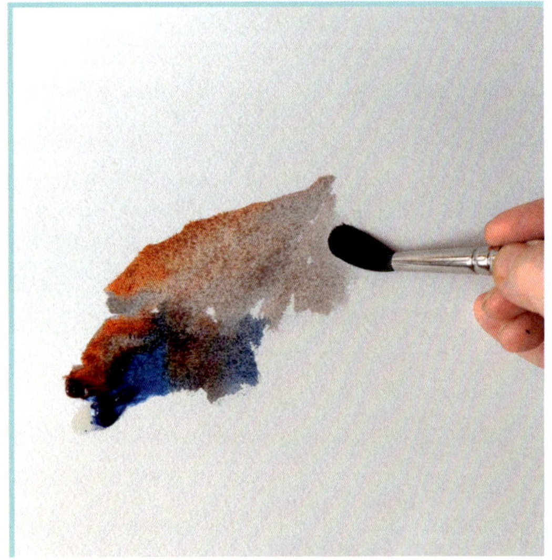

Lavierung

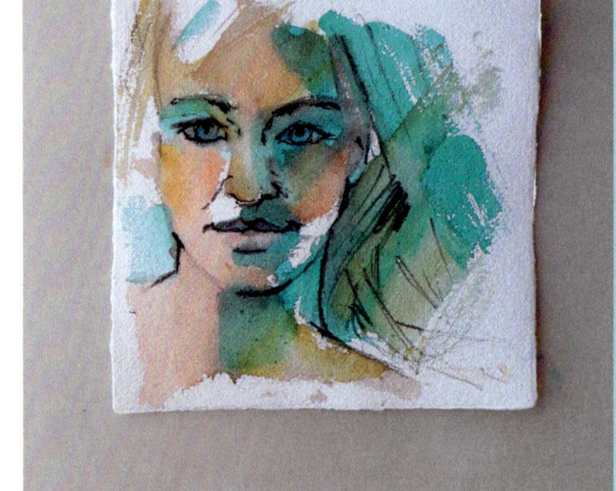

Lasur

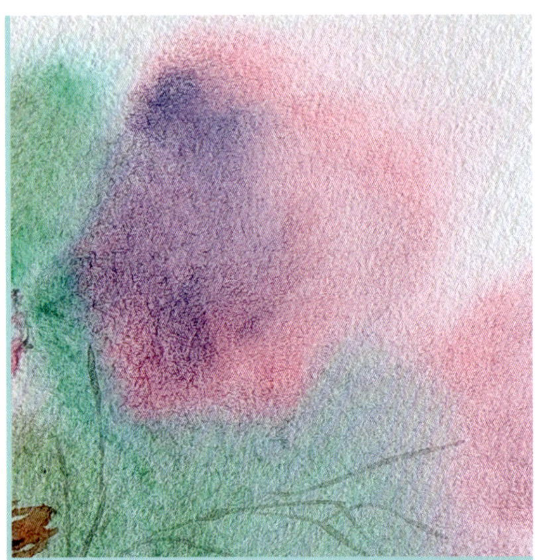

Nass-in-nass-Technik

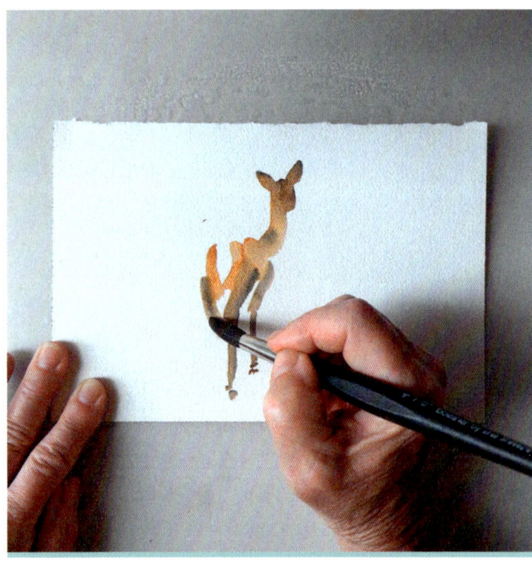

Freie Pinseltechnik

Lavierung

Die Lavierung ist eine wichtige Aquarelltechnik. Durch sie lernst du das Zusammenspiel von Wasser, Farbe, Pinsel und Papier kennen. Lavieren bedeutet das Verziehen angelöster Aquarellarbe mit dem Pinsel auf trockenem oder feuchtem Papier. Dabei verändert das Wasser den Tonwert der Farbe. Der Pinsel transportiert die gelösten Pigmente an den gewünschten Ort. Je saugender dein Papier ist, desto gleichmäßiger fällt die Lavierung aus. Härtere Papiere neigen zu wolkigen Rändern.

Tipps & Tricks 

✦ Vergiss nicht, deinen Pinsel vor dem Aufnehmen und Auftragen der Farbe auf dein Blatt abzutupfen. Das hält den Pinsel saugfähig und verhindert mögliche Pfützen.

Einfarbige Lavierung

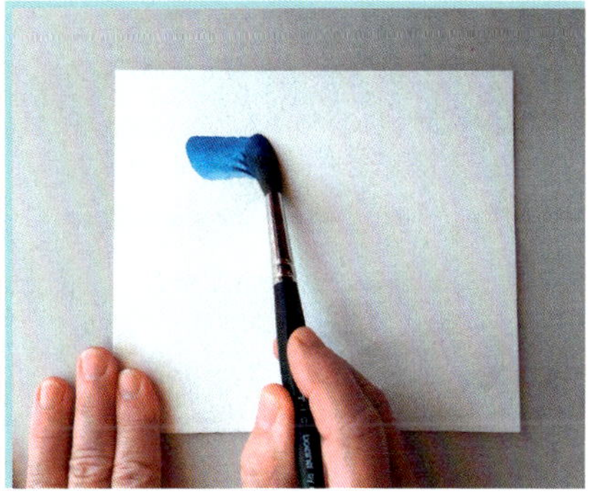

1 Farbauftrag
Befülle deinen Pinsel mit einer Farbe und trage mit seitlich gespreiztem Pinsel eine Farbspur von links nach rechts auf.

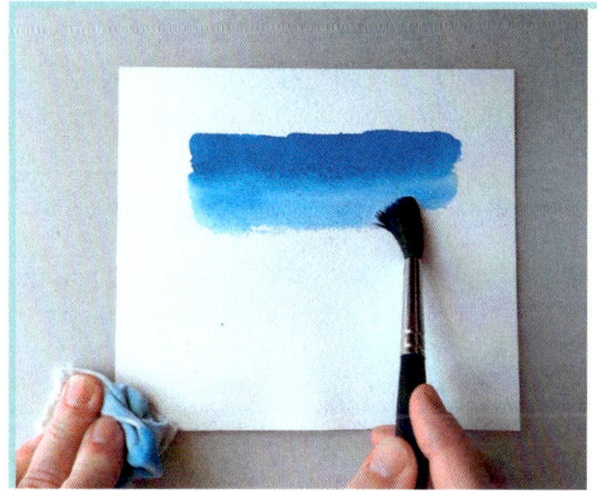

2 Farbe aufhellen
Gib mit deinem Pinsel Wasser dazu. Dadurch wird der Tonwert der Farbe heller. Lege eine zweite, hellere Farbspur dicht unter die erste und ziehe die entstandene Farbe nach unten.

Hinweis 

» Lavierungen können auf trockenem oder nassem Aquarellpapier gemacht werden. Auf nassem Papier trocknet die Farbe heller auf und es entstehen unscharfe Ränder.

3 Farbe abdunkeln
Soll die Lavierung wieder dunkler werden, gibst du wieder mehr Farbe hinzu. Entweder ins Mischfach auf deiner Palette oder direkt auf dein Blatt in die helle Lavierung.

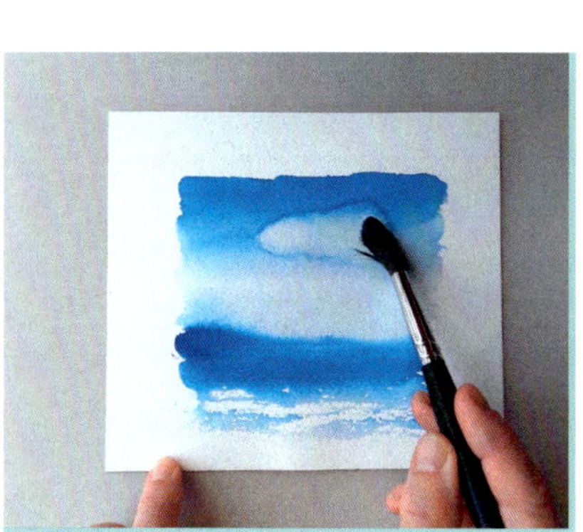

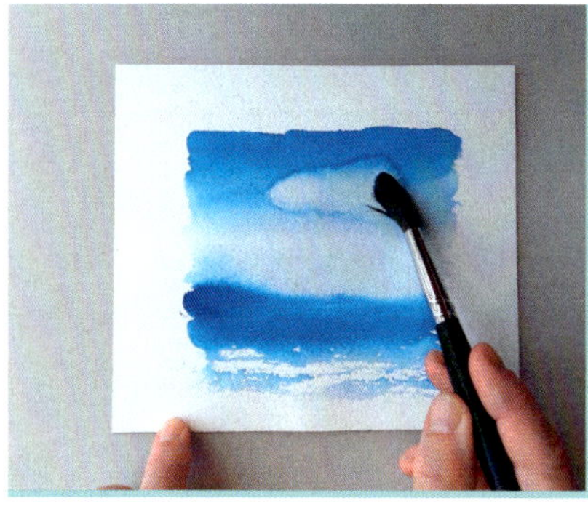

4 Farbrückläufe bilden
Wolken entstehen, wenn Stellen auf dem Blatt unterschiedlich nass sind. Durch Zugabe von Wasser in die Lavierung entstehen sofort Wolkenstrukturen.

Mehrfarbige Lavierungen

Tipps & Tricks

✦ Spreize deinen Pinsel beim Lavieren und bewege ihn in alle Richtungen. Niemals schieben, denn das würde keine gleichmäßige Lavierung erzeugen und dem Pinsel schaden.

Möchtest du mehrere Farben sanft miteinander verblenden, ist es wichtig, dass diese gleichermaßen nass sind. Damit vermeidest du ein wolkiges Ineinanderlaufen der Farben. Es hilft, den Pinsel vor dem Farbauftrag kurz abzutupfen. Ein kleines Sprühfläschchen hilft, größere Flächen länger feucht zu halten.

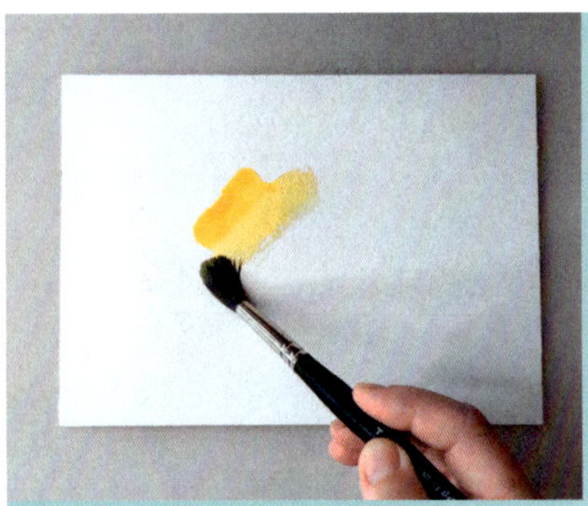

1 **Erste Farbe lavieren**
Befülle deinen Pinsel gut mit Farbe. Tupfe ihn ab und ziehe die Farbe übers Blatt.

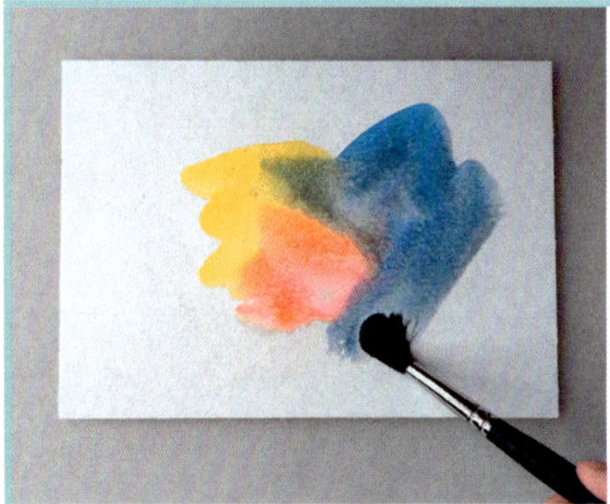

2 **Zwei Farben lavieren**
Befülle deinen Pinsel nach dem Auswaschen satt mit einer zweiten Farbe. Trage diese anschließend zügig auf. Wasche deinen Pinsel wieder aus, tupfe ihn ab und nimm eine neue Farbe auf. Lege den Farbauftrag sofort dicht an die anderen Farben.

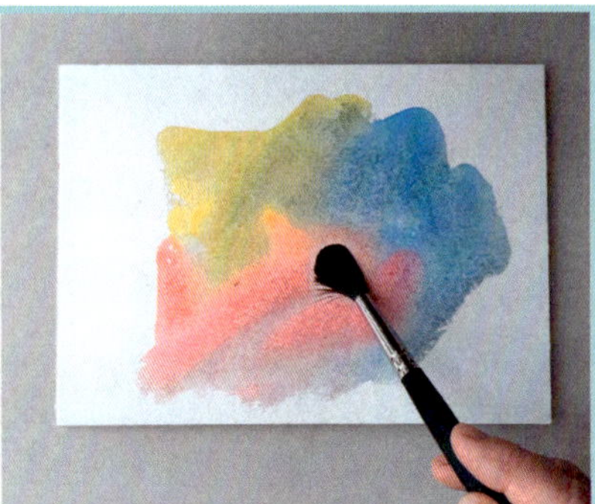

3 **Mehrere Farben lavieren**
Durch Besprühen mit Wasser kannst du antrocknende Farben feucht halten und weitere Farben aufbringen.

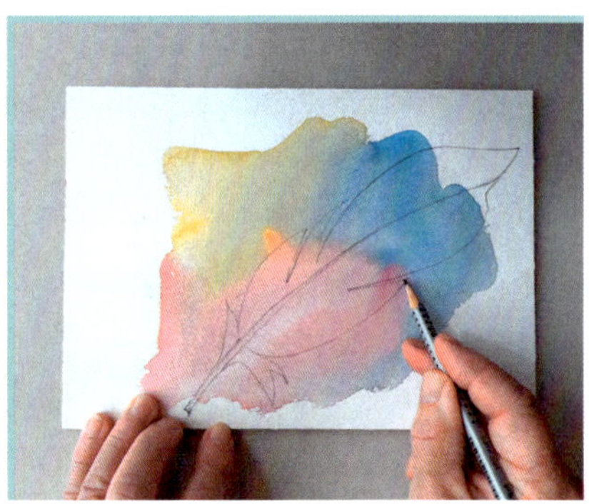

4 **Lavierung als Hintergrund**
Lavierungen machen sich sehr hübsch als Hintergrund, auf dem dann weitergearbeitet werden kann. Zeichne nach dem Trocknen der Farbe mit Bleistift eine Feder auf deine Lavierung. Diese kannst du dann weiter gestalten.

Lavierung ins Nasse

Auf nassem Papier verläuft die Farbe scheinbar von selbst. Du kannst dir dieses aquarelltypische Phänomen sowohl bei kleinen Motiven als auch bei größeren Flächen zunutze machen. Achte darauf, das Paper gleichmäßig feucht zu machen und dabei Pfützen und trockene Stellen zu vermeiden. Verwende dafür einen gespreizten Pinsel oder ein Schwämmchen. Büttenpapiere können komplett ins Wasser getaucht und anschließend bemalt werden.

Ein einzelnes Blatt lavieren

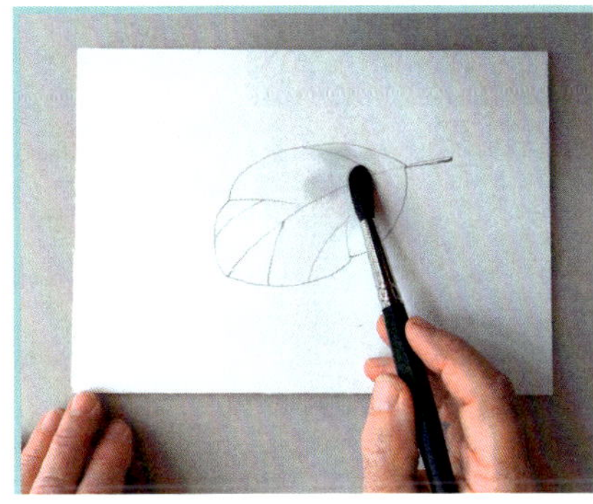

1 **Wasser anlegen**
Zeichne mit Bleistift ein Blatt auf dein Aquarellpapier. Nimm mit deinem Pinsel Wasser auf und fülle das Innere des Blattes komplett aus. Vermeide dabei Pfützen.

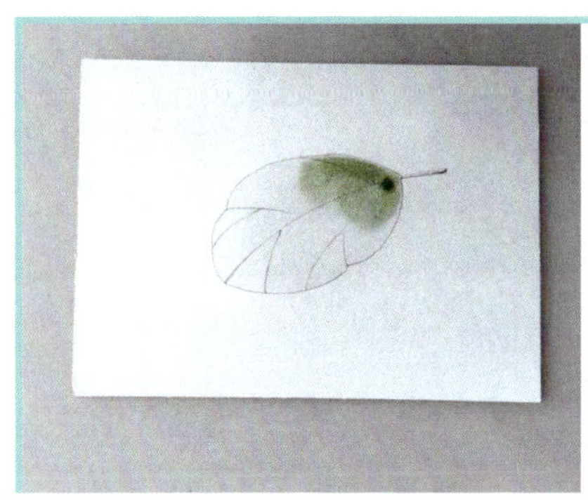

2 **Farbe anlegen**
Tupfe in die dunkelste Ecke des Blattes intensive Farbe hinein. Beobachte den Verlauf der Farbe ins Wasser hinein.

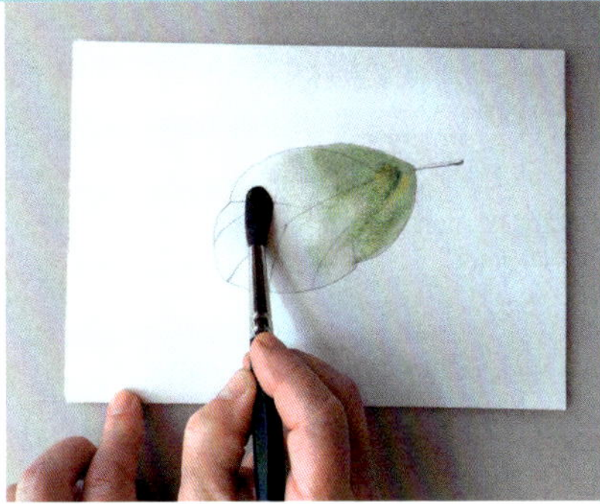

3 **Farbe verziehen**
Sollte die Farbe nicht von selbst bis zur Blattspitze heller verlaufen, kannst du nachhelfen: Gib etwas mehr Farbe hinzu oder verziehe die Farbe mit dem Pinsel in die nasse Fläche.

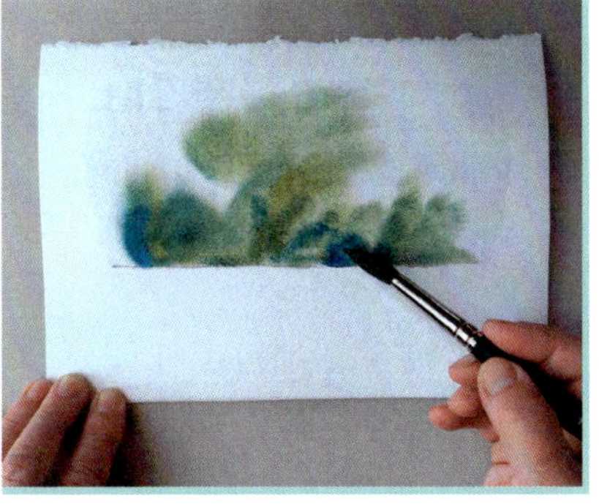

4 **Einen Horizont lavieren**
An einer gedachten Horizontlinie kannst du verschiedene Farben in eine nasse Fläche einlaufen lassen. Die Farben breiten sich ganz ohne Pinsel in der Fläche aus. Die Farben lavieren sich sozusagen ohne dein Zutun ins Nasse.

Tipps & Tricks

✦ Befestige lose Blätter deines Aquarellpapiers vor dem Lavieren ins Nasse mit Kreppband auf einem Brett. So verhinderst du, dass sich die Blätter wellen. Verwendest du gewässertes Büttenpapier, streichst du es vor dem Malen auf einem glattem Untergrund fest. Dieses Papier muss nicht mehr mit einem Klebeband fixiert werden.

Tipps & Tricks

✦ Zeichne mit dem Pinselstiel Stämme oder Äste in die nasse Farbe ein. Da das Aquarellpapier weich ist, entsteht eine farbige Linie.

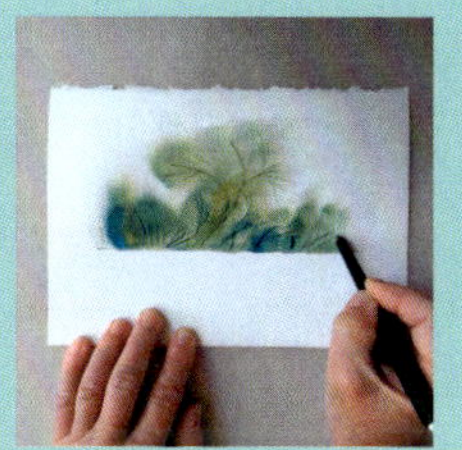

Nass-in-nass-Technik

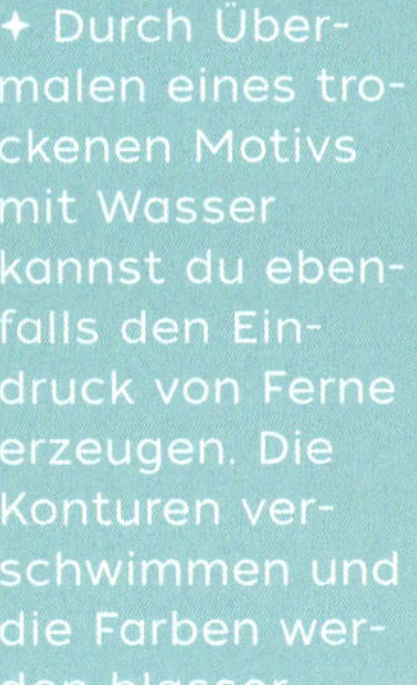

Tipps & Tricks

✦ Durch Übermalen eines trockenen Motivs mit Wasser kannst du ebenfalls den Eindruck von Ferne erzeugen. Die Konturen verschwimmen und die Farben werden blasser.

Hinweis

» Mehrmaliges Auftragen von Wasser auf dein Papier bewirkt, dass die Farben besonders lange gut verlaufen.

Mit der Aquarellmalerei verbindet mancher sofort die Nass-in-nass-Technik. Die für die Aquarellmalerei typischen fließenden Übergänge entstehen dabei meist von selbst. Gut saugendes Papier ist bei dieser Technik von Vorteil. Mit einem Schwamm oder Verwaschpinsel können auch größere Papiere gut nass gemacht werden. Durch Kippen des Blattes kann Farbe bei dieser Technik ebenfalls in verschiedene Richtungen gelenkt werden.

Silhouette

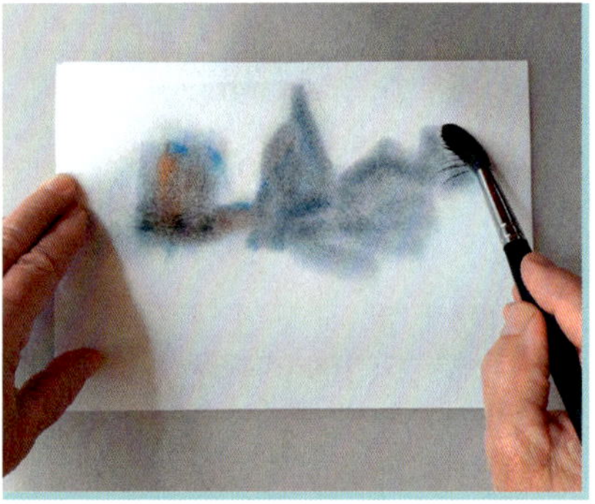

1 **Silhouette anlegen**
Lasse in einer zuvor angelegten, nassen Fläche mit intensiver grauer Farbe eine Stadtsilhouette entstehen. In der Aquarellmalerei ist dies ein häufiges Motiv.

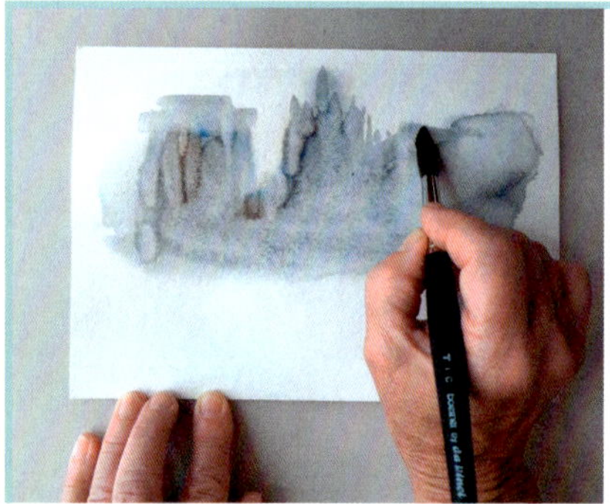

2 **Ins Nasse weiterarbeiten**
Arbeite ins Nasse hinein weiter. Es entstehen unscharfe Konturen, da die Farbe schon anfängt zu trocknen.

Himmelsspektakel

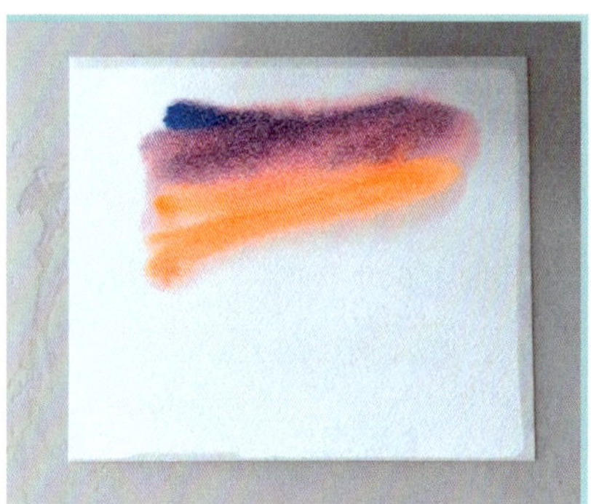

1 **Farben aneinanderlegen**
Für den Himmel in all seinen Erscheinungsformen ist die Nass-in-nass-Technik super geeignet. Lege dazu deine verschiedenen Farben zügig aneinander.

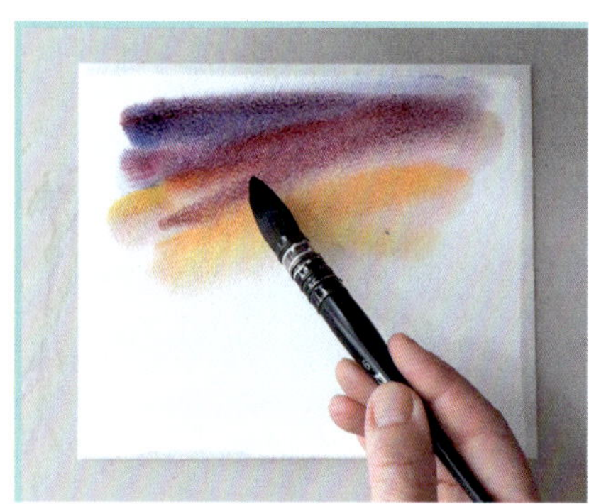

2 **Farben verstärken**
Du kannst auch ineinander arbeiten, um die Farbe zu verstärken.

Katze

Fell eignet sich durch sein fluffiges Aussehen gut für die Nass-in-nass-Technik. Die weichen Härchen entstehen durch das Ausblühen der Aquarellfarbe. Für das Schwarz des Fells kannst du auf unterschiedliche Schwarztöne zurückgreifen. Traubenkernschwarz, ein Kohleschwarz, lässt sich gleichmäßig verteilen. Probiere bei deinen Farben immer erst aus, wie sie sich auf nassem Papier verhalten.

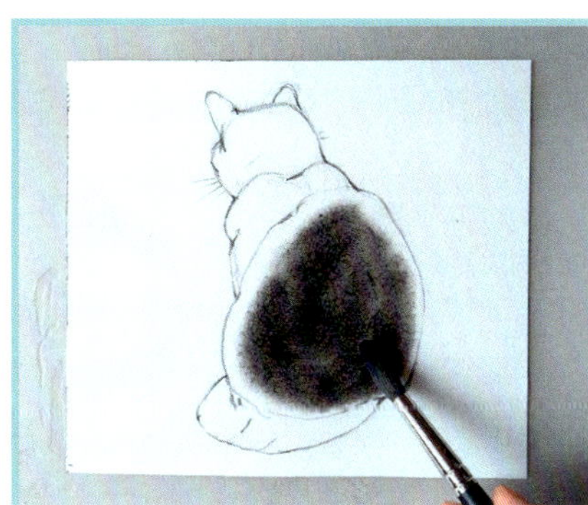

1 **Farbauftrag auf nassem Papier**
Zeichne die Katze mit weichem Bleistift vor. Feuchte dein Papier anschließend mit deinem Pinsel oder einem Schwämmchen gut an. Lasse auf der gleichmäßig nassen Fläche in der Körpermitte der Katze deine schwarze Farbe ausblühen. Beobachte den Farbverlauf.

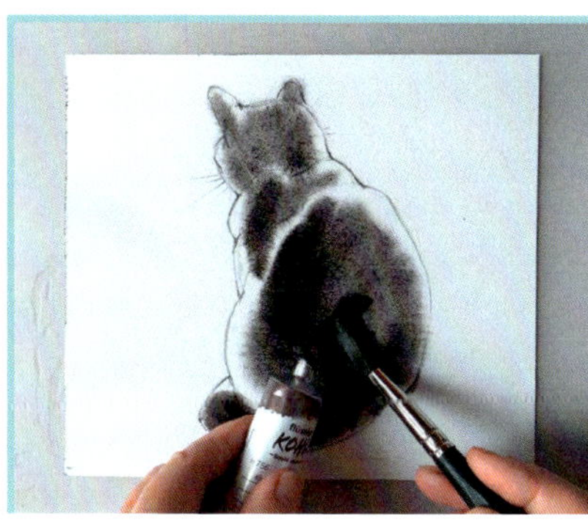

2 **Farbakzente verstärken**
Nimm nun nochmals satt Farbe auf und trage sie an den dunkelsten Stellen erneut auf.

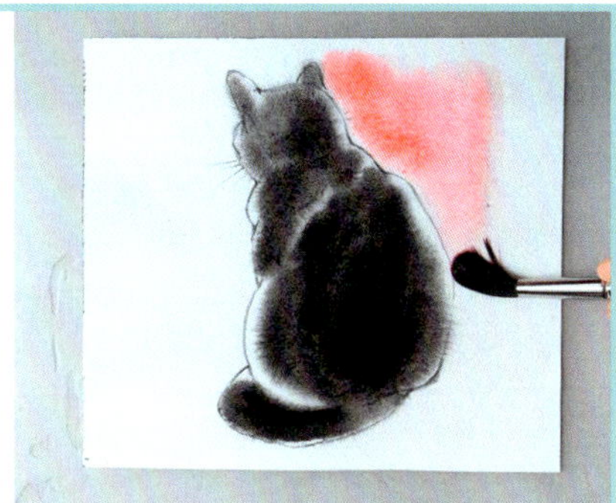

3 **Schatten und Hintergrund**
Durch das Ummalen der Katze mit einer anderen Farbe entsteht eine deutliche Kontur, da die Farben schon langsam antrocknen.

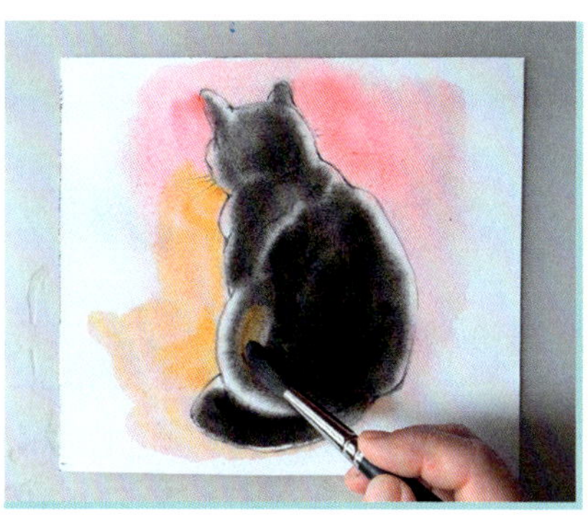

4 **Farben anpassen**
Nimm eine zweite Farbe dazu, in diesem Fall Gelb. Lasse diese Farbe im Fell nochmals auftauchen - dadurch verbindet sich das Motiv mit dem Hintergrund.

Tipps & Tricks

✦ Bei der Nass-in-nass-Technik solltest du immer relativ viel deiner Farbe aus dem Näpfchen nehmen, da die Farben nach dem Trocknen etwas verblassen. Ideal sind hierbei Tubenfarben.

Hinweis 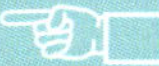

» Wenn Farben im Bild mehrfach auftauchen, beeinflussen sie sich gegenseitig - du steigerst dadurch die Bildharmonie.

Hinweis

» Übe die freie Pinseltechnik, so oft du kannst. Du wirst merken, dass dir das Üben hilft, deinen Pinsel wirklich zu beherrschen.

Tipps & Tricks

+ Sprenkel hinzufügen
Die feinen Sprenkel entstehen, indem du deinen Pinsel mit Farbe belädst und ihn über dem Bild ausklopfst. Auch mit dem Borstenpinsel kannst du Sprenkel erzeugen.

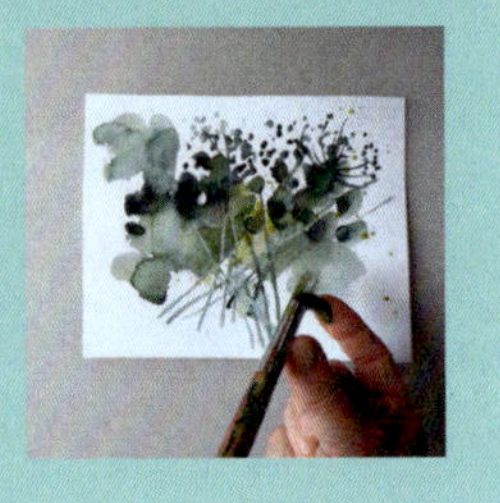

Freie Pinseltechnik

Nicht nur das Verlaufen der Farben ist für die Aquarellmalerei typisch, sondern auch der insgesamt lockere Look. Dazu trägt ganz entscheidend die Pinselführung bei. Möchtest du beispielsweise einen Busch oder Bäume gestalten, ist es nicht nötig, jedes Blatt einzeln zu malen. Lebendiges Blattwerk kannst du durch unterschiedlichen Druck auf deinen Pinsel erzeugen. Dadurch entstehen verschieden große, locker verteilte Farbflecken. Das rasche Arbeiten erzeugt Wasserrückläufe und Spritzer. Bewusst gesetzte Sprenkel machen diese Technik noch lebendiger.

Lebendiges Blattwerk gestalten

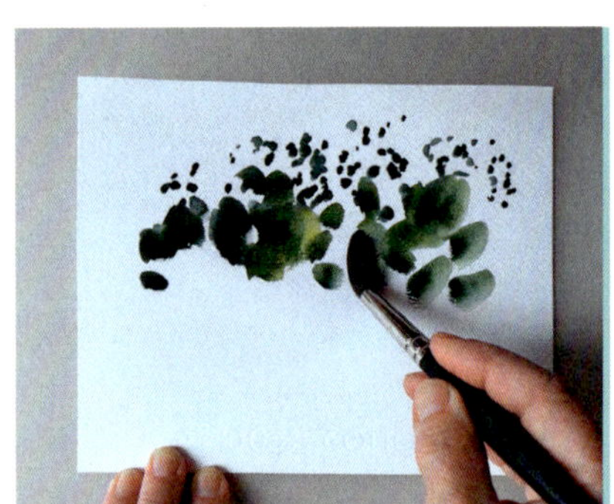

1 **Tupfer und Flecken**
Lasse mit spitzem Pinsel kleine Tupfen und mit mehr Druck Blättchen und Blätter entstehen.

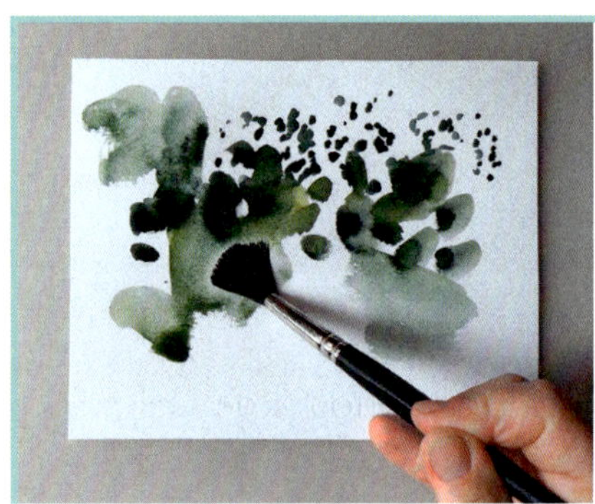

2 **Flächen wachsen lassen**
Spreize deinen Pinsel beim Malen weiter auf - das erzeugt größere Flächen.

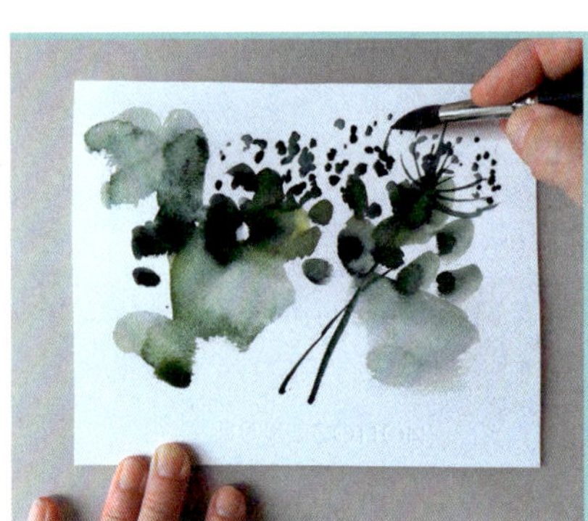

3 **Stängel einzeichnen**
Dünn mit der Pinselspitze gezogene Linien sehen aus wie Stängel.

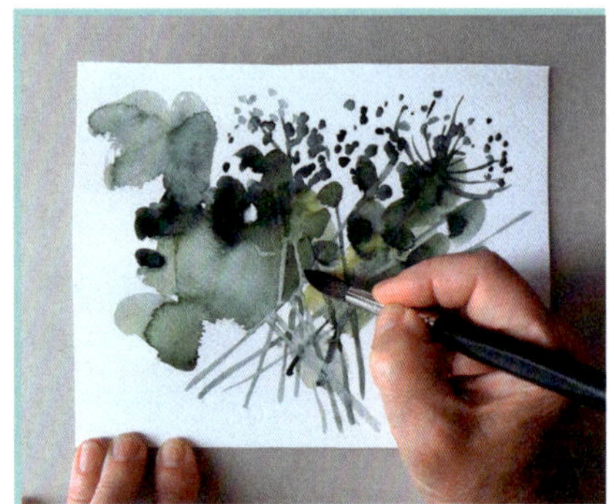

4 **Tiefe erzeugen**
Lege einigen Lasuren auf dein getrocknetes Motiv. Damit erzielst du mehr Räumlichkeit.

Pinseltechnik nach Motiv

Den Pinsel so bewegen zu können, dass ein erkennbares Motiv entsteht, gehört zu den Grundlagen der Aquarellmalerei. Um das Üben kommst du auch hier nicht herum, aber du wirst sehen: Ein »Pinselballett«, also Motive mit dem Pinsel in einem Zug gestalten zu können, macht total viel Spaß. Wichtig ist, dass du mit spitzem Pinsel an kleinen Stellen beginnst und den Pinsel dann für größere Flächen spreizt. Die Pinselbewegung ist ein stetiges Auf und Ab.

Tipps & Tricks

✦ Übe die Pinseltechnik mit Figuren. Begib dich in Zeitschriften oder im Internet auf Motivsuche, da wirst du sicher schnell fündig – auch was das Ausbalancieren der richtigen Proportionen angeht.

Ein Reh gestalten

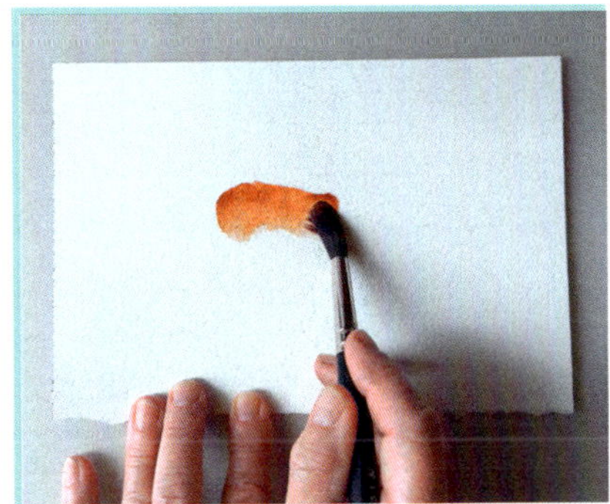

1 **Farbspur anlegen**
Beginne mit seitlich geführtem Pinsel eine Farbspur für den Körper zu ziehen.

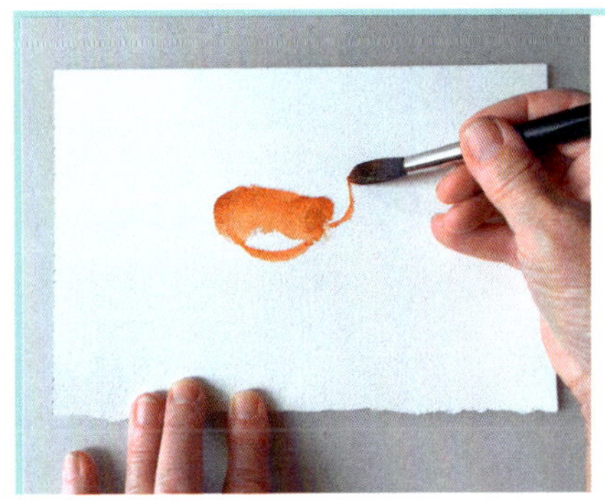

2 **Linie weiterführen**
Die Begrenzung am Bauch entsteht, indem du mit spitzem Pinsel eine Linie zeichnest, die in den Hals übergeht.

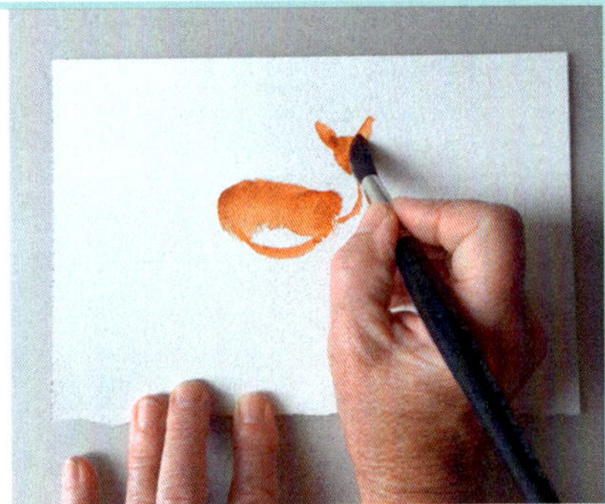

3 **Hals, Kopf und Ohren formen**
Forme mit senkrechter Pinselhaltung und variablem Druck Hals, Kopf und Ohren.

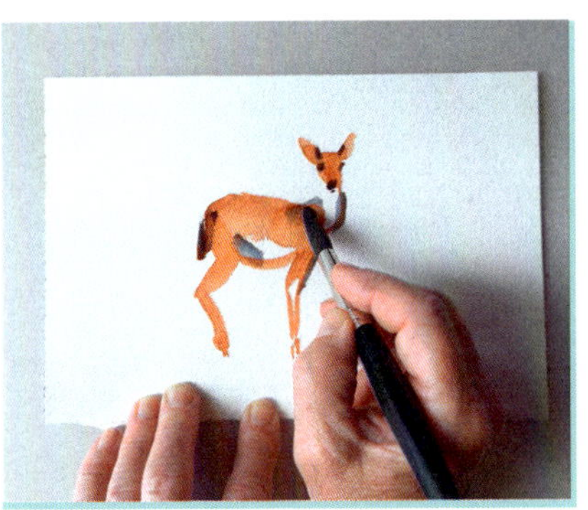

4 **Eine zweite Farbe hinzufügen**
Füge mit einer zweiten Farbe ein paar dunklere Stellen ein. Sie machen das Tier plastisch.

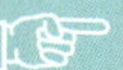

Hinweis

» Auf den Farben ist meist angegeben, ob sie eher deckend oder transparent sind. Das Zeichen für Transparenz ist ein durchsichtiges Quadrat, für eine höhere Deckkraft ein schwarzes Quadrat Mit Wasser verdünnt werden aber alle Aquarellfarben durchscheinend.

Tipps & Tricks

+ Möchtest du bewusst weiße Stellen in deinem Bild aussparen, kannst du mit Maskierflüssigkeit arbeiten (siehe Seite 14). Nach dem Trocknen der Maskierflüssigkeit kannst du einfach darüber lasieren.

Lasur

Lasuren sind typisch für die Aquarellfarbe, denn hier zeigt sich ihre transparente Natur. Beim Lasieren legst du mit Wasser verdünnte Farbe über eine schon vorhandene, trockene Farbschicht, sodass diese noch etwas durchschimmert. Je nach Farbpigment sind die Farben auch schon von Natur aus transparent oder etwas deckender.

Lasur mit Figuren

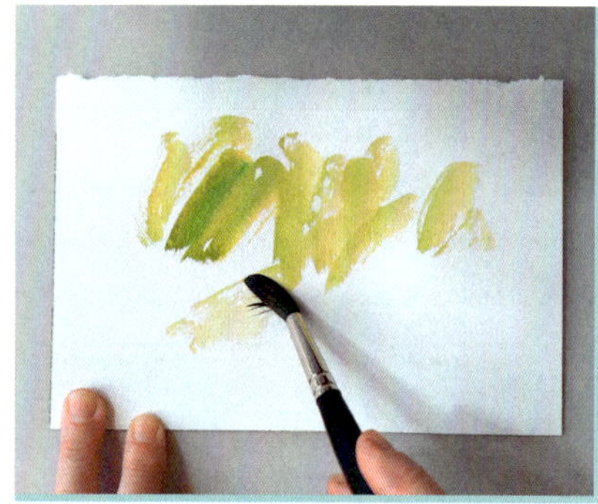

1 **Verdünnte Farbe auftragen**
Trage mit deinem Pinsel verdünnte, gelbgrüne Pinselspuren für den Hintergrund auf. Lasse den Farbauftrag gut trocknen.

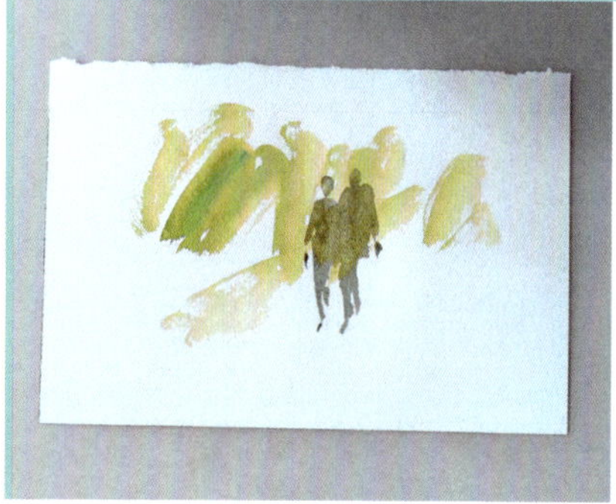

2 **Überlasieren**
Nimm etwas graue Farbe auf deinen Pinsel auf und lasiere zwei Figuren auf den gelben Hintergrund. Beginne dabei mit dem Körper der Figuren. Kopf und die Gliedmaßen malst du in senkrechter Pinselhaltung nacheinander dazu.

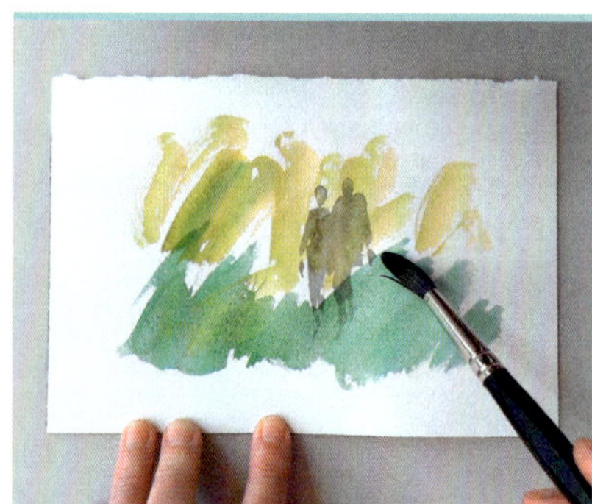

3 **Dritter Lasurauftrag**
Belade deinen Pinsel mit einem Grünton und trage eine weitere, lasierende Farbschicht auf. Halte den Pinsel dabei seitlich.

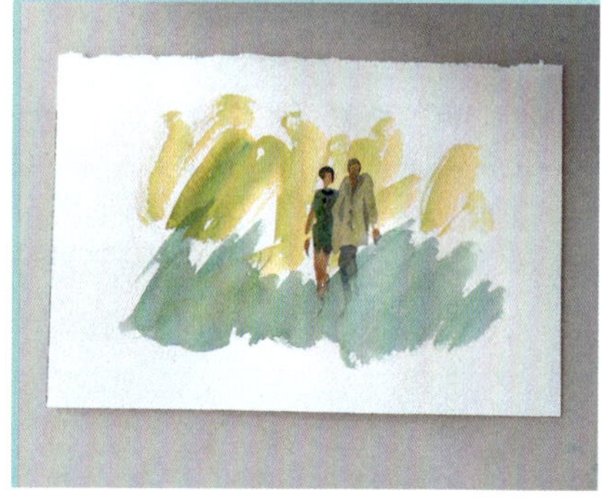

4 **Weitere Farben dazulasieren**
Lasiere zum Schluss auf die Figuren und in die Umgebung passende Farbtöne für Hautfarbe, Kleiderfarben und Details.

Landschaft in Lasurtechnik

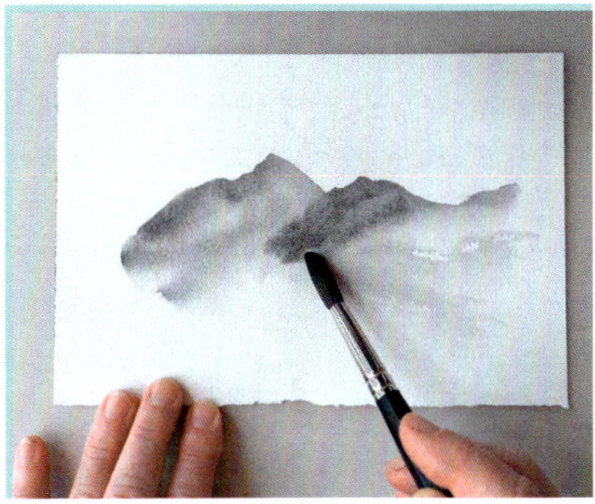

1 **Tonwertstudie**
Male einfache Bergrücken in Schwarz und laviere sie mit Wasser ins Helle. Lasse deine Studie gut trocknen.

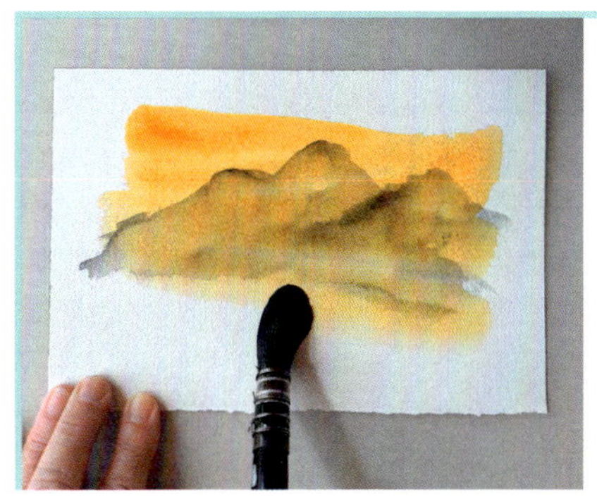

2 **Überlasieren in Gelb**
Lasiere nun mit einer transparenten Farbe – etwa Quinacridone Gold oder Indischgelb – und einem breiten Verwaschpinsel über die trockene Studie.

Um den Unterschied zu einer anderen Farbe zu erkennen, legst du nun die Tonwertstudie von Schritt 1 noch einmal an.

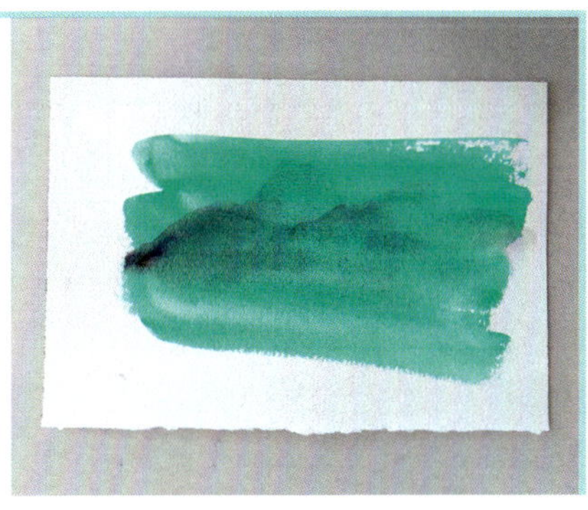

3 **Überlasieren in Grün**
Lasiere dieses Mal Phthalogrün oder Kobaltblau über deine Schwarzweißstudie. Du wirst sofort feststellen, wie sehr die Farbe das Motiv in seiner Wirkung verändert.

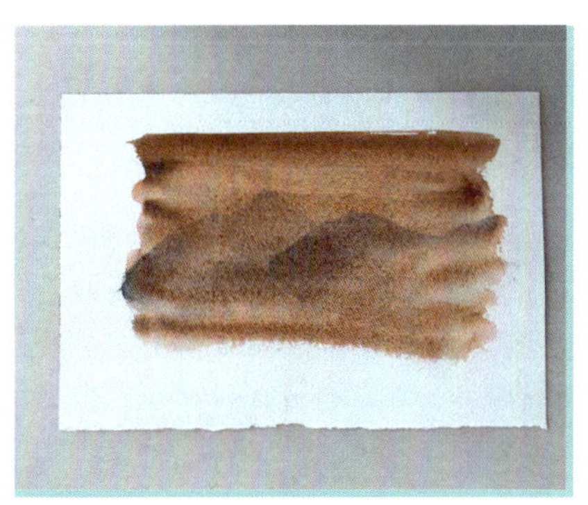

4 **Deckende Farbe**
Versuche das Ganze nun noch einmal mit einer deckenden Farbe wie Caput Mortuum oder Gletscherbraun. Selbst wenn du die Farbe verdünnst, tritt die Transparenz längst nicht so in Erscheinung.

Hinweis

» Überprüfe deine Farben auf ihre Transparenz, bevor du sie für durchscheinende Lasuren einsetzt.

Tipps & Tricks

✦ Durch das Abtupfen der nassen Farbe mit dem Lappen können interessante Effekte entstehen.

Tipps & Tricks

✦ Durch das Abwaschen der getrockneten, deckenden Farbe unter dem Wasserhahn entsteht eine interessante »used«-Optik.

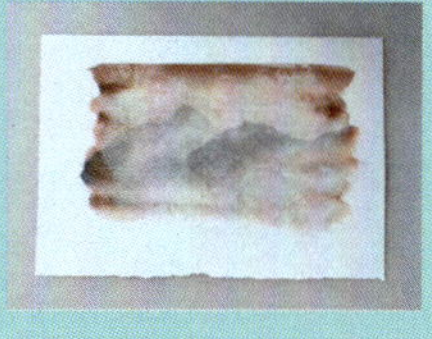

Das Weiß im Aquarell

Es gibt keine weiße Aquarellfarbe - die klassische Art, beim Aquarellmalen weiße Bereiche zu erzeugen, ist das Ummalen der betreffenden Stellen im Bild. Das Heraussaugen der noch nassen Farbe mit dem Pinsel ist eine weitere Methode, für weiße Stellen zu sorgen. Aufgrund ihrer Größe oder Feinheit schwierige Weißstellen im Bild, wie zum Beispiel kleine Tupfen oder Linien, lassen sich durch Abdecken mit Maskierflüssigkeit (Rubbelkrepp) gestalten. Auch Wachskreide, Salz und Drucktechniken führen zu weißen Spuren und Mustern.

Hinweis

» Erst durch Licht- und Schattenbereiche und Weißstellen bekommt das Bild eine dreidimensionale Wirkung.

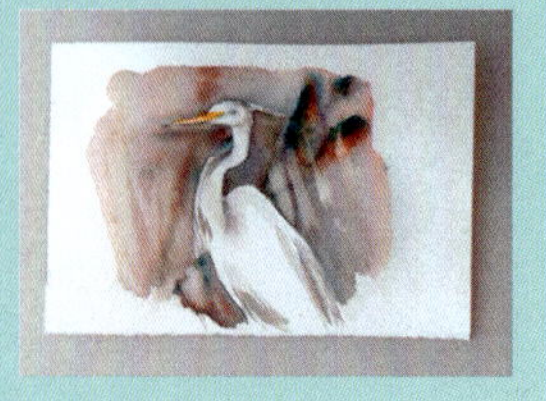

Reiher

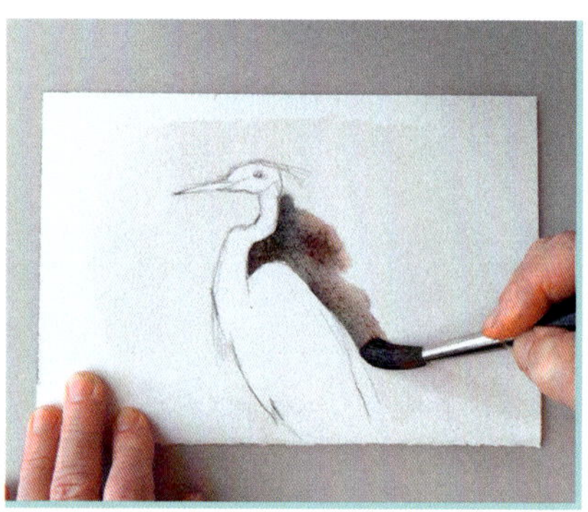

1 Vorzeichnung

Damit der Vogel gut ummalt werden kann, ist eine Vorzeichnung mit weichem Bleistift notwendig. Trage rund um die Konturen des Reihers zunächst Wasser auf, dadurch verlaufen die Farben des Hintergrunds besser.

2 Ummalung

Male für den Hintergrund rund um den Vogel herum braune Farbflächen. Ein paar Halme, die sich hinter dem Vogel kreuzen, halten den Hintergrund optisch zusammen. Male die dunklen Spuren mit viel Farbe ins Nasse.

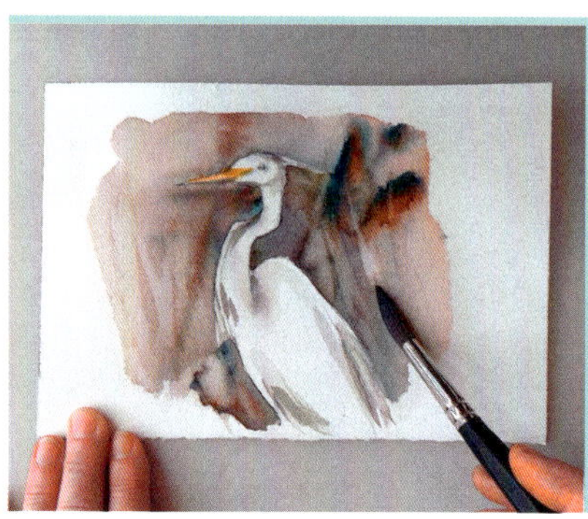

3 Plastische Gestaltung

Trage nun auf dem Körper des Reihers in Grau Schattenbereiche auf, dadurch wird die Form plastisch herausgearbeitet. Setze dünne Wasserspuren auf die fast trockene Hintergrundfarbe und sauge sie mit abgetrocknetem Pinsel wieder auf. Erst durch Licht- und Schattenbereiche und Weißstellen bekommt das Bild eine dreidimensionale Wirkung.

Noch mehr Bildbeispiele

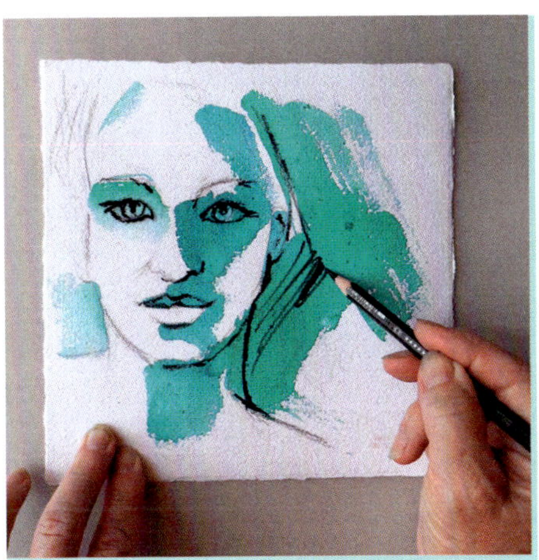

Gesicht

Schon das Malen eines Schattens erzeugt beim Betrachtenden die Illusion eines Gesichts. Das Weiß zwischen den Haaren lässt diese plastisch erscheinen.

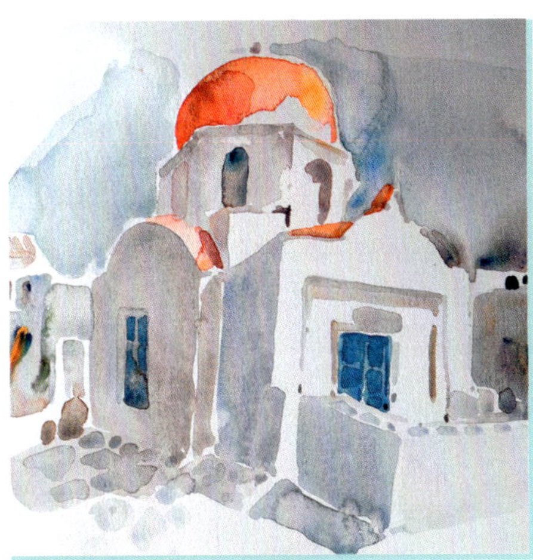

Griechische Architektur

Viele weiße Gebäude im Süden entstehen erst durch das Malen des Himmels.

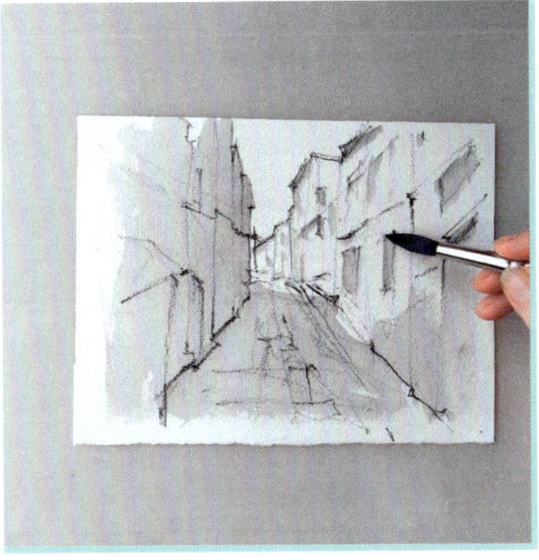

Südliche Gasse

Licht und Schatten sind entscheidend für die plastische Wirkung von Architekturmotiven. Diese Gasse bekommt durch den Schatten in Grau eine räumliche Tiefenwirkung.

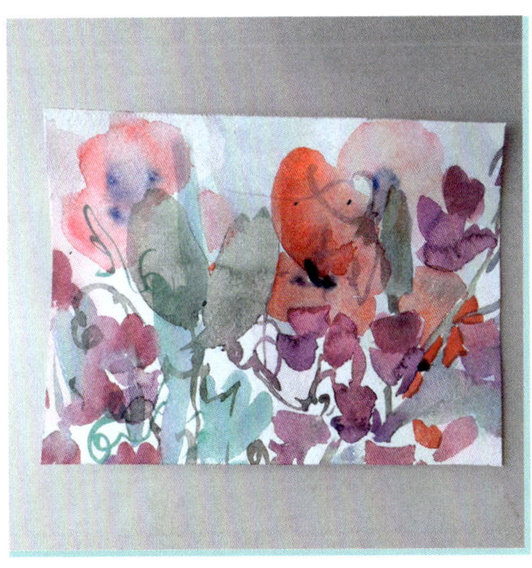

Farbflimmern

Durch weiße Stellen im Bild erhalten Aquarelle Leichtigkeit und Licht. Locker gesetzte Farben sind eine gute Methode, um diesen Effekt zu erzielen.

Hinweis

» Auch die Mischtechnik mit Gouacheweiß, das deckend aufgetragen wird, hat sich im Aquarell etabliert.

Tipps & Tricks

+ Titanweiß, zum Beispiel als Gouachefarbe, kann für einige Weißbereiche wie das Fell eines Tieres, Gischt im Wasser oder den Sternenhimmel zum Einsatz kommen. Auch für Lichtreflexionen im Auge ist es nützlich.

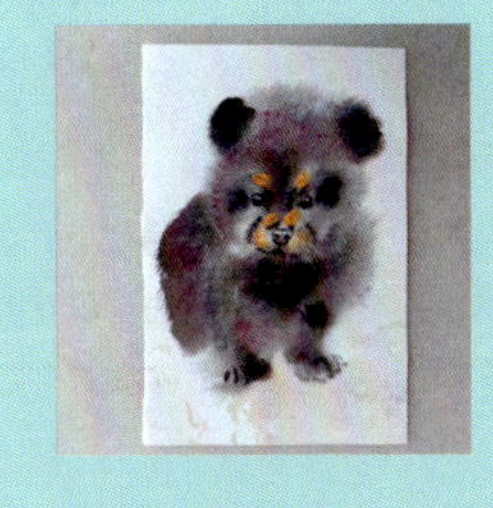

Aufhellen eines Motivs

Auf Keilrahmen oder Kunststoffuntergründen gemalte Aquarelle lassen sich ohne Weiteres aufhellen. Befeuchte dazu die Farbe gut und sauge sie mit dem abgetrockneten Pinsel heraus. Aquarellpapiere geben die Farbe unterschiedlich leicht wieder ab. Hier solltest du vorher ein paar Versuche mit Testaquarellpapierstreifen starten.

Steinpilz

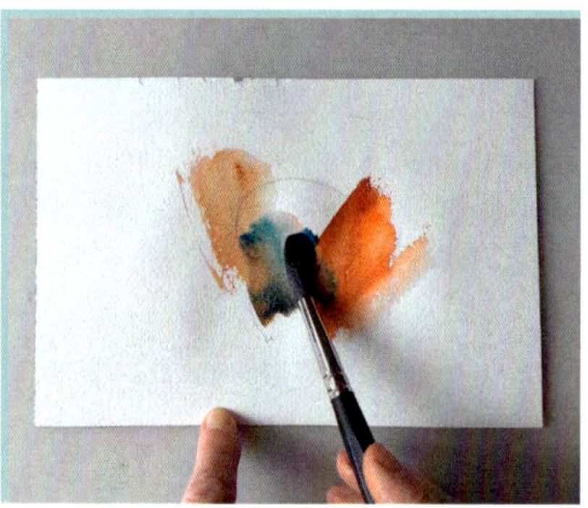

1 **Hintergrund gestalten**
Zeichne das Motiv mit Bleistift auf dein Blatt. Setze Pinselspuren in unterschiedlichen Brauntönen und Richtungen auf das Blatt. Farbrückläufe und das Verlaufen der Farbe ineinander ist erwünscht.

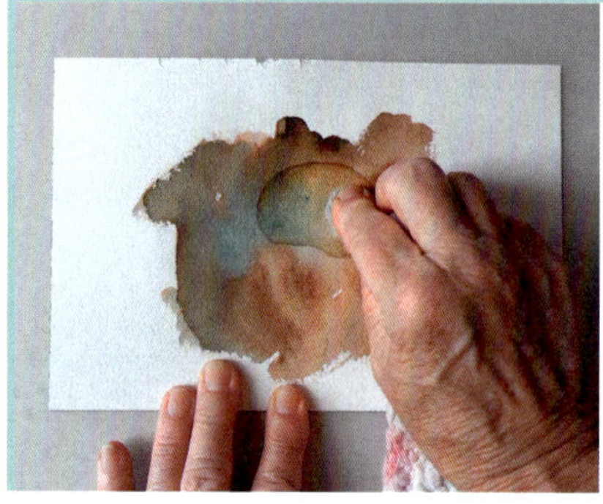

2 **Motiv entstehen lassen**
Lasse das Blatt trocknen. Löse anschließend die getrocknete Farbe mit Wasser an und sauge mit Lappen und Pinsel Lichtstellen heraus. Achte darauf, immer nur eine Form zu bearbeiten.

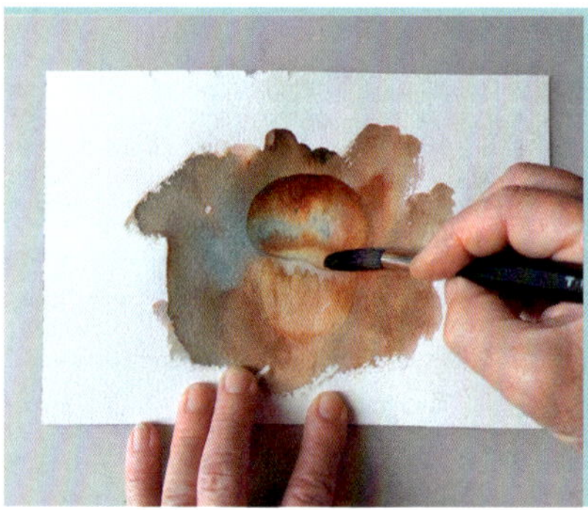

3 **Motiv modellieren**
Wiederhole an Stellen, die heller werden sollen, den Vorgang mehrmals. Zu helle Stellen erneut mit Braun und Grau abdunkeln.

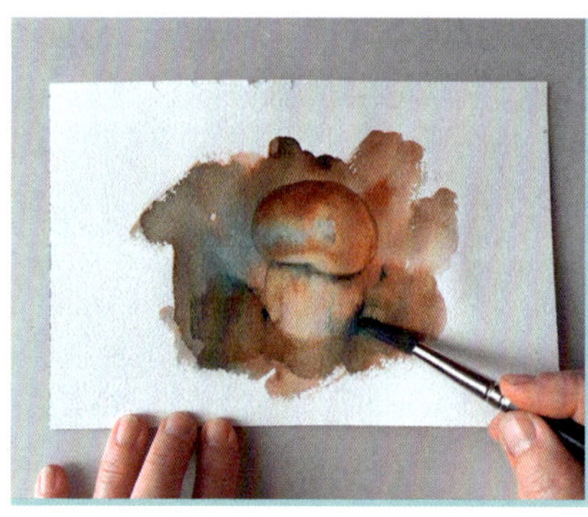

4 **Tiefe ins Bild bringen**
Ummale Stiel und Kappe des Steinpilzes zusätzlich. Das hebt dessen Form noch einmal hervor.

Deckender Farbauftrag

Im Gegensatz zur vorherigen Technik ist beim deckenden Farbauftrag ein gut saugendes Büttenpapier von Vorteil. Heißgepresste Papiersorten halten die Farbe besser fest als kaltgepresste. Wird Farbe über Farbe lasiert, darf sich die untere Farbschicht nicht zu sehr anlösen und vermischen.

Hinweis 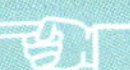

» Je nach Pigmentierung ist auch Aquarellfarbe transparenter oder deckender Auf schwarzen Untergründen wirken nur deckende Aquarell- oder Perlglanzfarben..

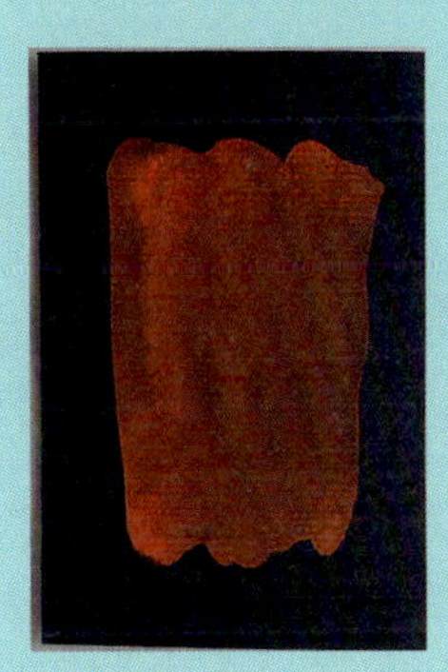

Wald

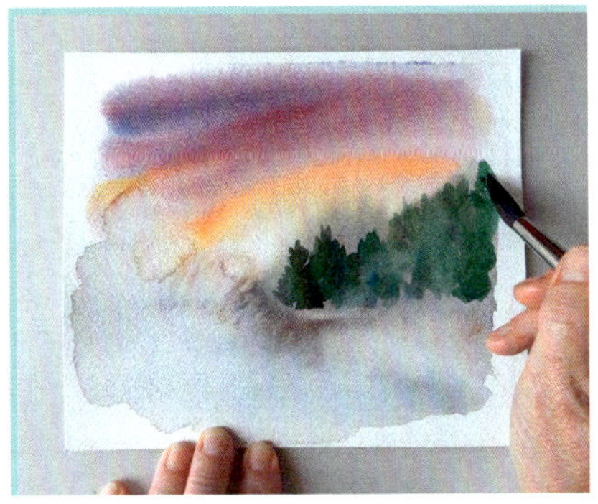

1 Ferne Strukturen

Lasiere grünblaue Baumstrukturen in den oberen Teil des Motivs »Himmelsspektakel«, das du bereits in der Nass-in-nass-Technik gestaltet hast (siehe Seite 48. Diese Technik des Farbauftrags eignet sich perfekt für den Hintergrund von Aquarellen.

2 Nahe Strukturen

Lasiere nach dem Trocknen einen großen, dunklen Baum über die Baumstrukturen im Hintergrund. Auf diese Weise entsteht ein Vordergrund. Achte darauf, dass die Konzentration der Farbpigmente in jeder folgenden Farbschicht höher sein muss, wenn sie abdecken soll. Das heißt, du musst jedes Mal mehr Farbe aufnehmen.

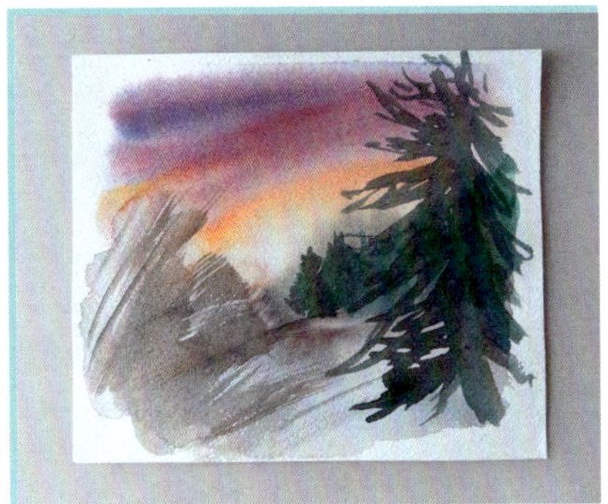

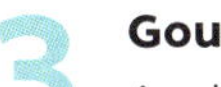

3 Gouache

Auch die Verwendung von Gouache als deckende Farbschicht ist auf einem Aquarelluntergrund möglich.

Übergänge schaffen

Kleinere und größere Problemstellungen können beim Aquarellieren immer mal wieder auftauchen. Vielleicht fragst du dich, wie sich harte Farbkanten abschwächen oder Farbübergänge gestalten lassen. Auch Hilfestellungen für die Darstellung weißer Linien und Stellen sind immer wieder gefragt. Auf diesen beiden Seiten findest du schnelle Lösungen.

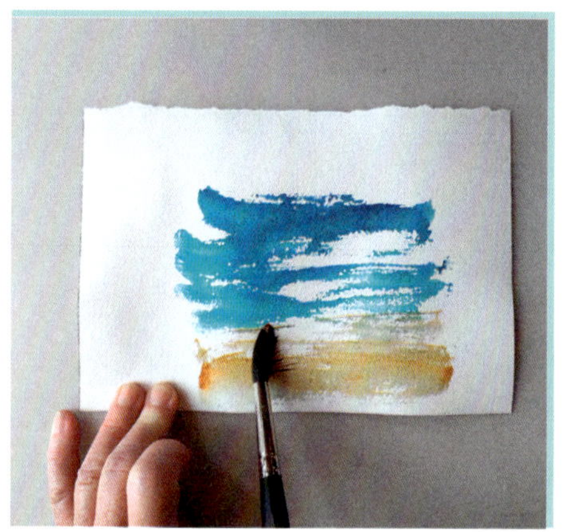

Flimmerndes Weiß
Für einen Farbauftrag, der nicht satt, sondern unterbrochen sein soll, führst du deinen Pinsel so lange in seitlichen Bewegungen über dein Papier, bis die Farbe weniger wird und weiße Stellen entstehen. So ergibt sich ein flimmerndes Weiß, wie es oft bei der Darstellung von Wasser gewünscht wird.

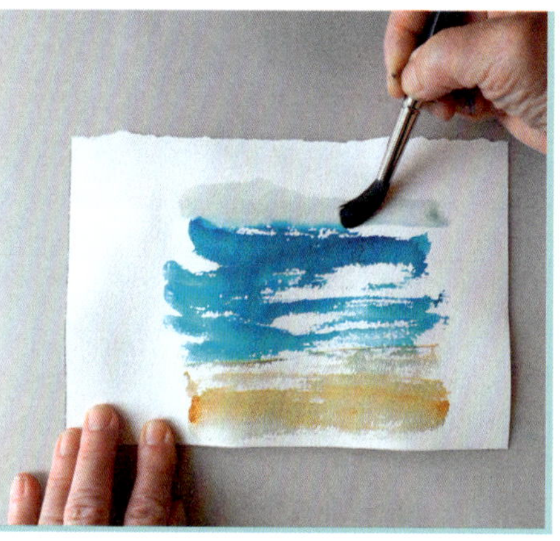

Anschlusskante
Übermalen mit Wasser lässt eine Kante entstehen, von der aus du anschließend mit anderen Farben weitermalen kannst.

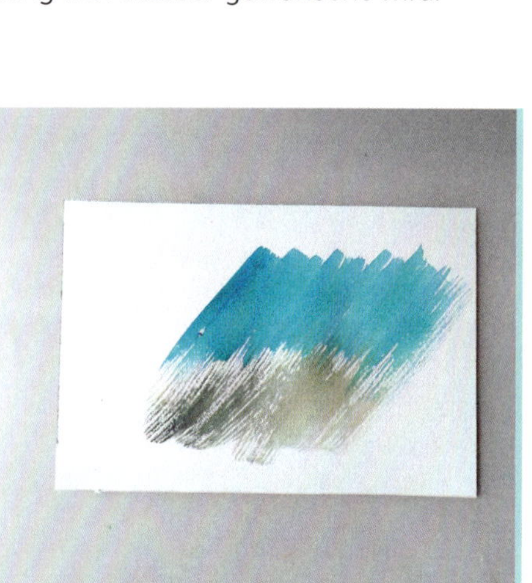

Linien verzahnen
Sollen feine Linien entstehen, kannst du diese mit gespreiztem Pinsel oder einem Sonderpinsel miteinander verzahnen.

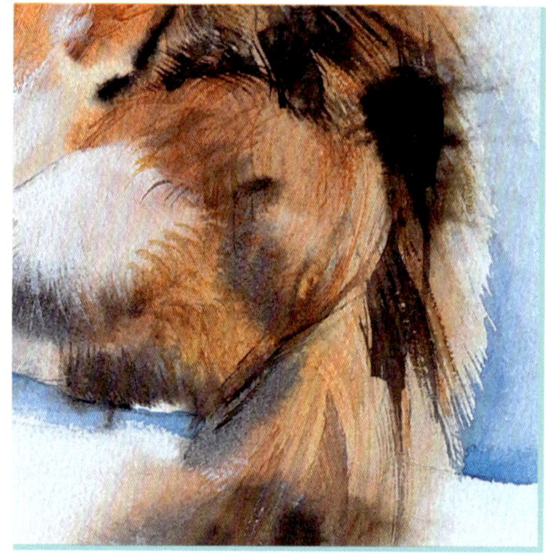

In den Hintergrund integrieren
Hier siehst du, wie helles Fell mit dem Hintergrund verbunden werden kann. Überführe die Pinselstriche im Hintergrund in eine Fläche.

Farbränder abschwächen

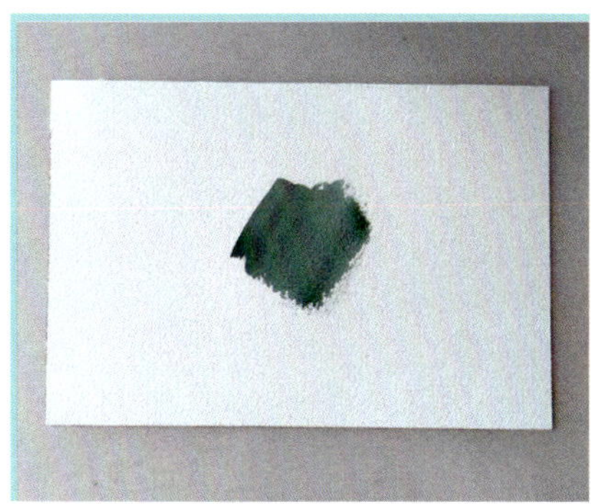

1 **Farbfläche aufmalen**
Male eine beliebige Farbfläche auf dein Papier.

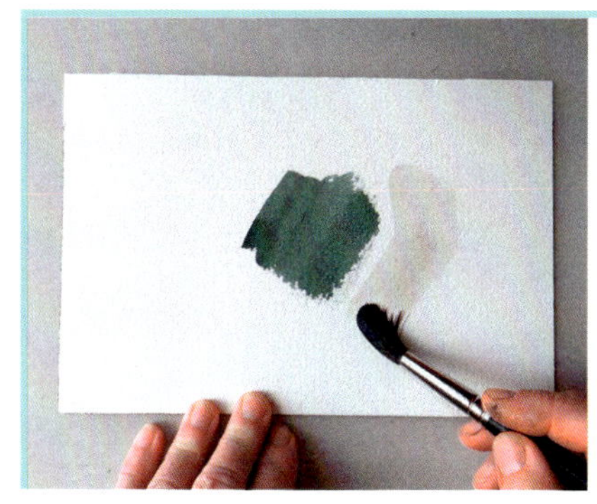

2 **Wasser zugeben**
Gib in geringem Abstand mit dem Pinsel Wasser dazu.

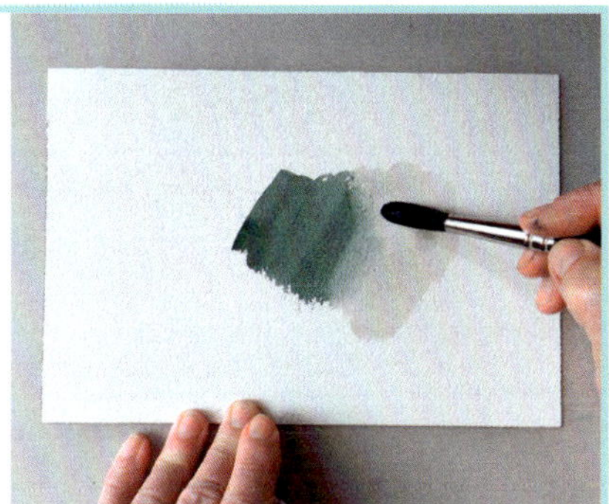

3 **Wasser und Farbe verblenden**
Verblende nun Farbe und Wasser miteinander. Die harte Farbkante verläuft nun weicher.

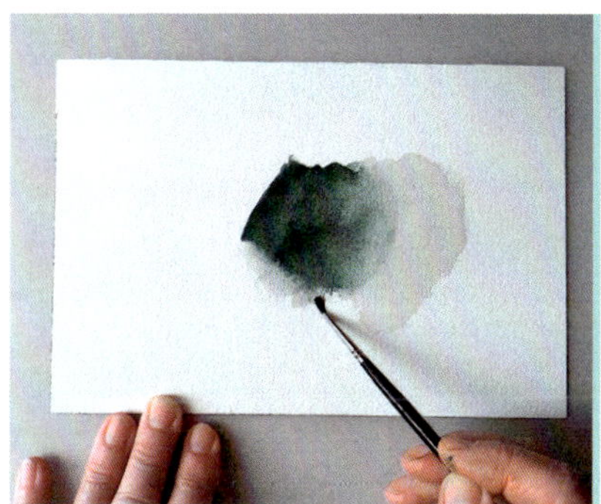

4 **Farbkante aufbrechen**
Du kannst die harten Farbränder auch mit einem feinen Kunststoffpinsel und wenig Wasser verreiben.

Tipps & Tricks

✦ Soll beim Ummalen eines Motivs eine exakte Kante entstehen, sollte es immer ganz trocken sein. Du kannst vorsichtig einen Fön einsetzen, wenn du die Trocknung beschleunigen willst.

Hinweis

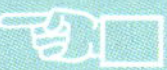

» Die freie Pinseltechnik eignet sich beispielsweise sehr gut für die Darstellung von Blumenmotiven.

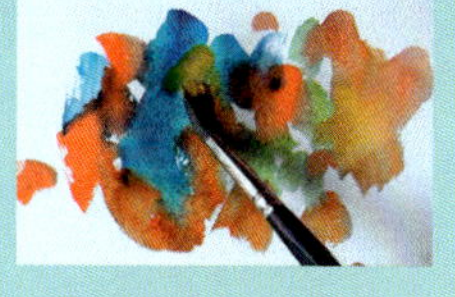

Freie Pinseltechnik

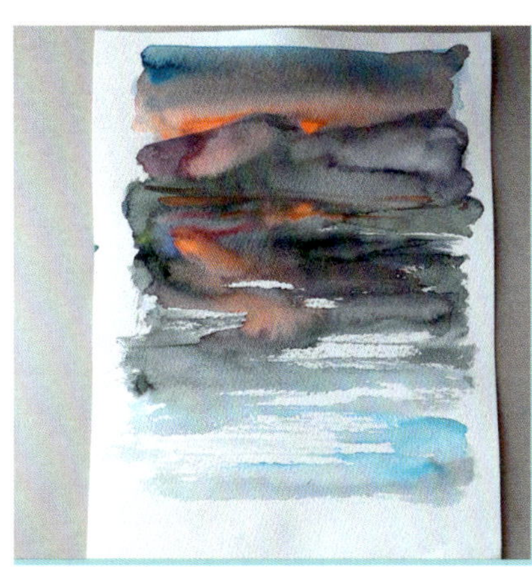

Lockere Pinselführung
Dabei lässt du weiße Stellen im Aquarell bewusst stehen und verstärkst oder veränderst deine Farbe nass in nass.

IDEENINSEL

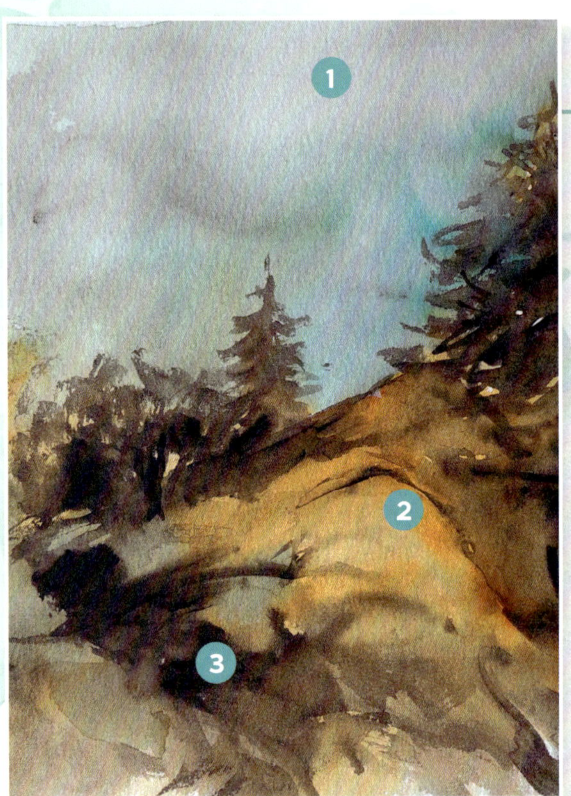

Berglandschaft

1. Lavierung
2. Lasur, in Quinacridone
3. Schwarze Tonwertmalerei

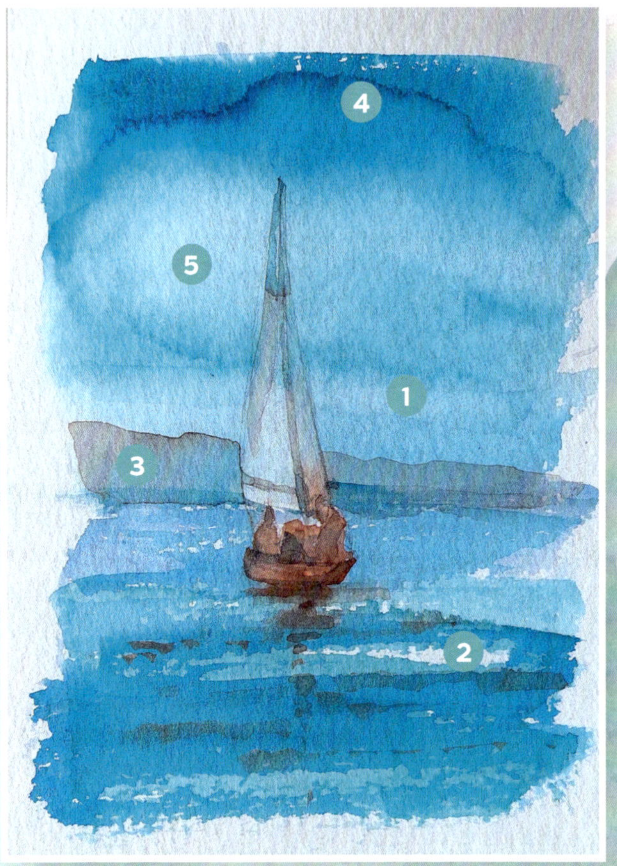

Segelboot

1. Lavierung
2. Flimmerndes Weiß
3. Lasur
4. Wasserverlauf
5. ausgewaschene Farbe

Katze

1. Lasur
2. Lavierung ins Nasse
3. Übergänge verzahnen

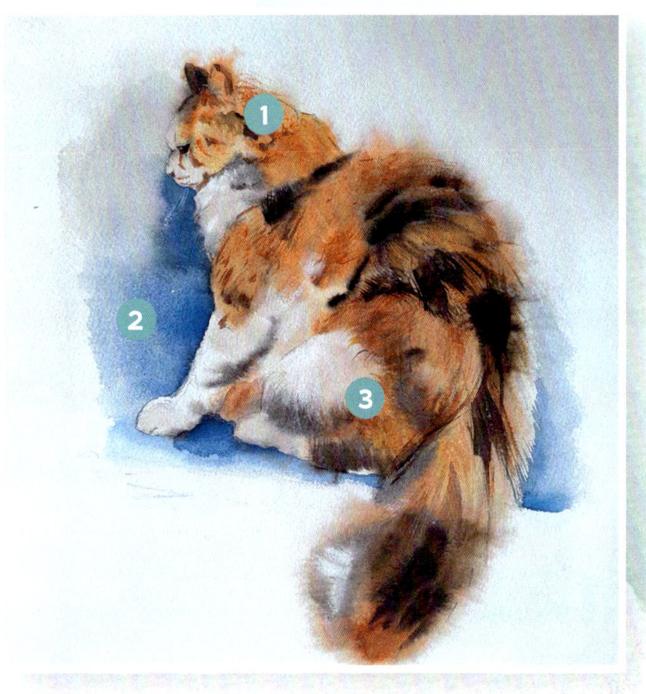

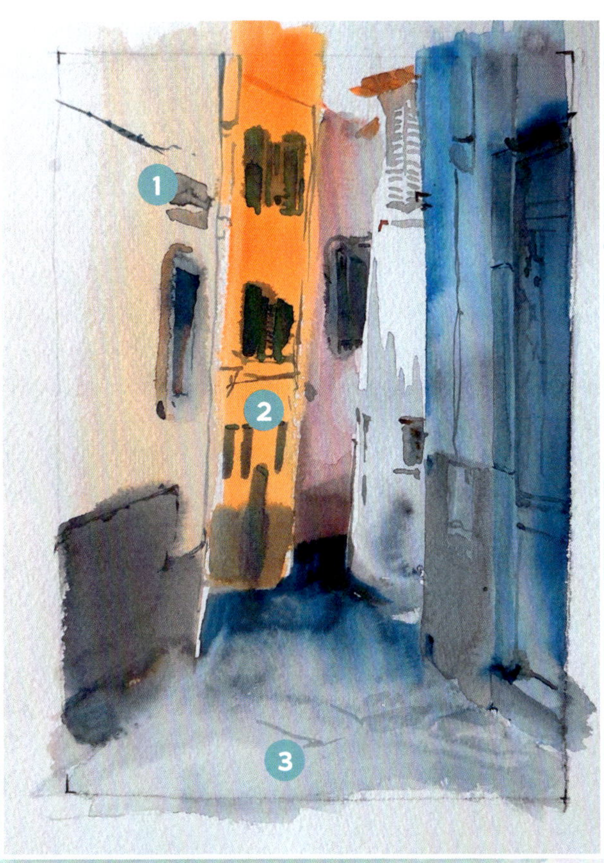

Gasse

1. Lasuren
2. feine Linien
3. Lavierung

6 Zusatztechniken

Hinweis

» All diese Aquarellmedien lassen sich prima miteinander kombinieren.

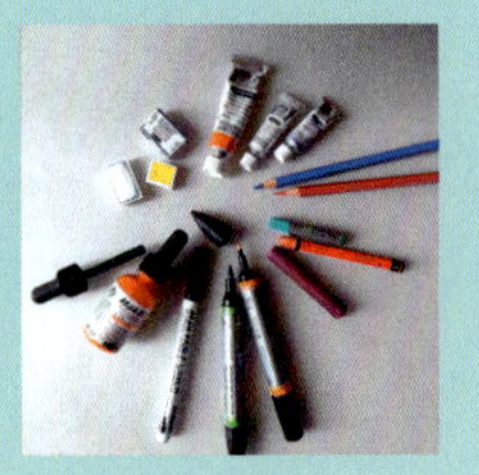

Der Einsatz neuer Aquarellmedien und -farben auf unterschiedlichsten Malgründen verleiht deinen Bildern einen besonderen Ausdruck. Nachdem du die wichtigsten Aquarelltechniken geübt hast, warten nun spannende Zusatztechniken darauf, Schritt für Schritt entdeckt zu werden. Wegen ihres unkomplizierten Einsatzes sind Aquarellfarben inzwischen nicht nur für klassische Illustrationen, sondern auch in ganz neuen Einsatzgebieten wie Urban Sketching, Aquasketching, Lettering und New Watercolor präsent und beliebt.

Zudem eröffnen Aquarellstifte, Pastellkreiden, Gouache, Tinten und Tuschen sowie Brush Pens und strukturierende Medien eine Fülle weiterer Anwendungsmöglichkeiten.

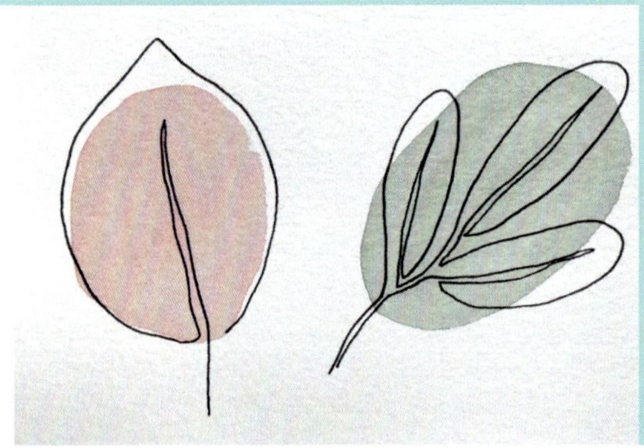

Line Art

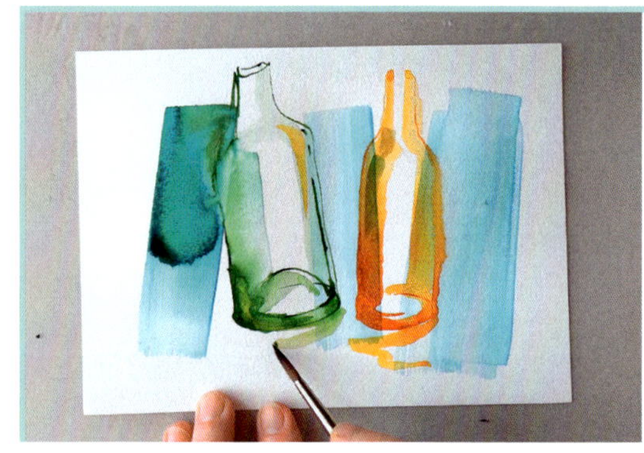

Aquarell und Tusche

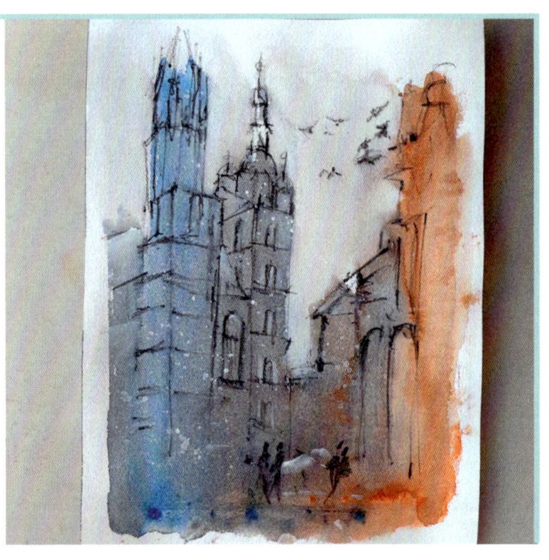

Aqua-Sketching

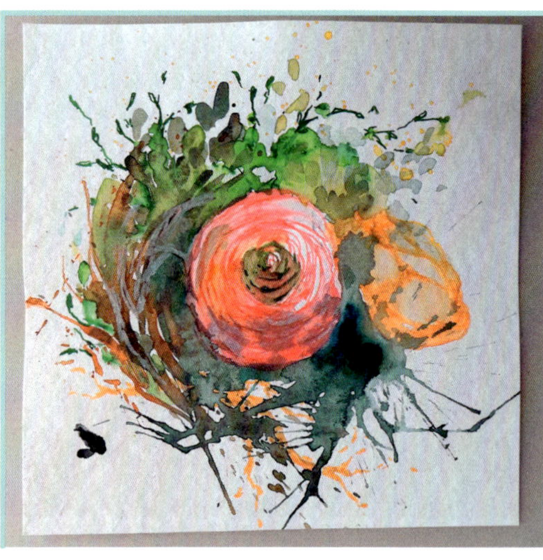

Aquarellmarker

Spritzen und Sprenkeln

Kleine Spritzer und Sprenkel, aber auch wohlüberlegt gesetzte, größere Farbtropfen geben deinem Aquarell einen lebendigen, verspielten Look. Für feine Sprenkel verwendest du am besten wässrige Aquarellfarbe und einen Borstenpinsel.

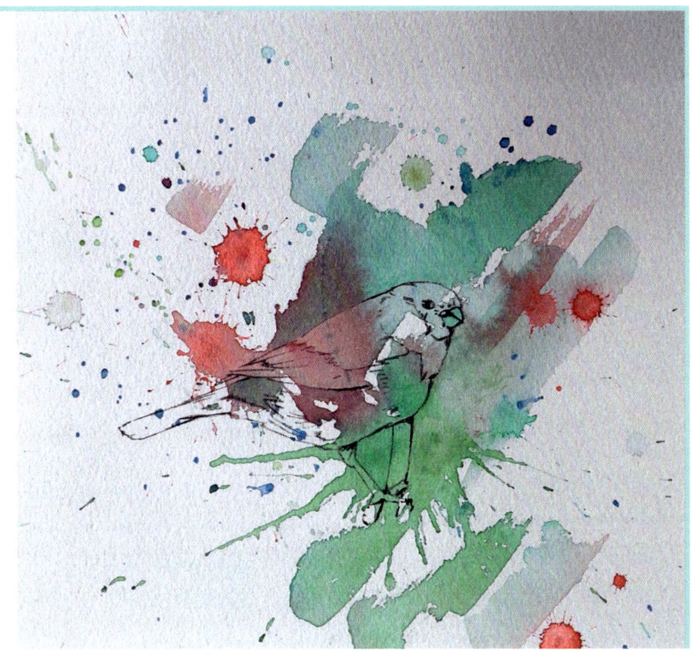

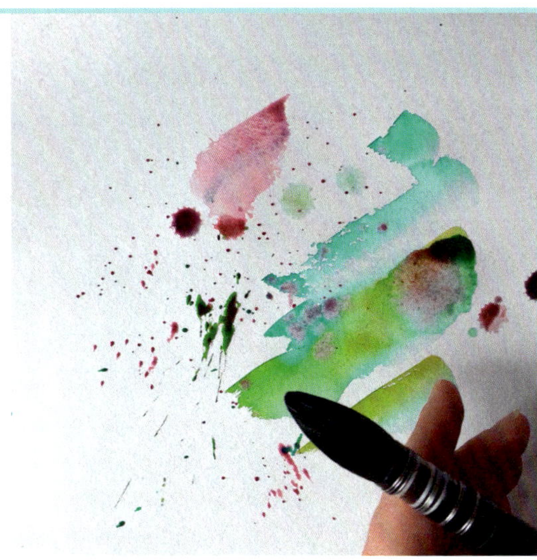

Einen mit wässriger Farbe gefüllten Pinsel über dem Finger abzuklopfen führt zu dickeren Spritzern.

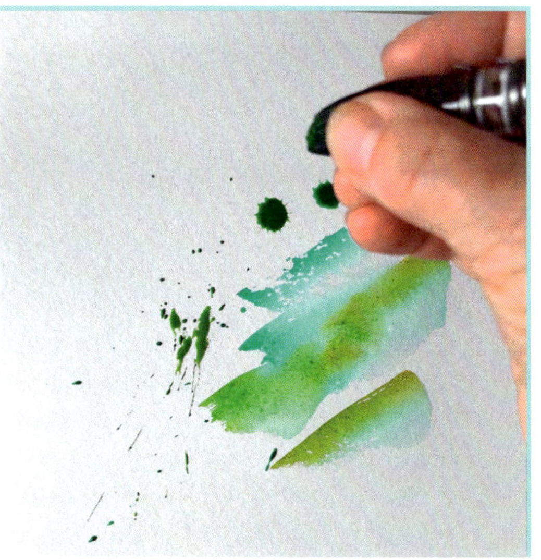

Größere Tropfen erzeugst du, wenn du mit den Fingern aus dem Pinsel einzelne Tropfen herausdrückst.

Aquarell auf Keilrahmen mit Strukturmitteln

Malhilfsmittel wie feine und grobe Spachtelmassen dienen dazu, reliefartige Oberflächen zu erzeugen. Allein oder zusammen mit interessanten Collagematerialien eingesetzt, führen sie zu spannnden, neuen Möglichkeiten der Bildgestaltung.

Collage zur Geburt

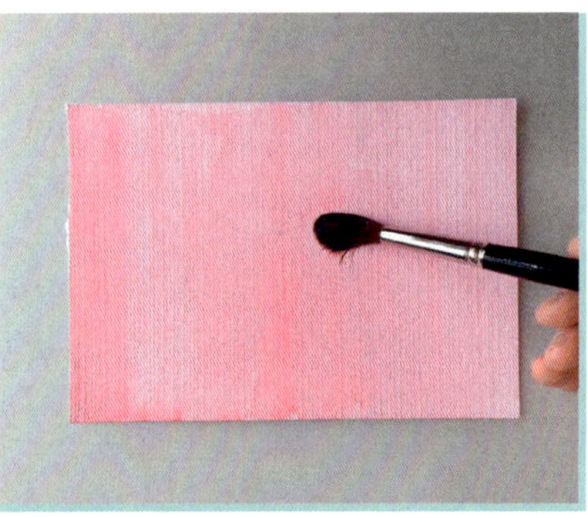

1 **Keilrahmen bemalen**

Bemale einen fertigen Keilrahmen oder einen Aquarellkarton mit rosa oder blauer Aquarellfarbe. Schneide anschließend aus einem Stück Stoff ein kleines Hemdchen aus.

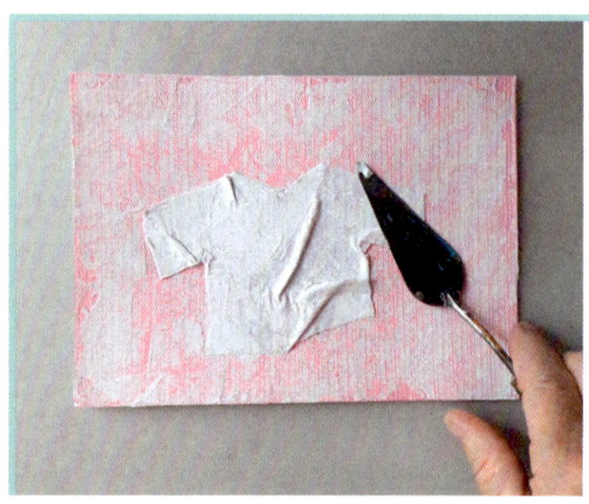

2 **Spachtelmasse und Collage**

Trage feine Spachtelmasse mit dem Palettmesser so auf, dass die Untergrundfarbe noch durchschimmert. Lege anschließend das Stoffhemdchen auf und spachtele es mit Hilfe deines Palettmessers fest.

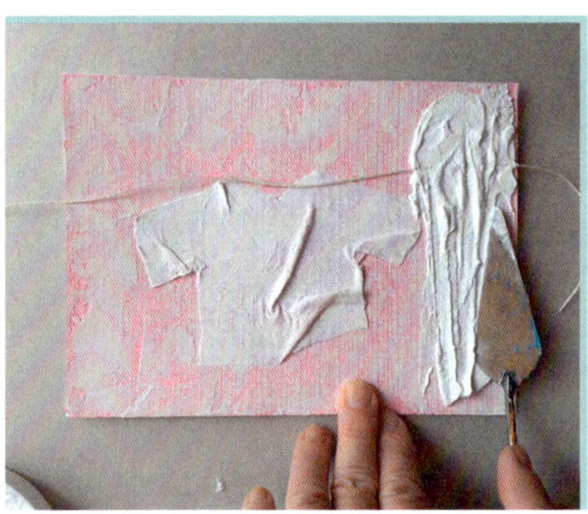

3 **Grobe Spachtelmasse auftragen**

Trage nun rechts und links mit dem Palettmesser grobe Spachtelmasse auf. Spachtele eine Schnur dazwischen fest. Lasse anschließend alles gut trocknen.

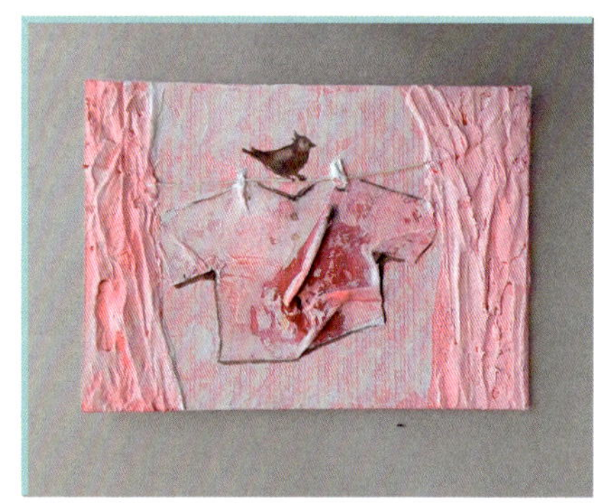

4 **Vögelchen zeichnen**

Zeichne mit Aquarellmarkern ein Vögelchen auf die Wäscheleine. Ziehe die Konturen des Hemdchens mit Marker nach. Zum Schluss die getrocknete Spachtelmasse und das Hemdchen rosa bemalen.

Aquarellieren auf schwarzem Malgrund

Mit Aquarellfarben auf schwarzen Untergründen malen? Was sich zunächst wie ein Widerspruch anhört, ist auf Grund neuer Medien wie Perlglanz-Aquarellfarben oder Aquashine Medium kein Problem mehr. Ohne großen Aufwand lassen sich schimmernde Aquarelle auf schwarzem Karton oder schwarzen Keilrahmen präsentieren.

Gouachefarben, die sich ähnlich verarbeiten lassen, aber deckender sind als Aquarellfarben, entfalten ebenso wie Titanweiß auf schwarzem Grund eine prachtvolle Wirkung.

Schimmernde Falter

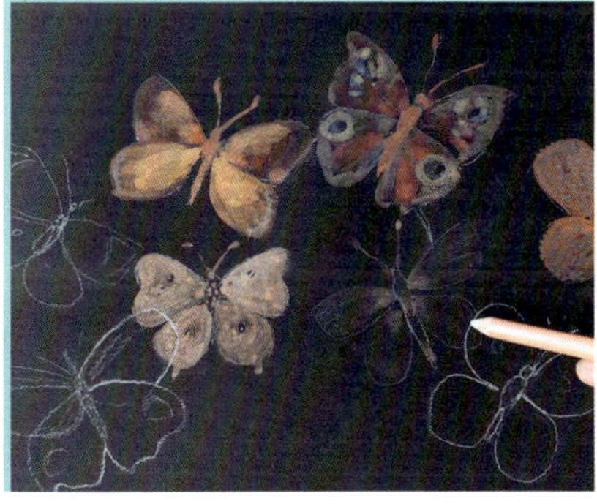

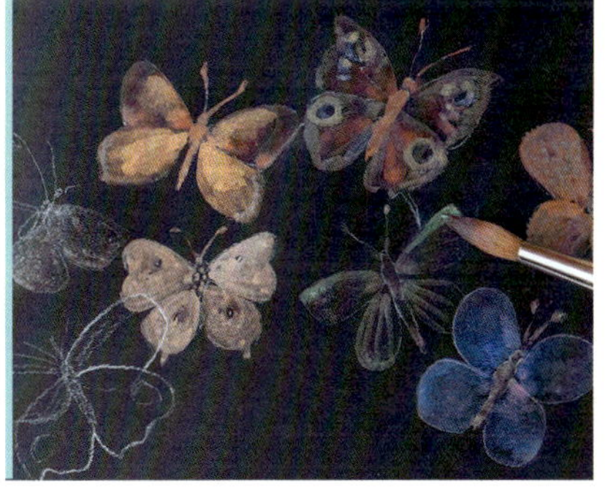

1 **Sichtbare Vorzeichnung**
Zeichne mit einem weißem Pastellstift verschiedene Falter auf deinen Malgrund. Beginne dann damit, die einzelnen Schmetterlinge mit unterschiedlichen Perlglanzfarben zu bemalen.

2 **Details hinzufügen**
Wenn die Farben der Falter getrocknet sind, kannst du Details wie Punkte oder Linien dazufügen.

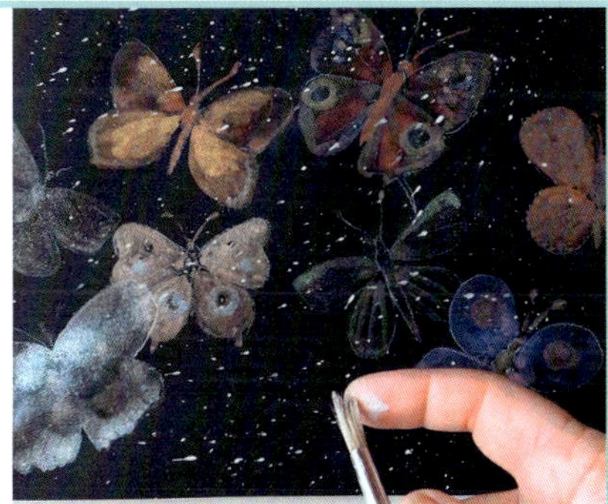

3 **Spritzer und Sprenkel**
Sprenkle dein Bild zum Schluss noch mit einem Farbgemisch aus Gelb und Titanweiß.

Hinweis

» Beim Urban Sketching sind Zeichnungen in verschiedenen Techniken und mit verschiedenen Stiften üblich. Wichtig ist dabei die schnelle Handhabung. Lebendiges Zeichnen ist wichtiger als exaktes Abbilden!

Hast du Lust, dich dem Urban Sketching etwas intensiver zu widmen? Hier ist eine Empfehlung für deine Grundausstattung:

- kleiner Reiseaquarellkasten
- Reisepinsel
- Skizzenbuch
- wasserfester Fineliner

Zeichentechniken

In ihren Skizzenbüchern verwenden Urban Sketcher verschiedenste Stifte und Farben. Nicht selten illustrieren sie ihre raschen Zeichnungen vor Ort noch mit Aquarellfarben. Gleichgesinnte schließen sich oft zu Gruppen zusammen. Es gehört dazu, Ort und Datum auf dem fertigen Blatt festzuhalten.

Urban Sketching

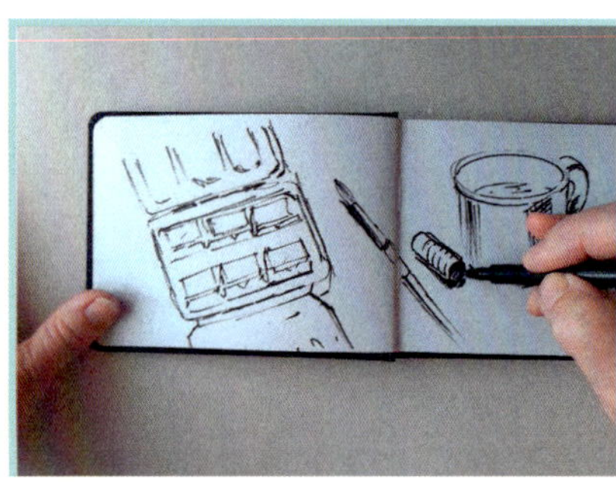

1 Erster Sketch
Zeichne deinen Farbkasten und einen Pinsel mit einem Fineliner in dein Skizzenbuch.

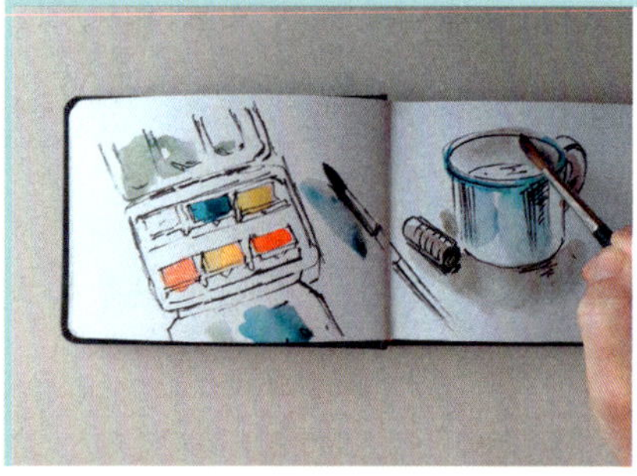

2 Kolorieren
Koloriere die Zeichnung locker mit Farbe.

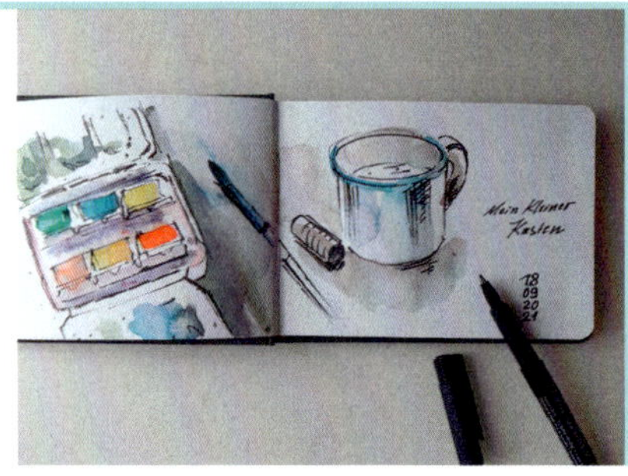

3 Ort und Datum
Vergiss nicht, den Ort und das Datum dazuzuschreiben. Das ist für ein authentisches Urban- Sketching-Motiv wichtig.

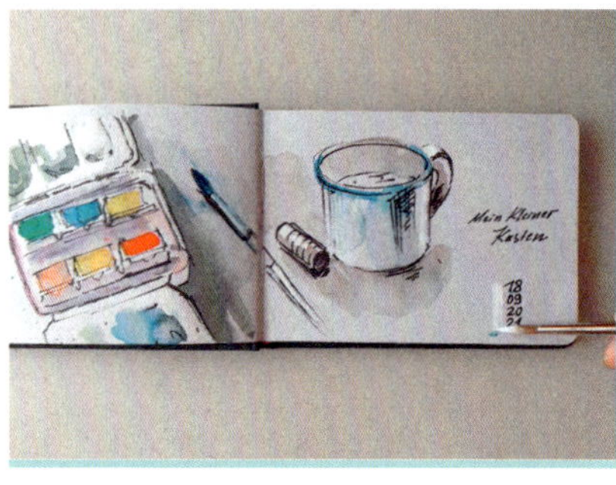

4 Weiß auf Grau
Auf einem grauen Aquarellkarton kommt Titanweiß gut zur Geltung.

Tipps & Tricks

✦ Skizzenbücher gibt es auch in Grau, Braun oder Schwarz. Darin kannst du auch mit weißen Farbaufträgen arbeiten.

Aqua-Sketching

Auch das Aqua-Sketching ist eine rasche Aquarelltechnik. Die Farbe, aber auch die Zeichnung verbinden sich bei dieser Technik zu einer neuen Optik. Das Zusammenspiel wasserlöslicher Farben und wasservermalbarer Stifte lässt die unterschiedlichsten Effekte entstehen. Als Malgrund eignen sich Aquarellskizzenbücher oder Spiralblöcke sehr schön.

Quitten

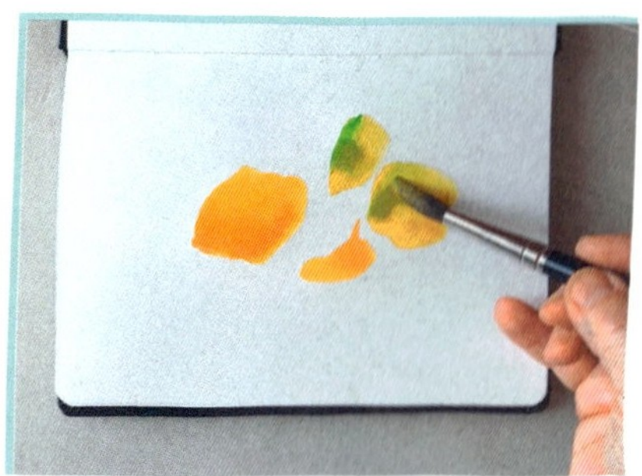

1 **Farbflächen anlegen**

Lege in verschiedenen Gelbtönen Farbflächen für deine Quitten an.

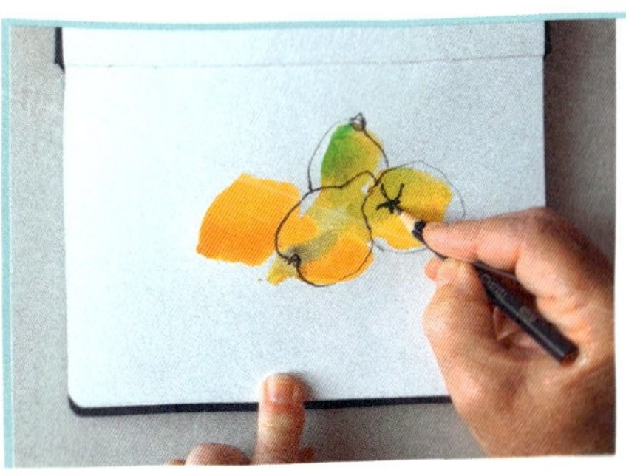

2 **Hineinzeichnen**

Zeichne sofort in die noch nassen Farbflächen mit einem wasserlöslichem Graphitstift in Stärke 6B die Quitten hinein.

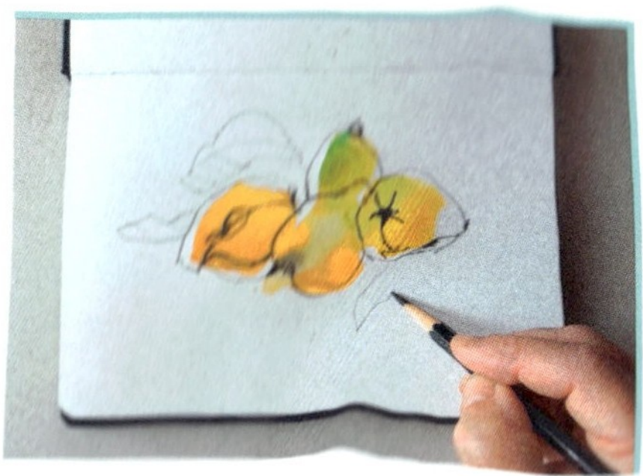

3 **Räumlichkeit erzeugen**

Zeichne anschließend auf das trockene Papier weitere Früchte. Auf dem trockenen Papier wird der Strich heller und es entsteht der Eindruck von Nähe und Ferne.

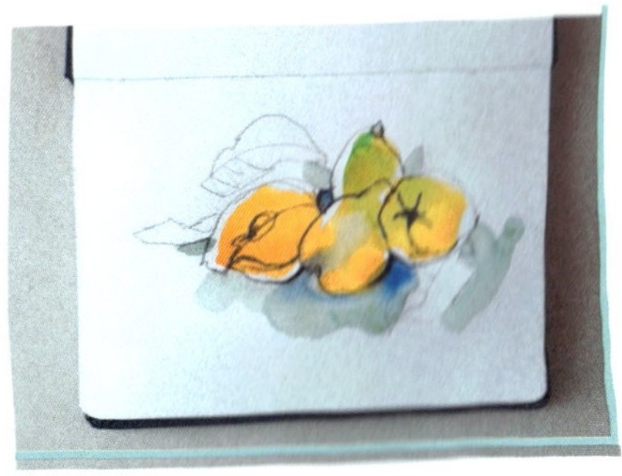

4 **Mit Schatten betonen**

Trage zum Schluss stark verdünntes Grau und ein paar blaue Farbakzente um die Früchte herum auf.

Tipps & Tricks

+ Wenn du mit einem wasserlöslichem Graphitstift in eine Nass-in-nass-Technik hineinzeichnest, ergibt sich rasch ein dreidimensionales Bild.

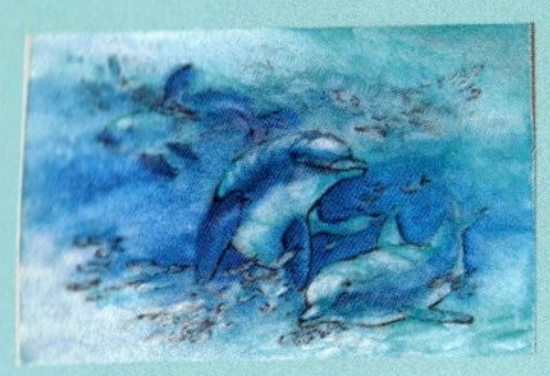

Hinweis

» Aquarellstifte, Graphitstifte sowie Pastell- und Aquarellkreiden erscheinen auf trockenem Papier blasser als beim Anlösen mit Wasser. Auf nassen Malgründen wird ihr Strich dunkler und die Linie lässt sich nicht mehr vermalen.

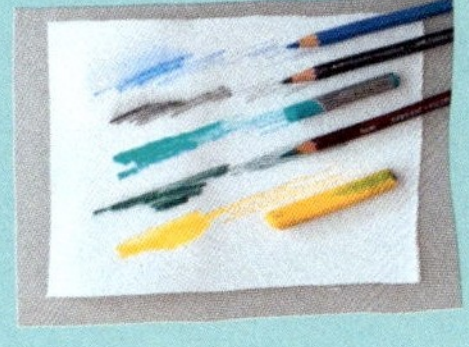

Line Art

Die Line Art ist eine Sonderform des Zeichnens. Ein One-Line-Art-Motiv ist eine Zeichnung, die nur aus einem Strich entsteht, ohne dass der Stift abgesetzt wird. Meist wird sie mit schwarzem Marker oder Fineliner ausgeführt. Line-Art-Motive können sehr schön mit Aquarellhintergründen kombiniert werden. Die starken, schwarzen Linien heben sich prägnant vom zarten Hintergrund ab und erzeugen einen tollen Kontrast.

Tipps & Tricks

✦ Solltest du mit dem Zeichnen ohne abzusetzen Schwierigkeiten haben, kannst du die Form deiner Blätter auch erst mit einem Bleistift vorzeichnen.

Line-Art-Blatt mit Aquarellhintergrund

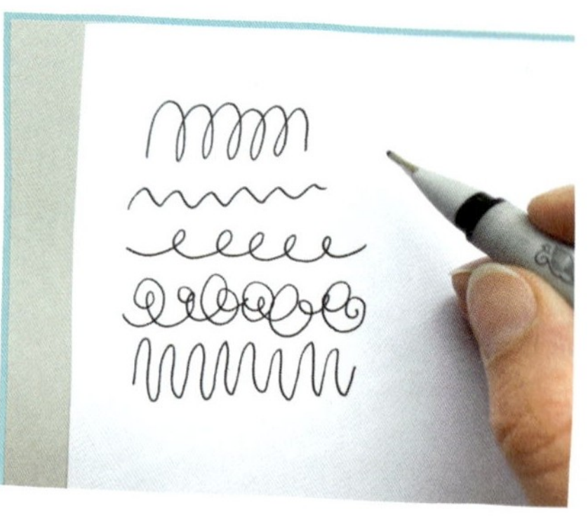

1 Zuerst: Aufwärmen!
Beginne mit deinem Fineliner oder Marker zuerst mit lockeren Aufwärmübungen. Dabei können dir Kreise, Ovale und Wellen auf einem weißen Übungspapier helfen.

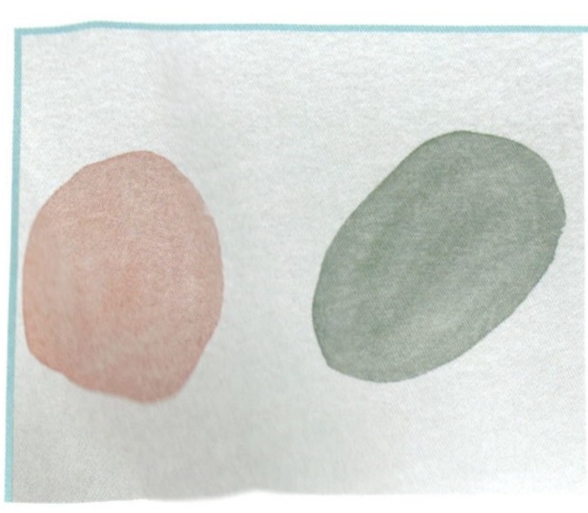

2 Ovale aufmalen
Suche dir zwei Aquarellfarbtöne deiner Wahl aus. Male dann mit einem größeren Pinsel große, farbige Ovale locker auf dein Aquarellpapier. Lasse deine Farbe gut trocknen.

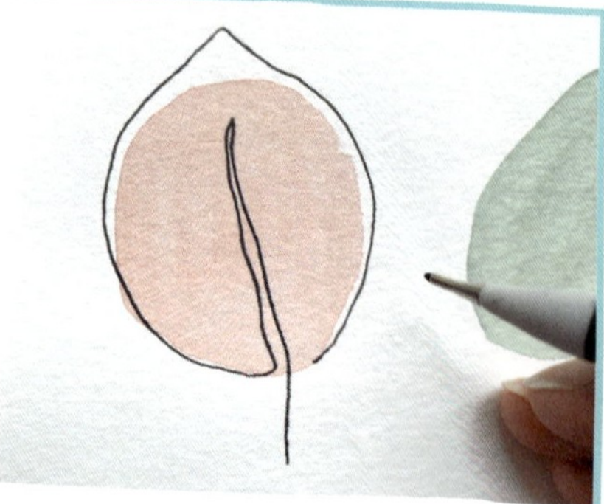

3 Finelinerzeichnung
Nutze den ersten Aquarellfleck als grobe Form für dein erstes Blatt. Zeichne es mit dem Fineliner inklusive Blattnarbe auf.

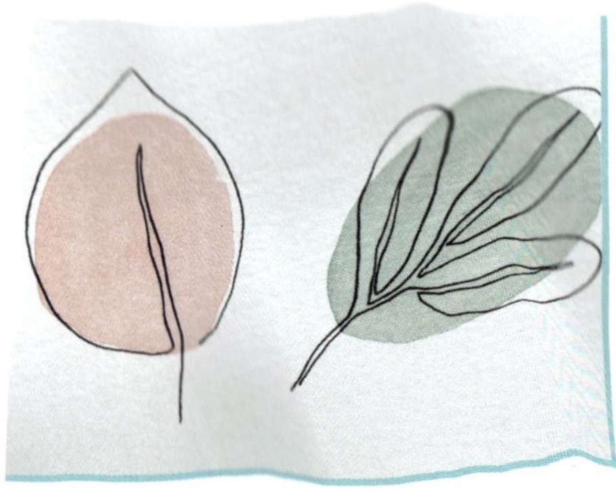

4 Mit Ruhe zeichnen
Probiere nun drei ovale Blätter, die zusammen an einem Stiel wachsen. Denke daran: Du musst nicht schnell zeichnen und kannst [illegible] Zeit der Welt lassen.

Maskierflüssigkeit

Maskierflüssigkeit, auch Rubbelkrepp genannt, lässt sich – je nach Motiv – direkt mit der Tülle des Fläschchens oder mit einem zuvor eingeseiften Kunststoffpinsel auftragen. Nach dem Trocknen ist Maskierflüssigkeit wasserabweisend und kann übermalt werden. Ist das Motiv getrocknet, lässt sie sich mit dem Finger oder Knetradiergummi abrubbeln. Dabei bleiben die zuvor abgedeckten Stellen weiß stehen.

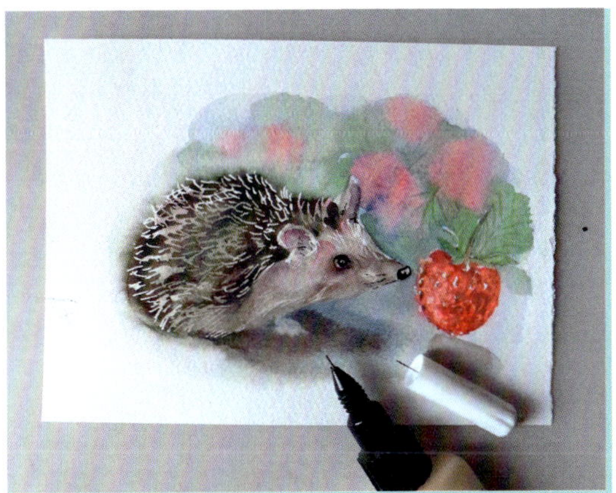

Feine Zeichnung mit dem Maskierstift

Die feinen Stacheln des Igels wurden mit einem feinen Maskierröhrchen aufgetragen. Das Röhrchen wird durch das Hineinschieben einer noch feineren Nadel in die Öffnung offen gehalten.

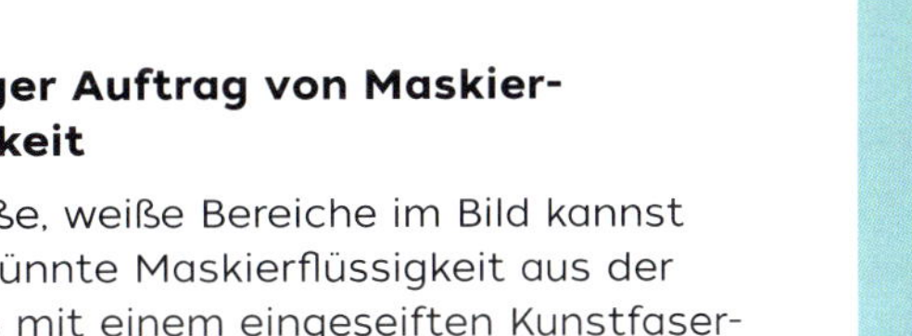

Flächiger Auftrag von Maskierflüssigkeit

Für große, weiße Bereiche im Bild kannst du verdünnte Maskierflüssigkeit aus der Flasche mit einem eingeseiften Kunstfaserpinsel auftragen. Das sollte zügig geschehen. Wasche deinen Pinsel hinterher sofort mit viel Seife und Wasser aus.

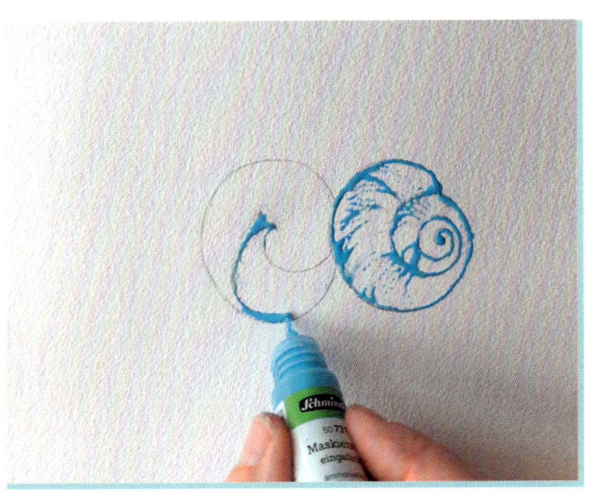

Farbiger Maskierstift

Mit farbiger Maskierflüssigkeit hast du immer die Kontrolle darüber, welche Bereiche in deinem Motiv schon abgedeckt sind. Es gibt auch transparente Maskierflüssigkeit, die auf dem Motiv verbleibt.

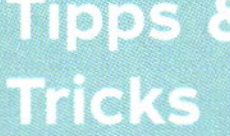

Tipps & Tricks

✦ Achte darauf, die Maskierflüssigkeit nicht allzu lange auf deinem Papier zu belassen. Bleibt der Latexauftrag mehr als ein paar Tage auf dem Papier, kann das dazu führen, dass das Papier beim Abrubbeln verletzt wird.

Tipps & Tricks

✦ Nach dem vollständigen Trocknen der Maskierflüssigkeit und der Farbe kannst du den Film mit dem Finger abrubbeln. Größere Flächen können auch abgezogen werden.

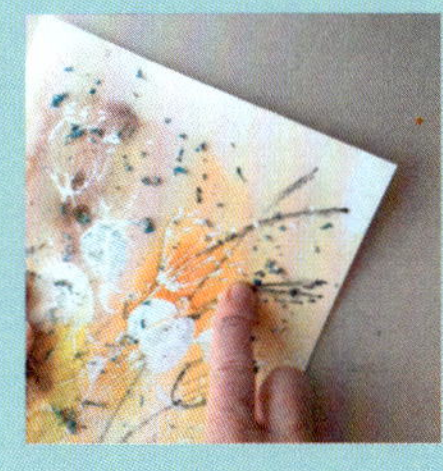

Mit Tinte und Tusche

Auch Tinten und Tuschen können mit Aquarellmalerei kombiniert werden. Ob Tinten und Tuschen wasserfest oder wasserlöslich auftrocknen, dafür ist deren Bindemittel verantwortlich. Probiere immer zuerst aus, ob die jeweilige Tinte oder Tusche wasserfest auftrocknet. Aquarellfarbe und Tusche oder Tinte verbinden sich an manchen Stellen und lassen interessante Effekte entstehen.

Tipps & Tricks

✦ Manche Tinten, zum Beispiel Lie de Thé der Firma Herbin, spalten sich beim Anlösen mit Wasser in zwei Farben auf. So lassen sich Zeichnungen in deinem Skizzenbuch rasch kolorieren.

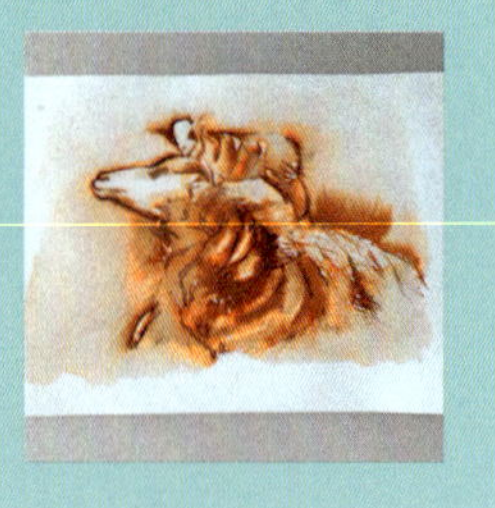

Zwei Flaschen - Schritt für Schritt

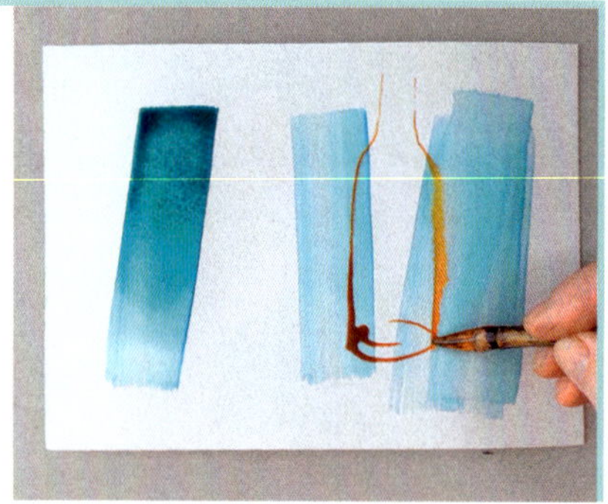

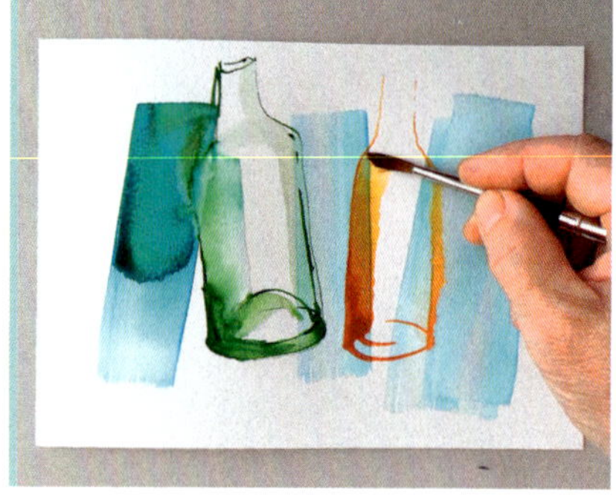

1 Tuschezeichnung auf Aquarell

Lege zuerst mit einem Flachpinsel breite Aquarellspuren auf deinem Papier an. Beginne anschließend, die erste Flasche mit gelber Pigmenttusche aufzuzeichnen. Das Aquarell darf ruhig noch ein wenig nass sein.

2 Tusche lavieren

Male die zweite Flasche mit grüner Pigmenttusche neben die erste. Löse die Tusche an den Rändern der Flaschen mit Wasser und Pinsel an.

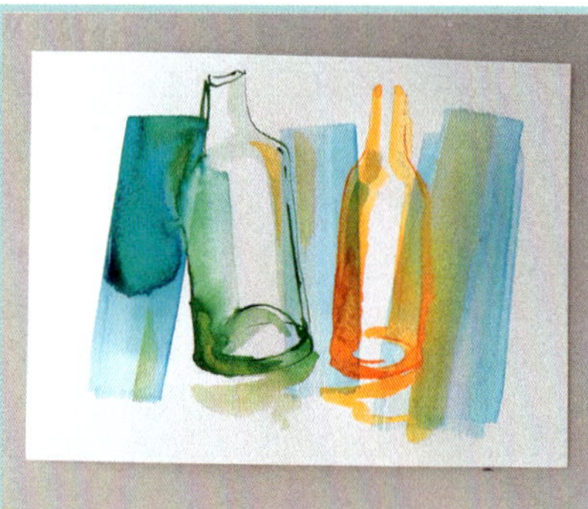

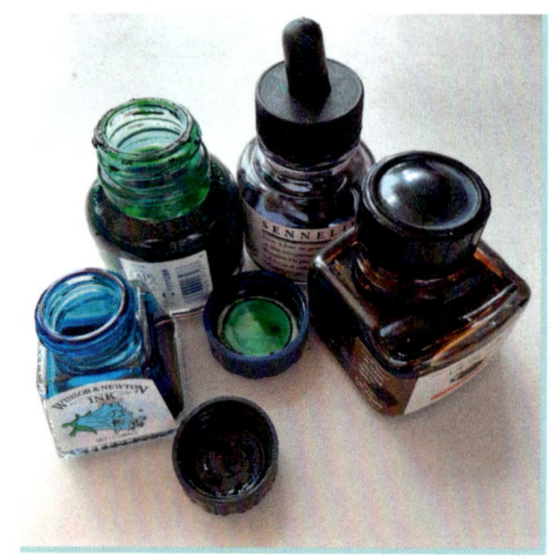

3 Flaschen ummalen

Verziehe die Tuschespuren in die Aquarellstreifen und male noch eine Spiegelung unter die Flaschen.

Gouache

Auch wenn Aquarell und Gouache auf den ersten Blick enorm unterschiedlich erscheinen, haben sie doch mehr gemeinsam, als die meisten vermuten. Während man mit Aquarell nur lasierend arbeiten kann, lässt sich Gouache auch deckend auftragen. Die Kombination aus beiden Malmitteln kann prächtige und leuchtende Kunstwerke hervorbringen.

Hinweis

» Für ein erfolgreiches Malen mit Gouachefarbe ist die Konsistenz der Farbe entscheidend. Stelle dir geschmolzenes Eis an einem heißen Sommertag vor - ungefähr so sollte die Konsistenz deiner Gouachefarbe sein, wenn du sie vermalen möchtest.

Mixed-Media-Projekt

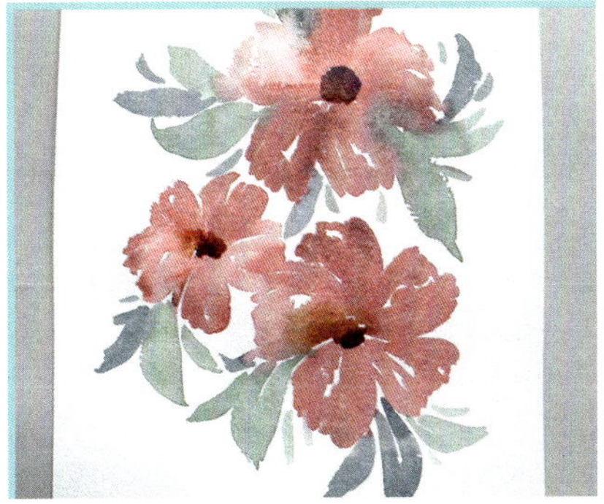

1 **Blumenstillleben anlegen**

Male mit einem dunkelroten Aquarellton, zum Beispiel Kadmiumrot dunkel, gemischt mit Umbra, einfache Blumen auf dein Aquarellpapier. Füge in zwei verschiedenen Grüntönen Blätter hinzu. .

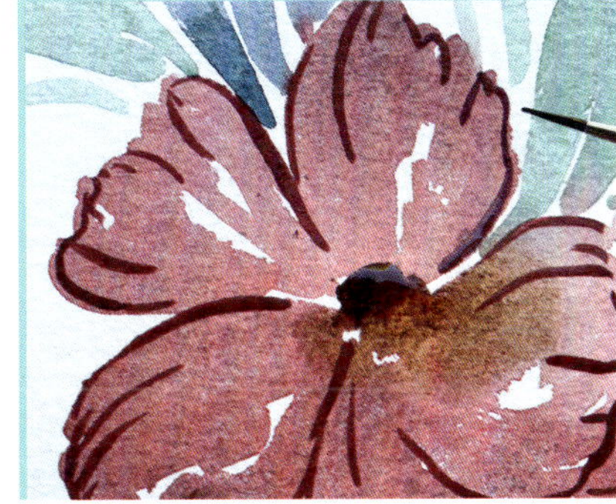

2 **Mit Gouache umrunden**

Umrande deine Blüten und Blätter mit einem kleinen Pinsel und einem ähnlichen Farbton, diesmal aber mit Gouachefarben.

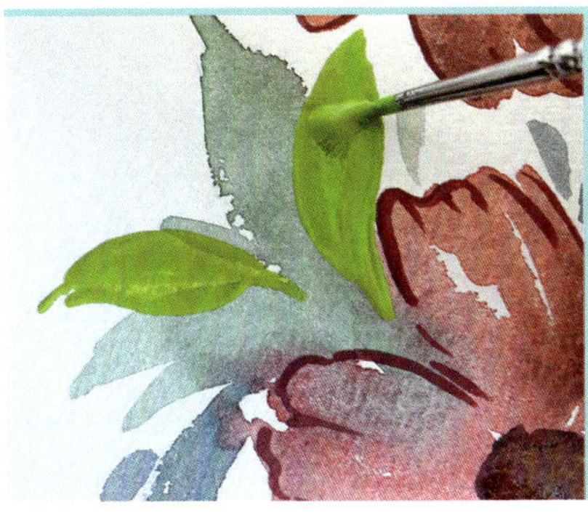

3 **Deckender Farbauftrag**

Male mit einem hellgrünen Gouachefarbton weitere Blätter auf dein Bild. Das hellere Grün der Gouachefarbe überdeckt mühelos die dunklen Farbtöne des Aquarells.

4 **Weiße Gouache**

Mit weißer Gouachefarbe kannst du die Stempel deiner roten Blüten malen. Setze dafür einfach kleine Punkte um die Mitte deiner Blüten.

Drucktechniken

Tipps & Tricks

✦ Versuche doch einmal, Drucke von einer Kunststoffplatte abzunehmen: Trage farbige Aquarellflächen auf die Platte auf, lege ein feuchtes Aquarellpapier darüber und drucke es ab – es ergibt sich eine völlig neue Optik.

Mit Aquarellfarbe kann sogar gedruckt werden. Schnell und spielerisch lässt beispielsweise Frischhaltefolie interessante Strukturen in deiner Aquarellfarbe entstehen, die du mit Zeichenmedien wie etwa Pastellkreiden oder wasserlöslichen Stiften weiter bearbeiten kannst. Trägst du Aquarellfarbe auf nicht saugende Untergründe wie beispielsweise Kunststoffplatten auf, lassen sich interessante Drucke abnehmen. Sogar Rasierschaum kann zum Drucken von flüssiger Aquarellfarbe oder Tinte und Tusche verwendet werden.

Foliendruck – Schritt für Schritt

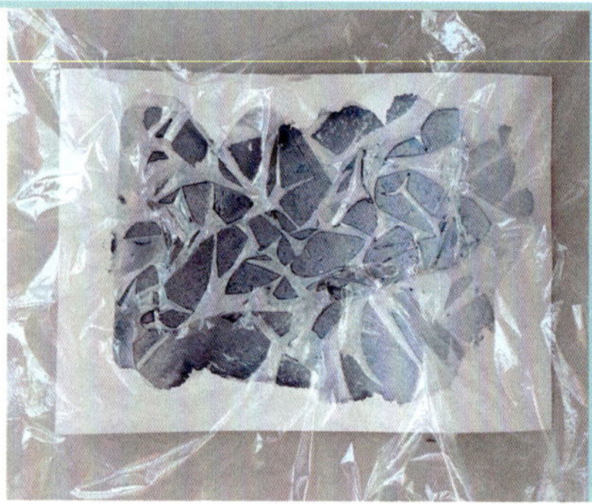

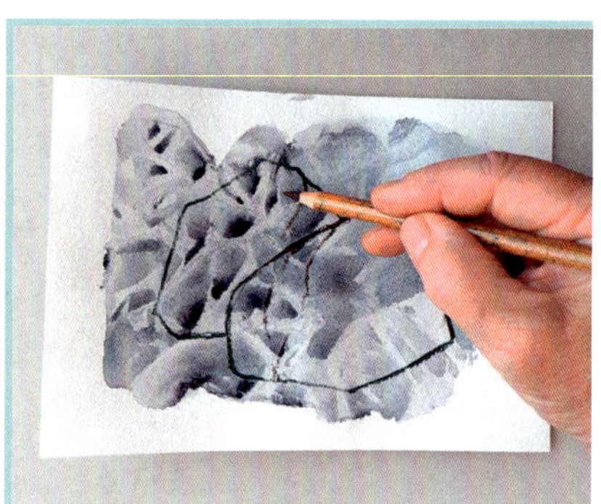

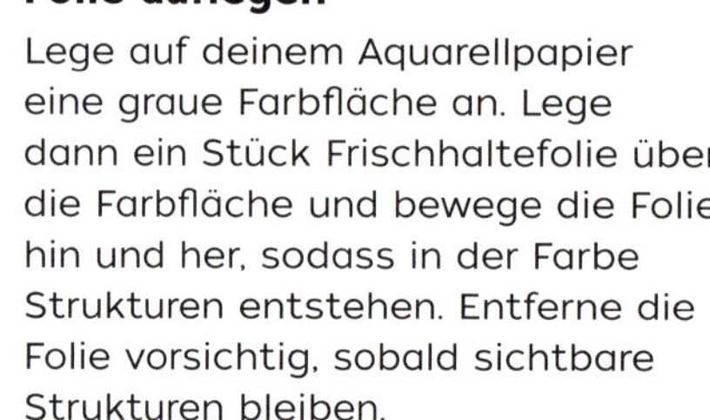

1 **Folie auflegen**

Lege auf deinem Aquarellpapier eine graue Farbfläche an. Lege dann ein Stück Frischhaltefolie über die Farbfläche und bewege die Folie hin und her, sodass in der Farbe Strukturen entstehen. Entferne die Folie vorsichtig, sobald sichtbare Strukturen bleiben.

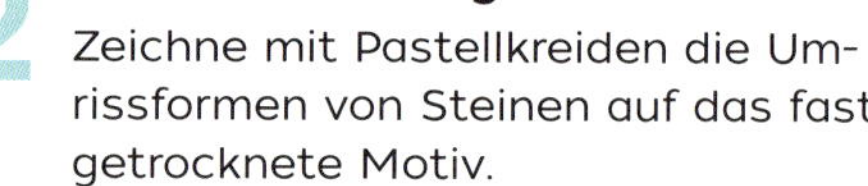

2 **Pastellzeichnung**

Zeichne mit Pastellkreiden die Umrissformen von Steinen auf das fast getrocknete Motiv.

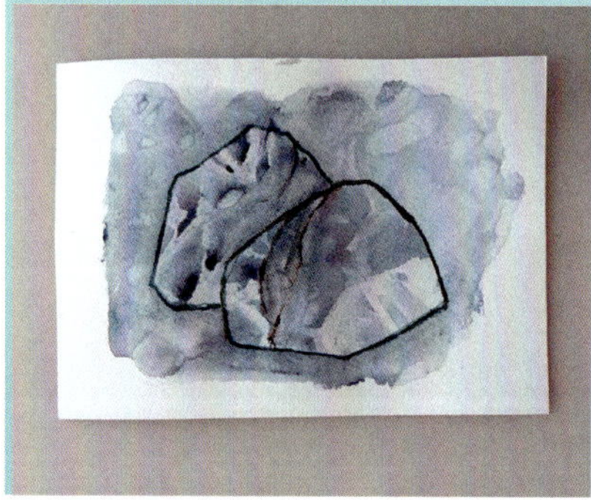

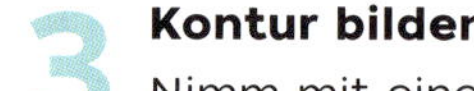

3 **Kontur bilden**

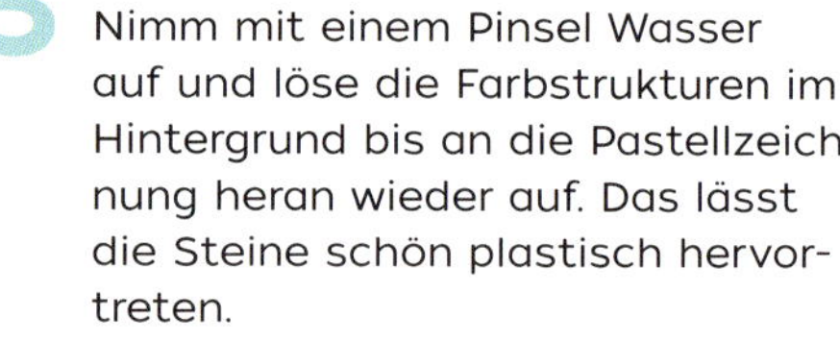

Nimm mit einem Pinsel Wasser auf und löse die Farbstrukturen im Hintergrund bis an die Pastellzeichnung heran wieder auf. Das lässt die Steine schön plastisch hervortreten.

Rasierschaumdruck

Möchtest du diese Technik ausprobieren, dann verwende am besten flüssige Aquarellfarben oder auch Tinten und Tuschen. Wässrige oder alkoholhaltige Farben lassen den Schaum zusammenfallen.

Rosenblüte

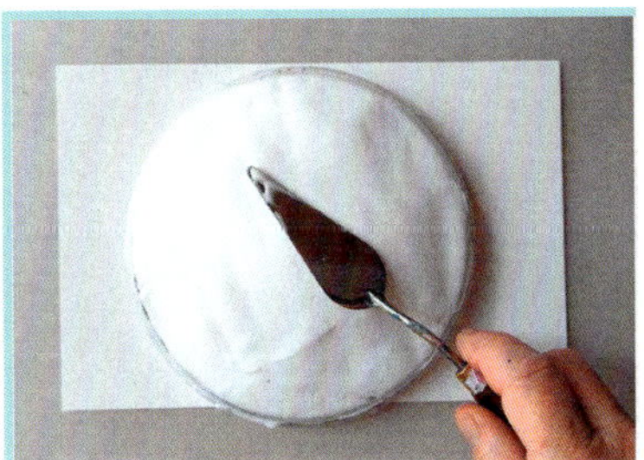

1 Rasierschaum einsprühen
Sprühe den Rasierschaum in eine Form, beispielsweise einen Teller, und streiche die Oberfläche glatt.

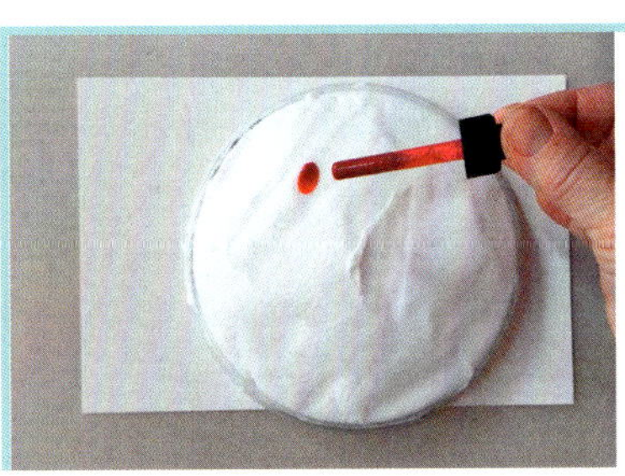

2 Oberfläche vorbereiten
Bilde mit dem Palettmesser eine leichte Wölbung und tropfe deine erste Farbe auf.

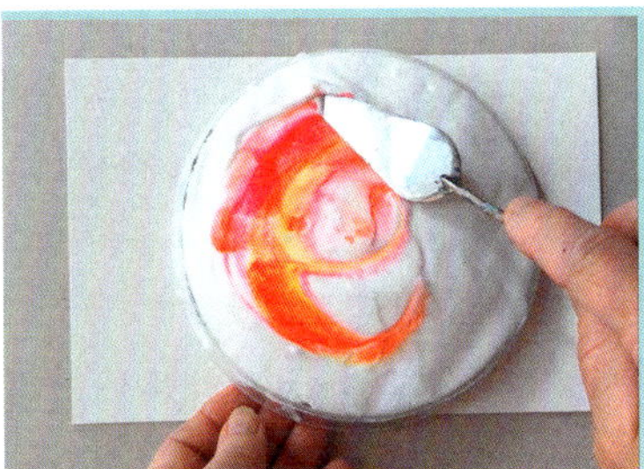

3 Farbe aufbringen
Verstreiche die Farbe mit dem Palettmesser und gib eine zweite Farbe hinzu.

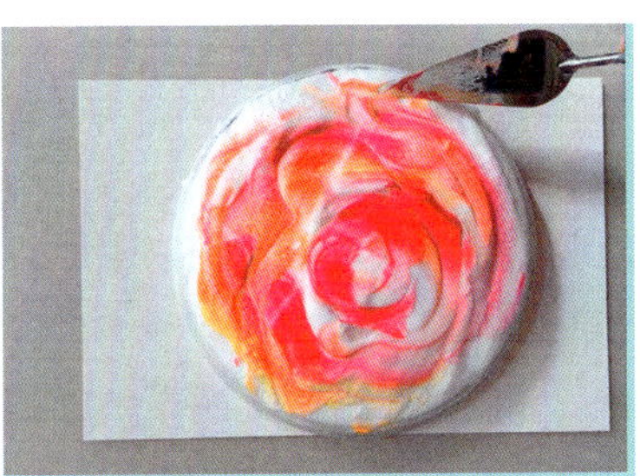

4 Motiv anlegen
Gestalte mit dem Palettmesser die Struktur einer Rosenblüte. Wische das Messer zwischendurch ab. Tropfe bei Bedarf Farbe nach.

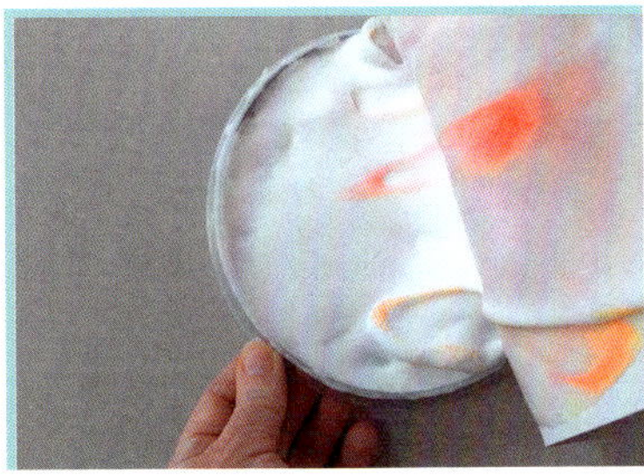

5 Untergrund auflegen
Lege einen Aquarellkarton auf das Farbe-Schaum-Gemisch und drücke ihn gut fest. Ziehe ihn anschließend weg.

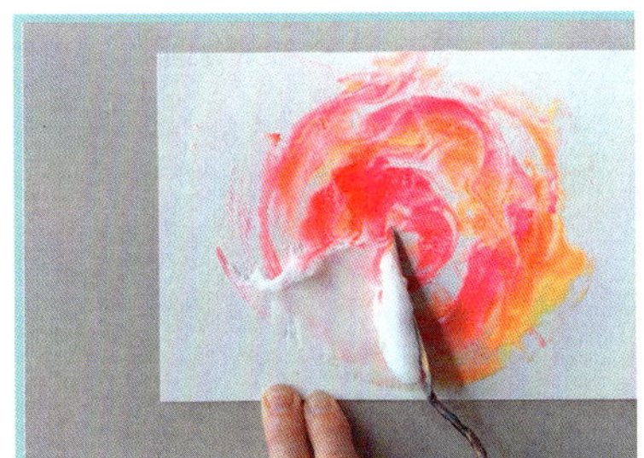

6 Rasierschaum abnehmen
Streife den Rasierschaum von außen nach innen mit dem Palettmesser ab und sammle den Schaum in einem Gefäß. Trocknen lassen.

Hinweis 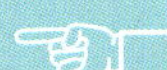

» Die farbigen Rasierschaumreste kannst du noch ein paar Mal weiterverwenden. Durch weitere Farben entstehen interessante, kleinteilige Muster.

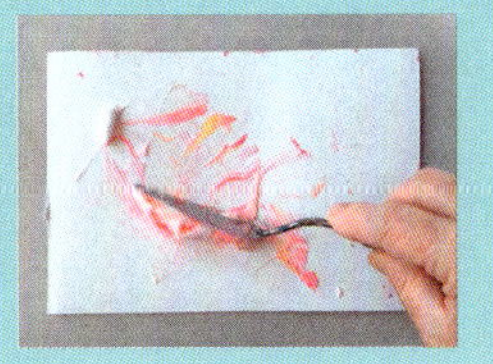

Tipps & Tricks 

✦ Wird der Schaum klebrig und löst sich auf, solltest du ihn erneuern.

Aquarellfarbstifte, Marker und AquaDrop

Wenn mit Aquarellfarbstiften gezeichnet wird, kann diese farbige Zeichnung mit Wasser zu einem Aquarell aufgelöst werden. Zeichnung und Aquarell verbinden sich so perfekt.

Kirschen mit AquaDrop

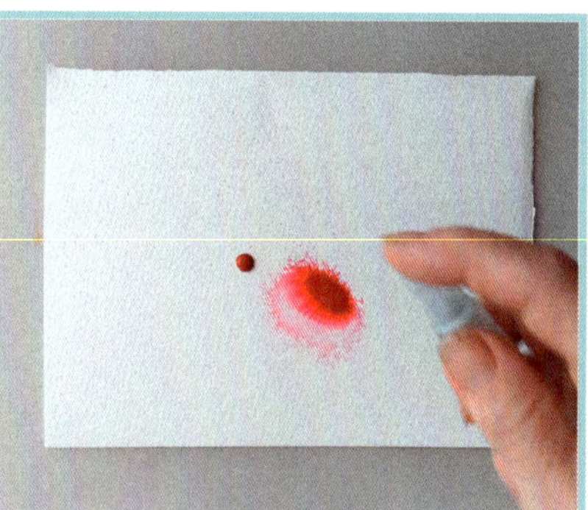

1 **Farbe auftropfen**
AquaDrop ist eine flüssige Farbe, die in Pipettenfläschchen erhältlich ist. Sie eignet sich ideal für die Aquarellmalerei.

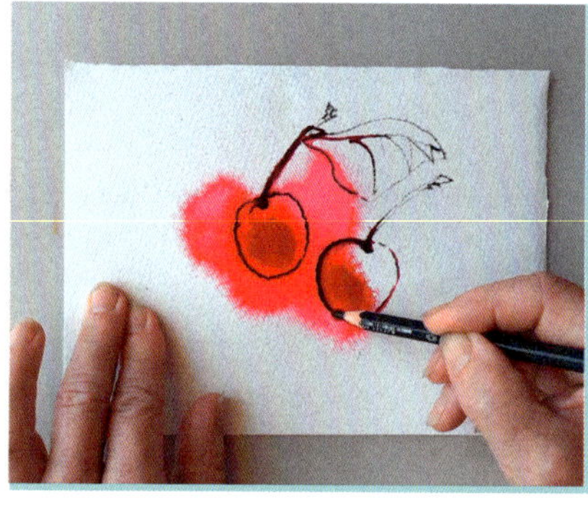

2 **Motiv einzeichnen**
Zeichne mit einem wasserlöslichen Graphitstift die Kirschen in Aqua-Sketching-Technik auf (siehe Seite 65).

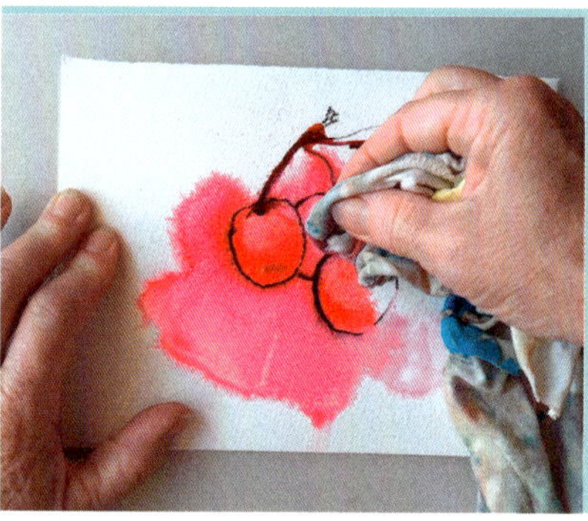

3 **Helle Bereiche anlegen**
Sauge mit deinem Mallappen Lichter aus der noch feuchten Farbe heraus.

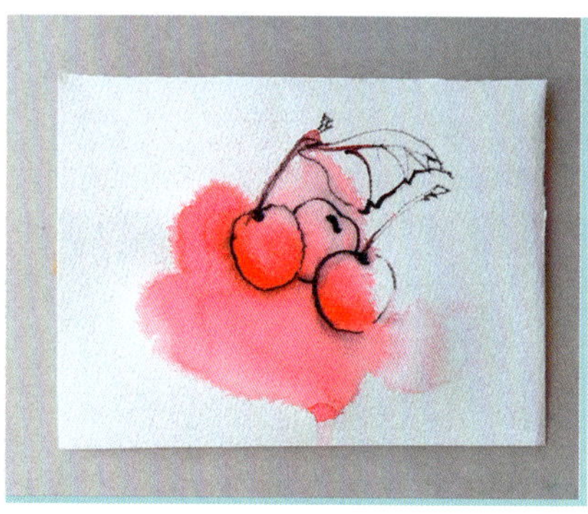

4 **Farbwirkung beachten**
Beachte, dass die Farbe nach dem Trocknen noch etwas an Leuchtkraft verliert.

Papageien

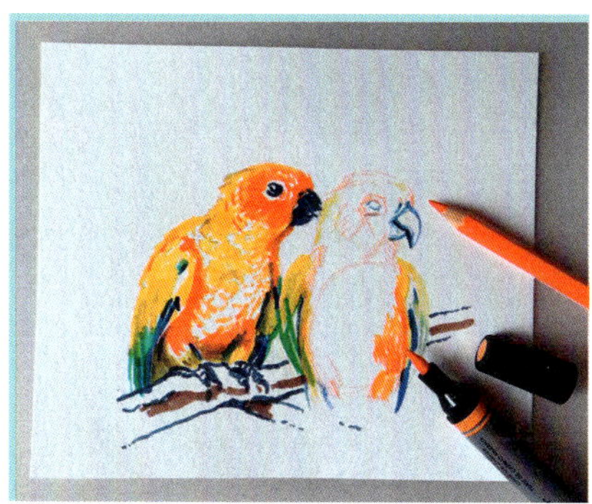

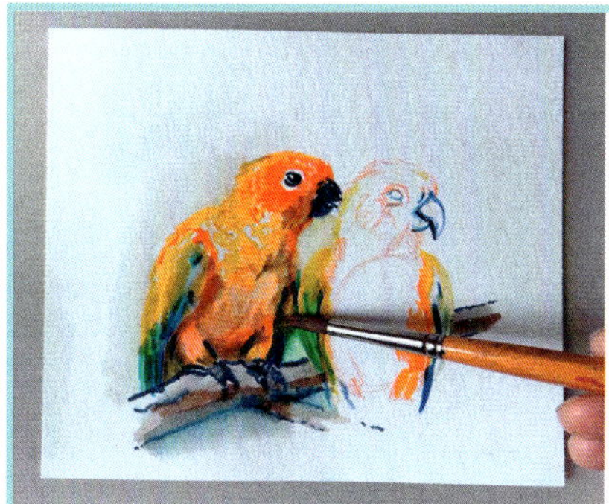

1 Mit Stiften und Markern zeichnen

Zeichne die zwei Unzertrennlichen mit Aquarellfarbstiften auf dein Papier. Du könntest deine Zeichnung schon jetzt mit Wasser anlösen und schöne Aquarellflächen entstehen lassen. Zeichne nun aber mit den Aquarellmarkern weiter.

2 Mit Wasser anlösen

Löse die Stift- und Markerzeichnung nun mit einem wässrigem Pinsel in Teilen oder ganz an, sodass der typische Aquarellcharakter entsteht.

Hinweis 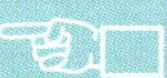

» Mit Effektfarben, Schablonen und eigenen Zeichnungen kannst du Skizzenbüchern zu Themenbüchern werden lassen.

Arbeiten mit Schablone

Schablonen sind super, wenn du ein einzelnes Motiv auf mehrere Art variieren möchtest. Schablonen gibt es in jeder erdenklichen Größe und mit einer Vielzahl von Motiven zu kaufen, du kannst sie aber auch selbst herstellen.

Fertige Schablone - Blüte

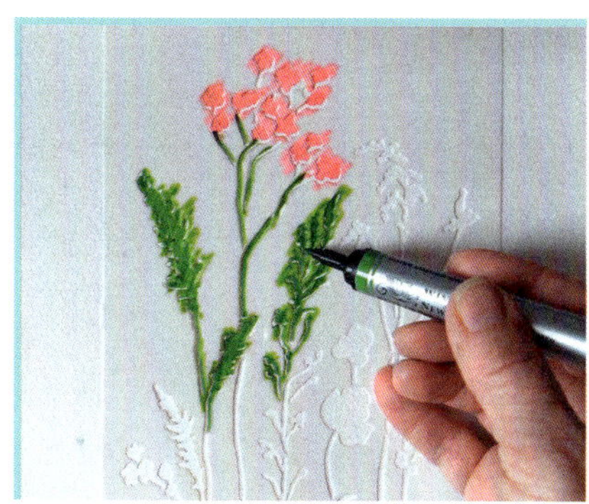

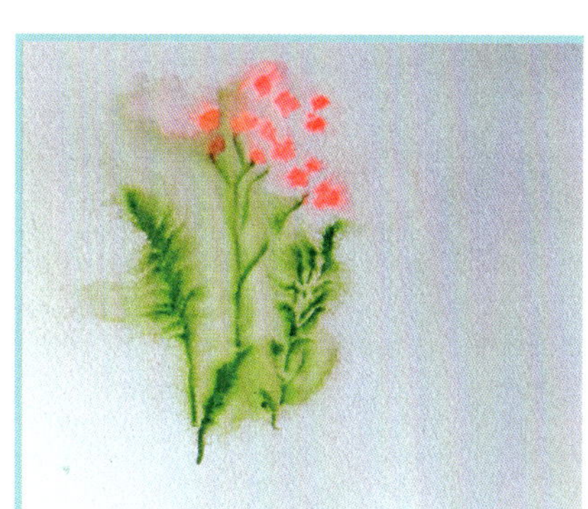

1 Mit Aquarellmarkern durchzeichnen

Für das Arbeiten mit feinen Schablonen eignen sich Aquarellmarker bestens.

2 Farbverläufe

Besprühst du dein Motiv anschließend mit Wasser, entstehen Aquarellverläufe wie von selbst.

Hinweis

» Du kannst Schablonen auch selber machen. Suche dir ein Motiv und schneide es aus. Du erhältst eine Positivschablone und eine Negativschablone. Durch Umsprenkeln oder Ummalen lassen sich interessante Motive gestalten.

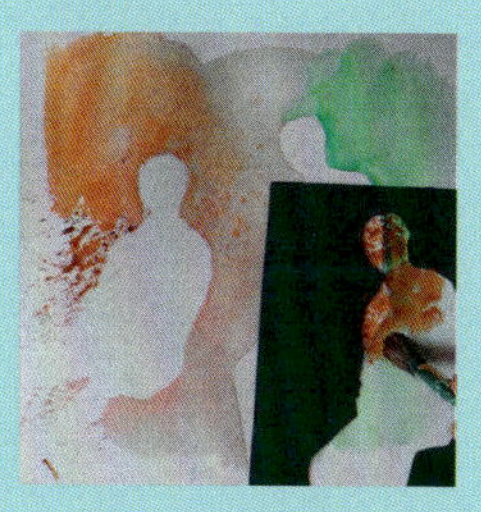

Brush-Pen-Watercolor

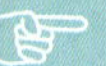

Hinweis

» Nicht alle Watercolor Marker sind lichtecht. Es kann passieren, dass deine Werke mit der Zeit verblassen oder sich die Farbe verändert. Du kannst dich vor dem Kauf beim Hersteller oder in der Produktbeschreibung nach der Lichtechtheit erkundigen.

Tipps & Tricks

+ Die meisten Watercolor Marker haben empfindliche Spitzen. Um diese so lange wie möglich zu schonen, damit sie nicht ausfransen, solltest du beim Brush-Pen-Watercolor satiniertes oder feinkörniges Aquarellpapier verwenden.

Aquarellfarbe gibt es nicht nur flüssig oder in Näpfchen und Tuben, sondern sie ist auch in speziellen Aquarellmarkern enthalten. Diese Watercolor-Marker haben meist eine flexible Spitze, mit der größere Flächen sowie Details gemalt werden können.

Marker-Techniken

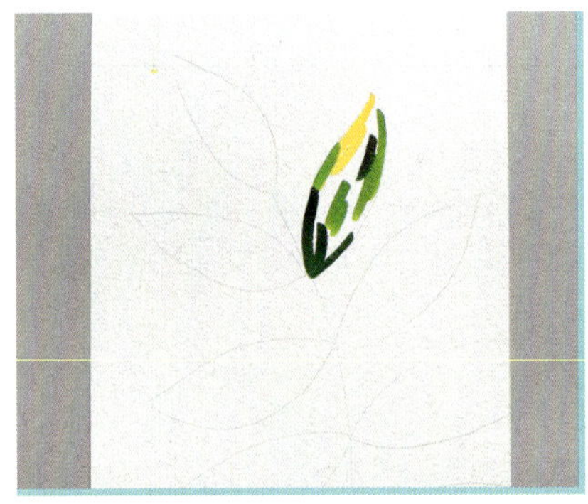

1 **Mit Bleistiftskizze starten**
Starte zunächst auf deinem Blatt Aquarellpapier mit der Bleistiftskizze eines Blattwedels. Trage an einer Seite der Blätter einen Grünton auf und zwischendrin mit einem blauen Marker etwas Blau.

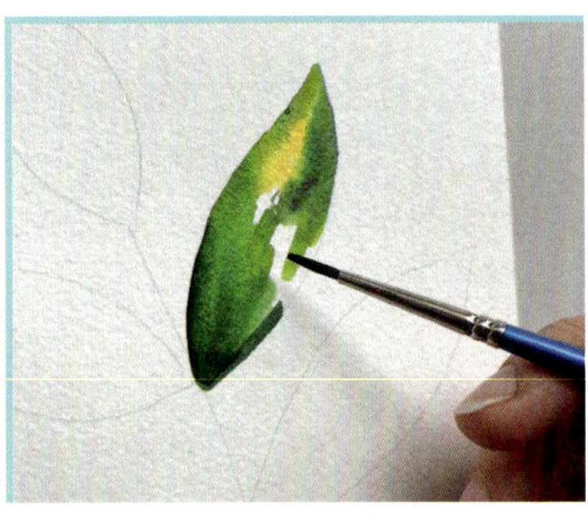

2 **Marker mit Wasser anlösen**
Mit einem feuchten Pinsel in Gr. 2 kannst du die grünen und blauen Striche vermalen. Deine Blätter bekommen durch das Anlösen der Markerpigmente mit Wasser einen Aquarelllook.

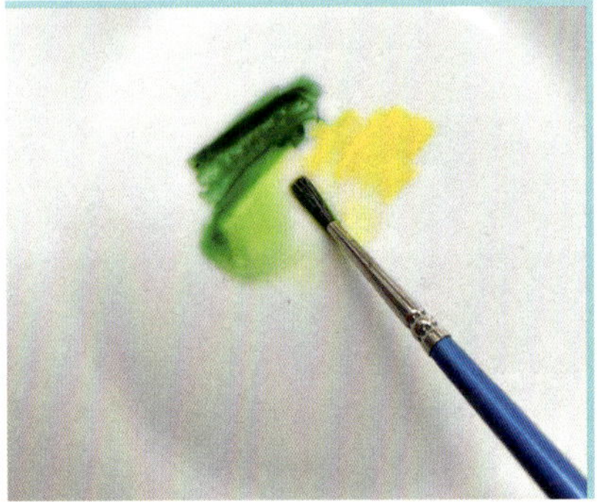

3 **Auf die Mischpalette auftragen**
Probiere für das nächste Blatt die zweite Marker-Technik aus. Trage dafür Pigmente auf eine Mischpalette oder einen Keramikteller auf. Hebe nun mit einem feuchten Pinsel die Farbe ab und vermale sie auf deinem Papier.

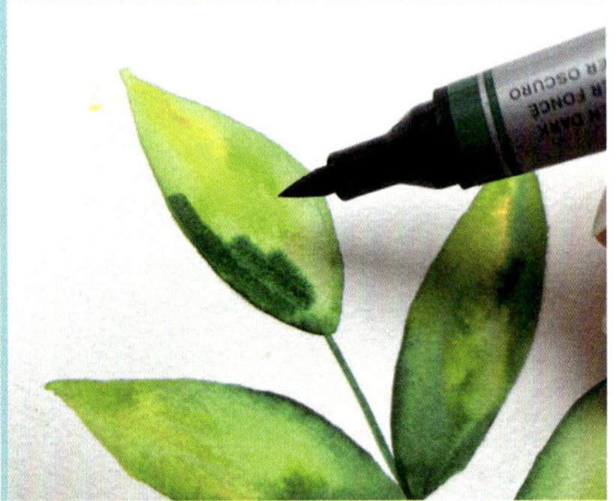

4 **Mehrere Schichten**
Beim Brush-Pen-Watercolor kannst du auch mit den Grundtechniken des Lavierens und Lasierens arbeiten. Ist die erste Brush-Pen-Pigmentschicht getrocknet, kannst du weitere Markerschichten über deine erste legen.

Aquarell Lettering

Aquarell ist ein wunderbares, luftiges Medium. Doch es kann mit den wasserlöslichen Farben nicht nur gemalt, sondern auch geschrieben werden. Das Schreiben mit dem Pinsel ist eine Disziplin, die etwas Übung braucht, deswegen solltest du deine Fortschritte immer mit Geduld und Güte betrachten. Vor allem kleine Rundpinsel von Größe 00 bis 4 eignen sich hervorragend zum Schreiben.

Lettering-Projekt

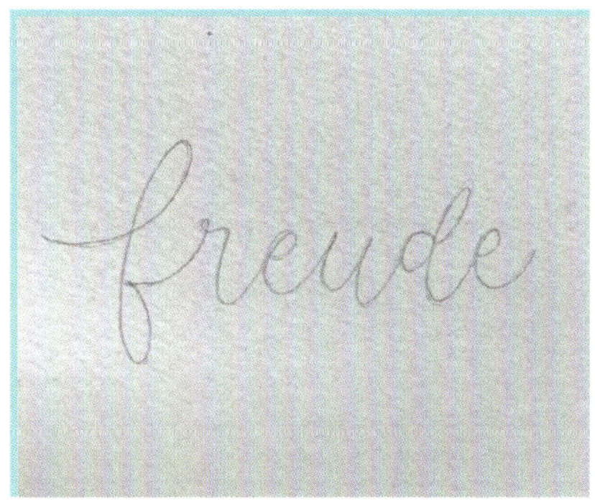

1 Wort vorskizzieren
Schreibe dein Wort mit einem Bleistift auf ein Aquarellpapier vor. Tupfe mit einem knetbaren Radiergummi über die Bleistiftlinie, damit sie heller wird.

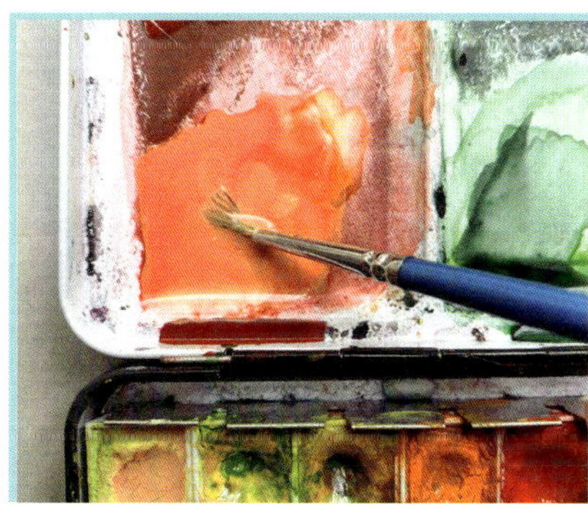

2 Farbe aufnehmen
Tauche deinen kleinen Pinsel mit der ganzen Fläche in dein Pigment-Wasser-Gemisch und versuche, möglichst viel Farbe mit dem Pinsel aufzunehmen.

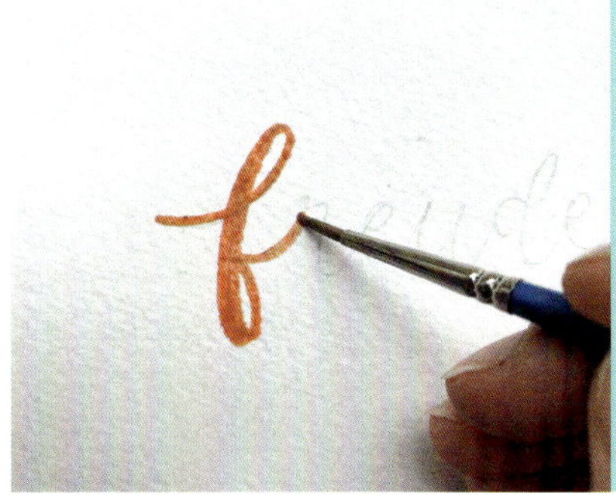

3 Dicke und dünne Linien
Beim sogenannten Brush Lettering werden die Striche der Buchstaben, die nach unten führen, mit Druck geschrieben. Wenn die Linie nach oben führt, wird weniger Druck ausgeübt. So entstehen dicke und dünne Linien.

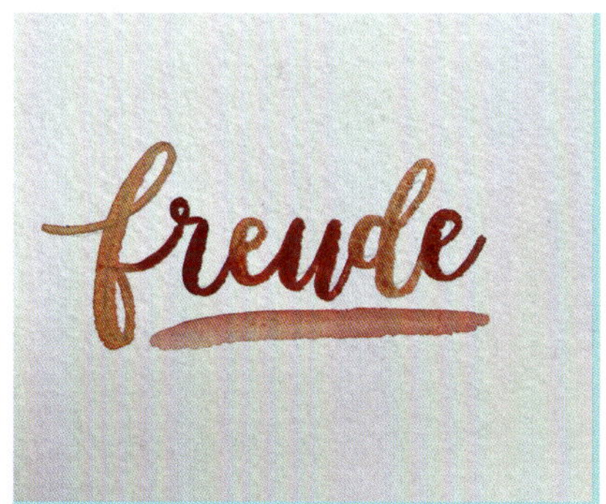

4 Individuelle Farbwahl
In deiner Farb- und Tonwertewahl kannst du sehr kreativ werden. Schreibe deine Buchstaben abwechselnd bunt oder kreiere Farbverläufe in einer Nass-in-nass-Technik.

Hinweis 

» Zum Schreiben mit feinen Pinseln auf Aquarellpapier eignet sich im Idealfall satiniertes oder feinkörniges Papier. Darauf kann dein Pinsel besser gleiten und die feinen Striche der Buchstaben werden regelmäßiger.

Tipps & Tricks 

✦ Natürlich kannst du auch größere Pinsel für dein Lettering ausprobieren und so kontrastreichere und größere Schriften erschaffen.

IDEENINSEL

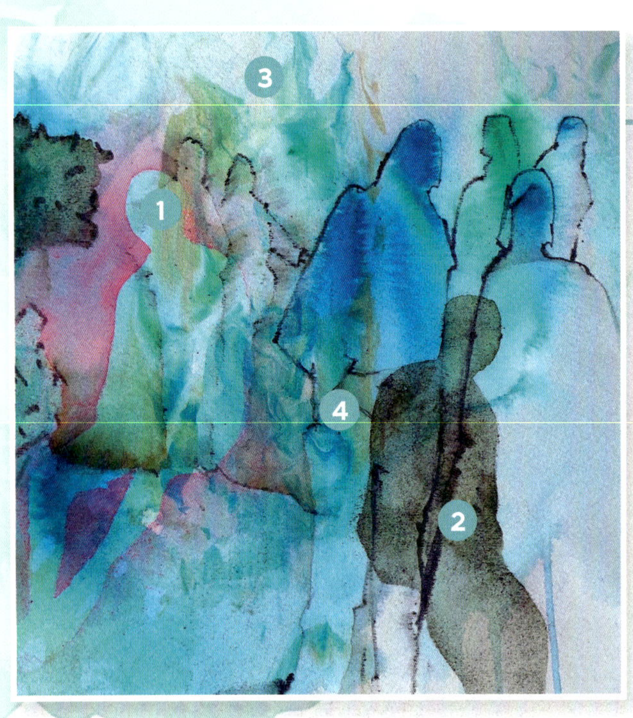

Mehrschichtig

1. Arbeiten mit der Schablone
2. Hineinsprenkeln in Schablone
3. Rasierschaumdruck
4. Wasserlöslicher Graphitstift 6 B

Blume

1. Buchstabenschablone, bemalt
2. Buchstabenschablone, ummalt
3. Klarsichtfoliendruck
4. Nass-in-nass-Technik
5. Feiner Pinsel

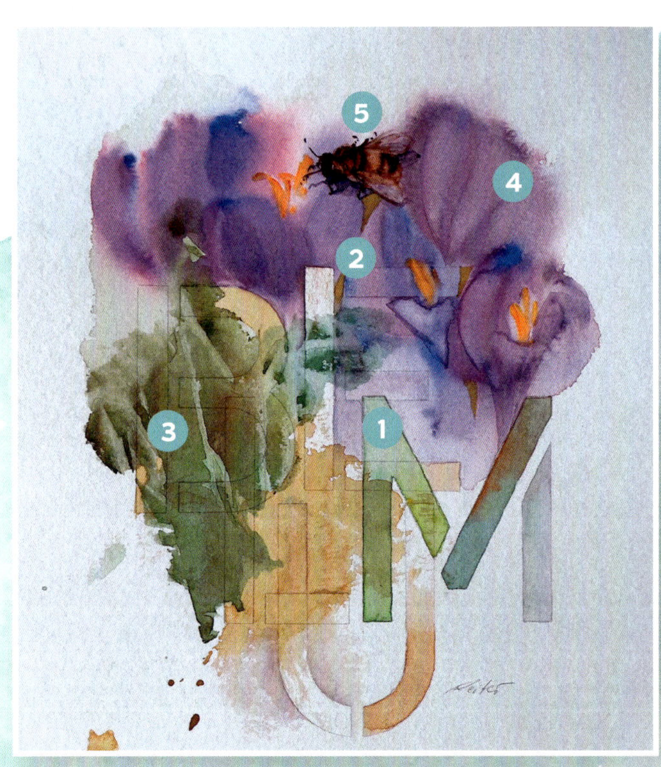

Frosch

1. verschiedene Brush Pens, mit Pinsel und Wasser vermalt
2. Details, mit der feinen Brush-Pen-Spitze gesetzt

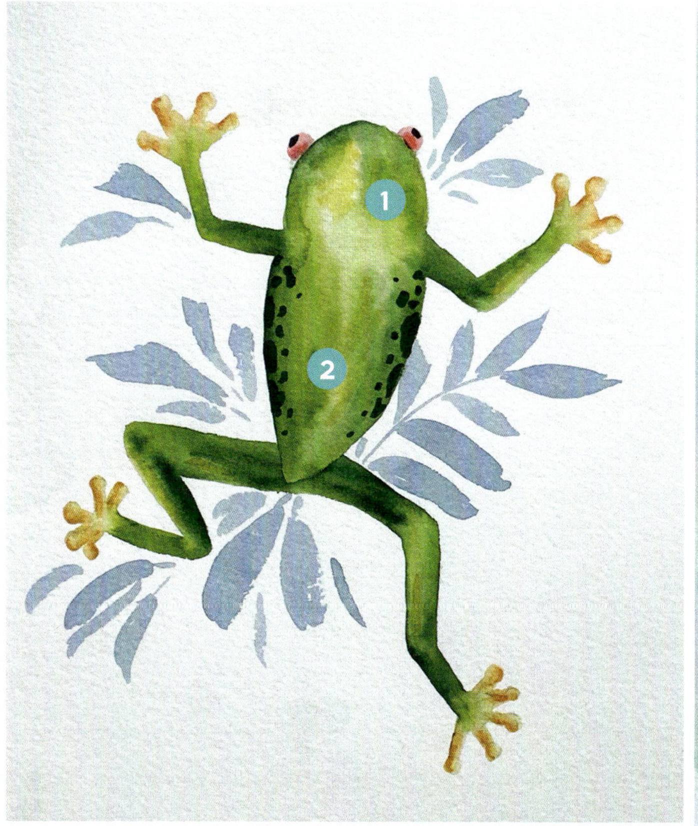

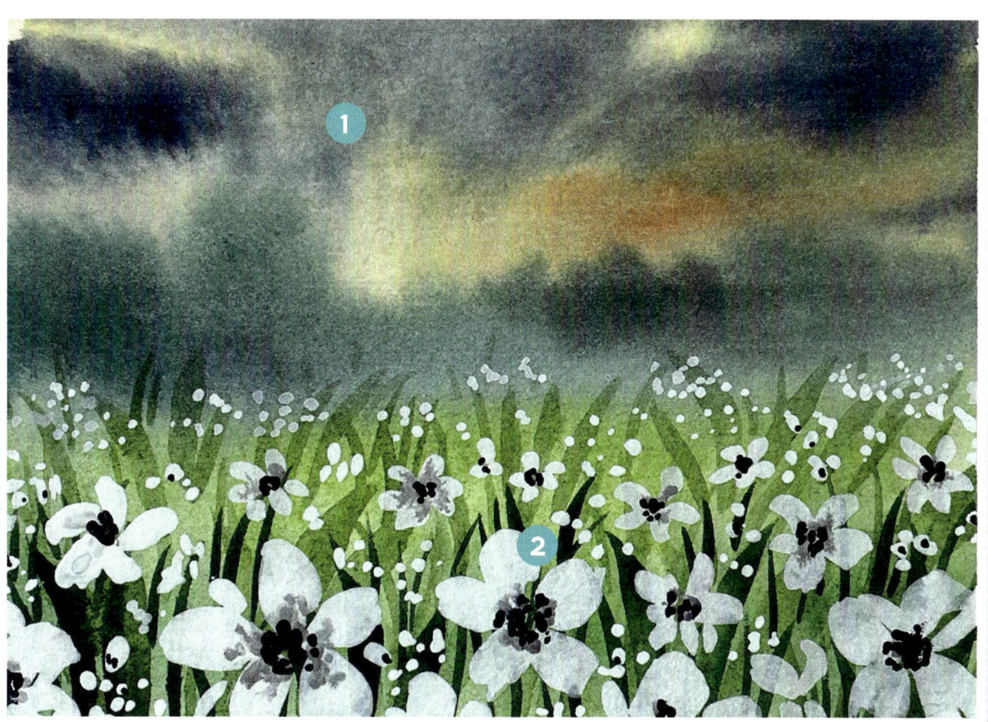

Blumenwiese im Gewitter

1. Lavierung für dramatischen Himmel
2. Weiße Gouachefarbe auf Aquarellwiese

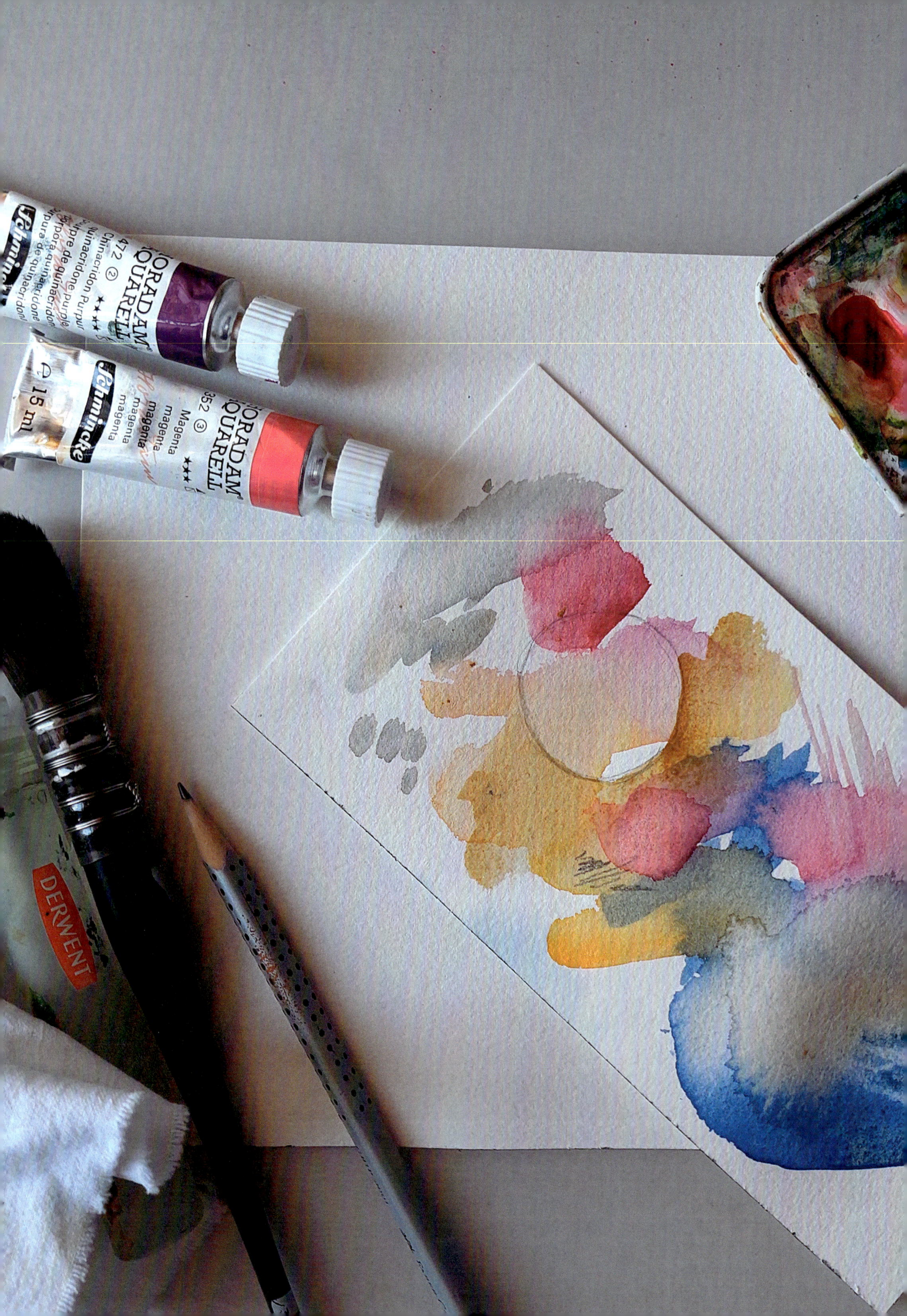
Schmincke
352
Magenta
magenta
15 ml
DERWENT

IDEENPOOL

Immer die passende Idee

Im Ideenpool findest du jede Menge abwechslungsreiche Motivideen für dein eigenes Arbeiten mit Aquarell. Zu Beginn haben wir etwas einfachere Watercolor-Motive mit einem modernen Look für dich zusammengestellt. Im weiteren Verlauf kannst du dich dann an die etwas anspruchsvolleren Motive wagen.
In den Beispielen kannst du viele Techniken anwenden, die du im Workshop geübt hast. Wenn dir etwas schwierig erscheint, blättere einfach zurück zum Workshop und schau bei der Erläuterung zur entsprechenden Technik noch einmal nach.

Mit praktischen Materiallisten

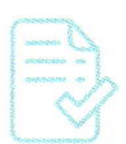

Zu jeder Malanleitung gehört eine Liste mit den nötigen Materialien. Hier wird alles angeführt, was du brauchst. Außerdem erfährst du, in welchem Format wir das jeweilige Bild gestaltet haben. Die Formatangabe ist jedoch nur als Vorschlag zu verstehen. Natürlich steht es dir frei, jedes beliebige Format zu wählen und das Motiv der veränderten Formatgröße anzupassen.
Um dir den Einstieg zu erleichtern, findest du für viele Motive die entsprechende Vorlage in der Digitalen Bibliothek. Die Vorlagen sind bewusst einfach gehalten – du kannst sie entweder mit einer der Methoden ab Seite 16 ff. auf dein Papier übertragen oder freihand nachzeichnen.

Tipps und Tricks für gutes Gelingen

Wie im Workshop finden sich auch im Ideenpool wieder Tipps & Tricks sowie wichtige Hinweise, sodass einem guten Gelingen nichts mehr im Wege steht! Unsere Erfahrungen sind in diese Tipps eingeflossen. Aber es ist nicht ausgeschlossen und sogar höchstwahrscheinlich, dass du bei der Arbeit am Bild noch andere Erfahrungen machst oder neue Erkenntnisse gewinnst. Wir empfehlen dir, solche Dinge zu notieren und deine ganz eigene Liste der Tipps & Tricks zu erstellen.

Hinweis

» Bei den Motivanleitungen im Ideenpool werden die einzelnen Maltechniken nicht mehr ausführlich beschrieben. Dank eines Verweises auf die entsprechende Workshopseite kannst du aber einzelne Maltechniken schnell noch einmal nachlesen.

» Bei den Anleitungen im Ideenpool haben wir die Pinselgrößen meistens angegeben, möchten aber darauf hinweisen, dass Pinsel mit gleichen Nummern, die von unterschiedlichen Herstellern stammen, verschieden groß sein können.

» Die Motive im Ideenpool sind in folgende Schwierigkeitsgrade unterteilt:
- ● ○ ○ einfach
- ● ● ○ etwas schwieriger
- ● ● ● anspruchsvoll

Sonnenblumen

Es muss nicht immer die klassische Aquarellfarbe sein. Auch mit wasservermalbaren Markern lassen sich richtige Aquarellkunstwerke erschaffen. Die Finelinerlinien verleihen dem Bild einen schönen Kontrast und machen die Sonnenblumen zu einer modernen Illustration.

Material

Schwierigkeitsgrad

Format

DIN A5

- Brush Pens in Gelb, Orange, Hellgrün, Dunkelgrün, Ocker, Sepia/Braun
- Aquarellpapier satiniert
- Rundpinsel Gr. 4
- Fineliner in den Stärken 1.0 und 0.3
- Bleistift

Technik

Seite 74

Vorlage

In der Digibib

1 Skizziere mit Bleistift Sonnenblumen auf dein Aquarellpapier oder nutze die Vorlage aus der Digitalen Bibliothek. Trage auf den inneren Teil der Sonnenblume mit deinen Brush Pens rechts Ocker und links Braun auf. Mit dem Pinsel und Wasser kannst du nun beide Farben miteinander vermalen.

2 Fahre fort, mit Gelb und Orange weitere Brush-Pen-Striche auf die Blütenblätter deiner Sonnenblume zu legen. Auch diese kannst du dann mit dem Pinsel vermalen. Wiederhole die gleiche Technik mit den Grüntönen auf den Blättern. Lasse alles gut trocken.

3 Fahre nun mit dem Fineliner der Stärke 1,0 die Außenlinien deiner Blüten und Blätter nach. Details wie kleine Striche und Strukturen zeichnest du mit dem Fineliner der Stärke 0,3 auf. So wirkt deine Illustration frisch und modern.

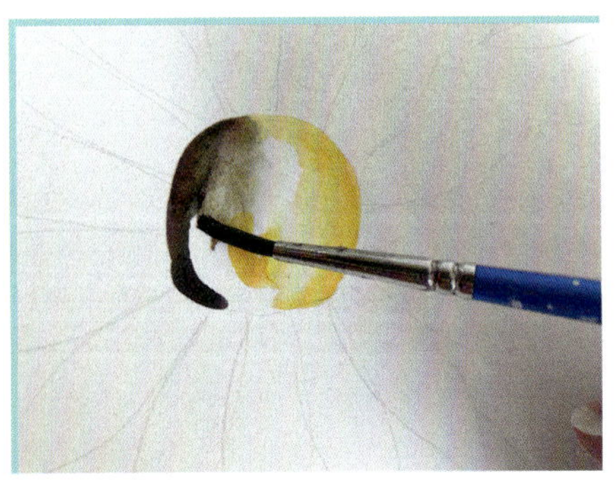

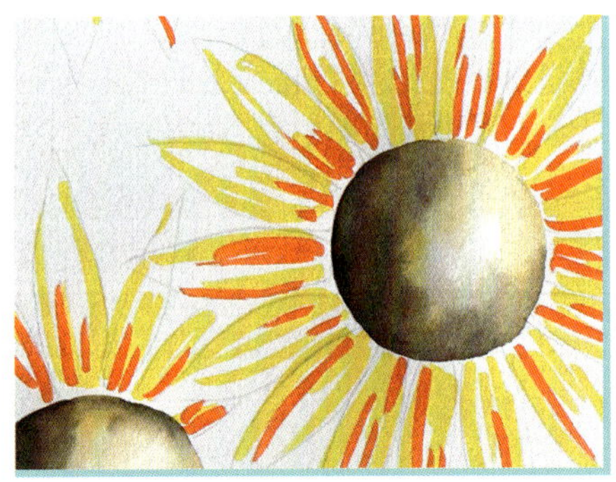

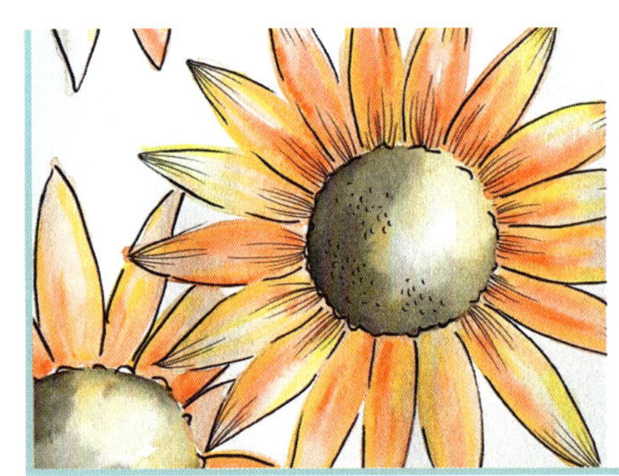

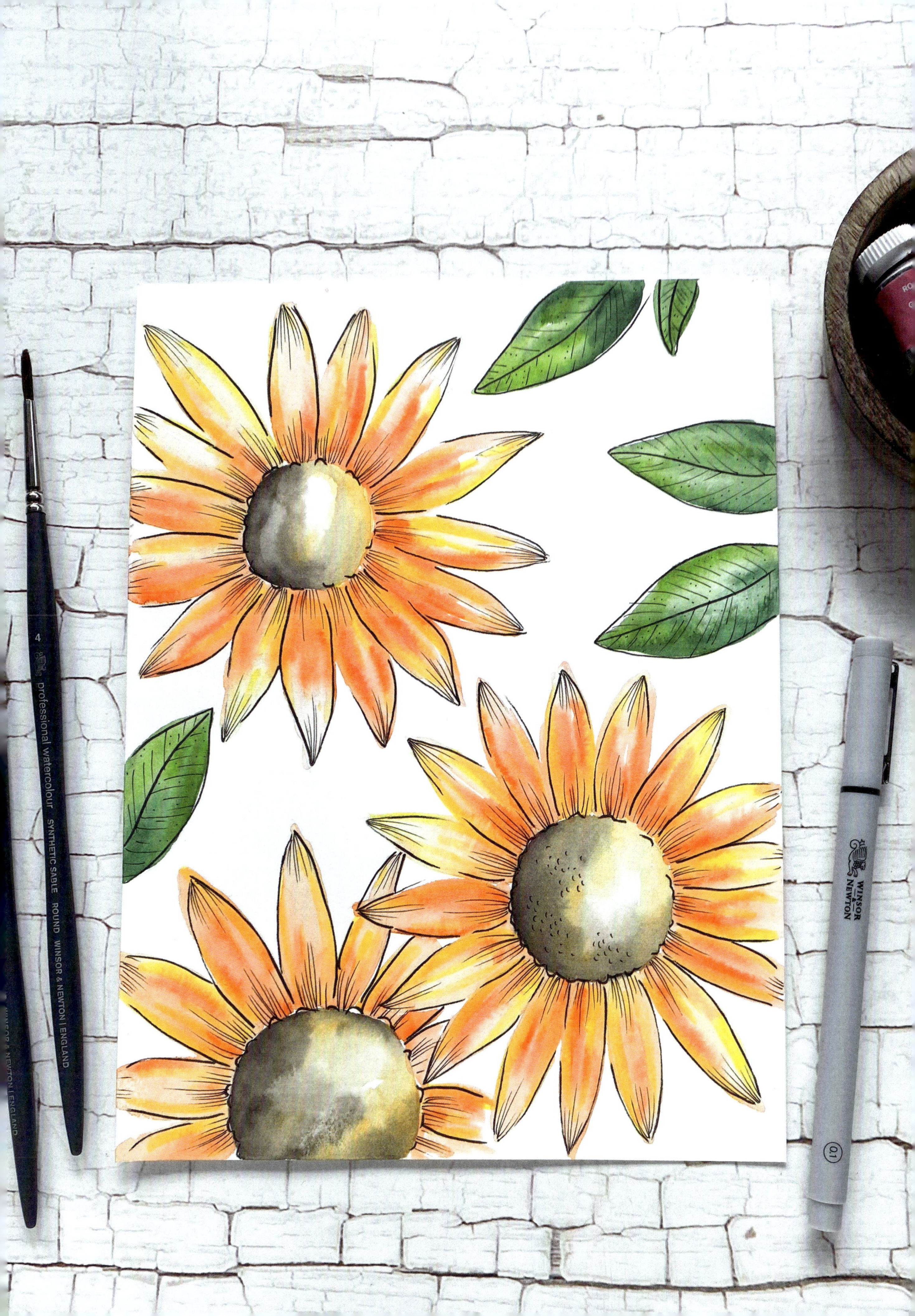
4
professional watercolour
SYNTHETIC SABLE ROUND WINSOR & NEWTON | ENGLAND
WINSOR & NEWTON
0.1

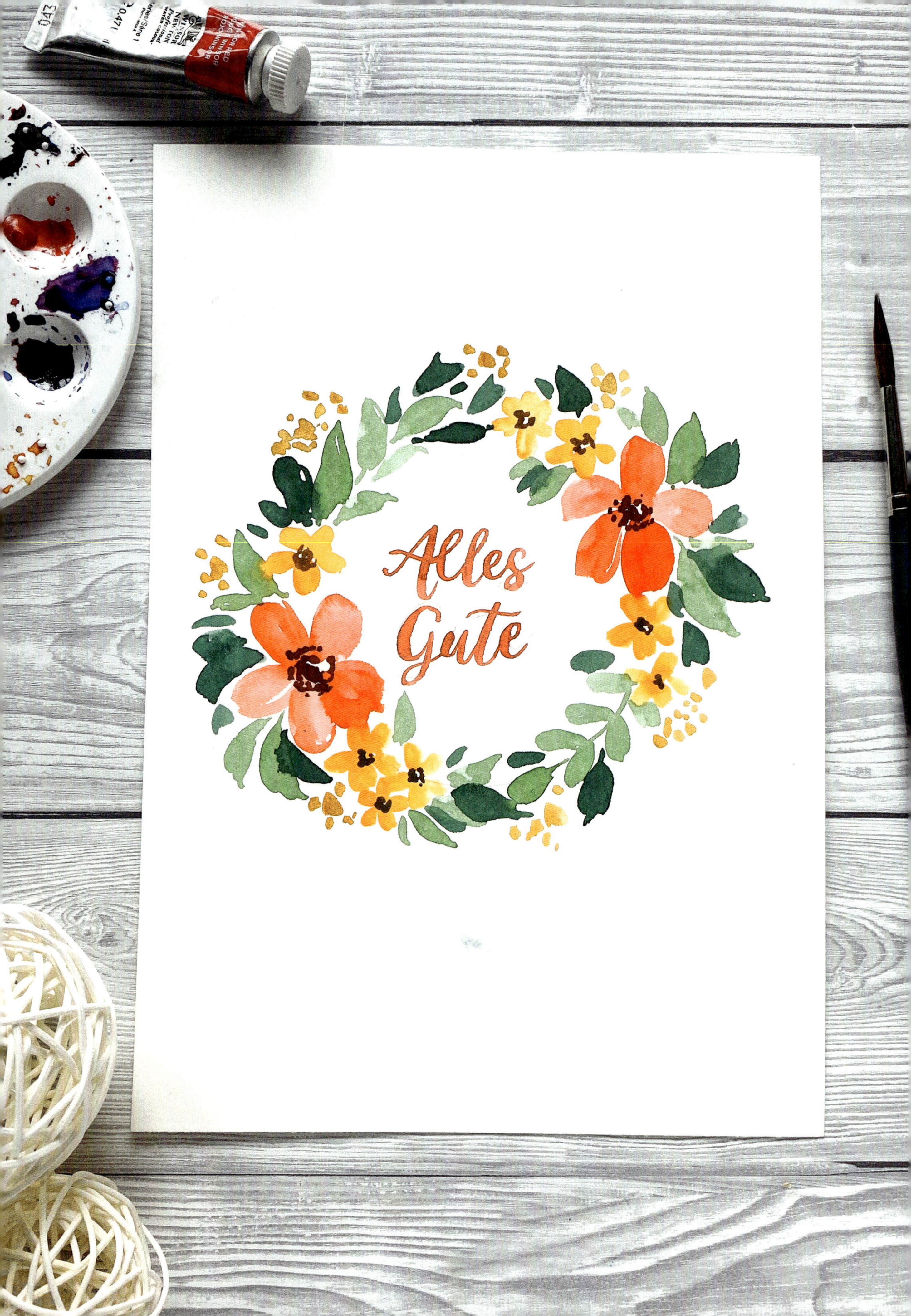
Alles
Gute

Blumenkranz

Für die Farbauswahl eines lockeren Blumenkranzes sind dir keine Grenzen gesetzt. Hier kannst du deine Lieblingsfarben zum Einsatz bringen oder Farbkombinationen aus dem Farbtheorie-Teil (siehe S. 36) ausprobieren. Das Besondere an diesen Blüten und Blättern ist, dass sie ohne Vorzeichnung gemalt werden.

1 Zeichne mit einem Bleistift mit Hilfe eines runden Gegenstands, zum Beispiel eines Tellers, einen Kreis auf dein Aquarellpapier. Streiche mit einem knetbaren Radiergummi leicht über deine Bleistiftlinie, um sie transparenter zu machen.

2 Starte auf deiner Bleistiftkreislinie mit einer roten Blüte. Male dafür fünf Schlaufen um einen gedachten Mittelpunkt, der frei bleibt. Setze noch orangefarbene Blüten daneben. Wiederhole die Blüten auf der gegenüberliegenden Seite.

3 Male mit verschiedenen Grüntönen Blätter und Farnwedel entlang deines Kreises und um die Blüten. Setze verschiedene Tonwerte ein und male abwechselnd hellere und dunklere Blätter.

4 Dunkle das Winsor Rot mit Sepia ab und tupfe kleine Punkte in die Mitte deiner roten und orangefarbenen Blüten. Damit dein Kranz verspielt wirkt, kannst du zum Schluss noch orangefarbene Punkte um deine Blüten und Blätter setzen.

Material 

Schwierigkeitsgrad

Format

20 x 20 cm

- Aquarellfarbe in Sap Grün, Winsor Rot, Winsor Grün, Kadmiumorange, Sepia
- Aquarellpapier
- Rundpinsel in Gr. 6, 2
- Fineliner in den Stärken 0.8 und 0.1
- Bleistift, Knetradierer
- Wasser und Abtropftuch

Vorlage

In der Digibib

Tipps & Tricks 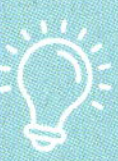

✦ Die weiße Fläche in der Mitte des Blumenkranzes bietet sich ideal für ein Lettering an. Schreibe, wenn du magst, einen Spruch oder Namen deiner Wahl mit Fineliner oder einem Aquarellpinsel.

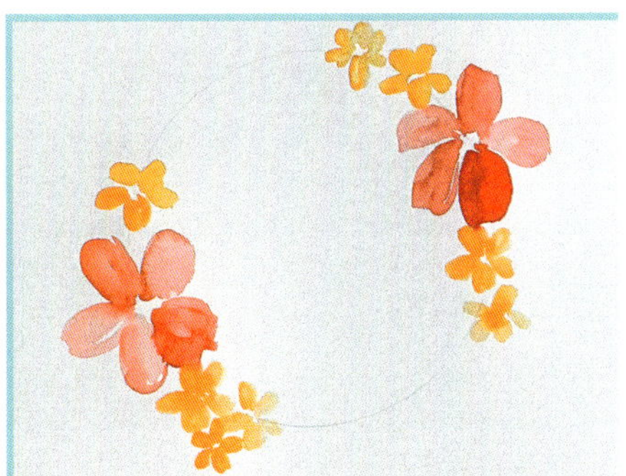

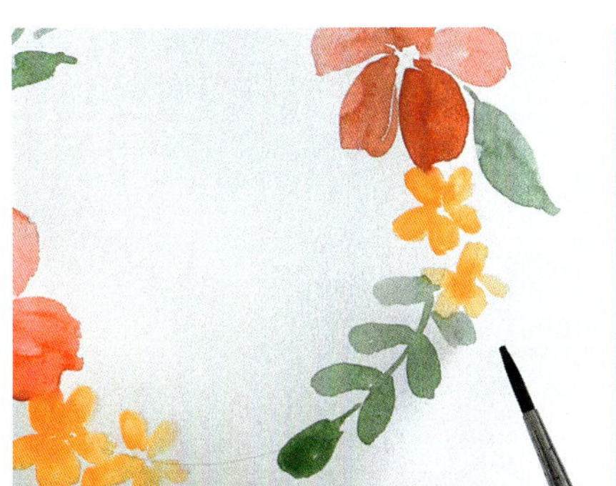

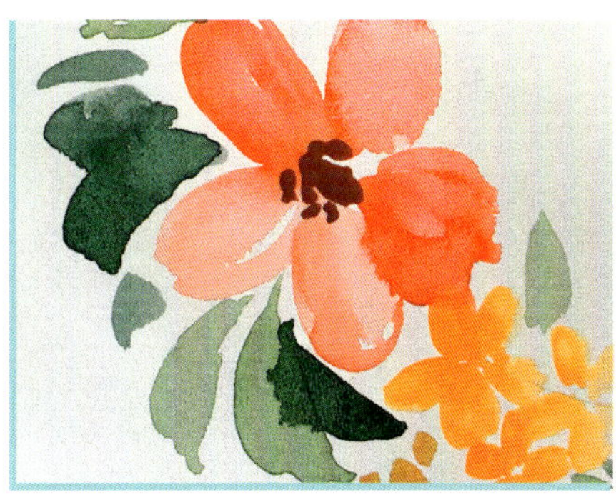

Laterne mit Blättern

Hinweis

» Möchtest du vor allem Fineliner mit kleineren Stärken und Aquarellfarbe kombinieren, empfehle ich dir, satiniertes Papier zu verwenden. Seine glatte Oberfläche schont die feinen Spitzen deiner Fineliner.

Auch Schwarzweißzeichnungen mit Fineliner lassen sich wunderbar mit Aquarellfarbe kombinieren. Bei diesem Motiv kannst du dich erst auf die Zeichnung der Laterne konzentrieren, die mit einer leichten Schraffur Kontrast bekommt. Die grünen Blätter runden das Bild harmonisch ab.

Material 

Schwierigkeitsgrad

Format
DIN A6

- Aquarellfarbe in Sap Grün, Perylengrün, Indigo
- Aquarellpapier, satiniert
- Fineliner in Stärke 0.8 und 0.1
- Rundpinsel Gr. 6, 0
- Bleistift
- Wasser und Abtropftuch

Vorlage
In der Digibib

1 Übertrage die Vorlage des Motivs mit einem Bleistift auf dein Aquarellpapier. Ziehe anschließend mit dem Fineliner in Stärke 0.8 die Linien der Laterne nach.

2 Nimm nun den feinen Fineliner in Stärke 0.1 zur Hand. Damit kannst du jetzt vor allem den unteren Bereich der Laterne und die Innenseite fein schraffieren.

3 Male mit deinem größeren Rundpinsel mit lockerer Hand Blätter in verschiedenen Grüntönen um die Laterne. Mit dem feinen Pinsel kannst du Details wie Blattnarben hinzufügen.

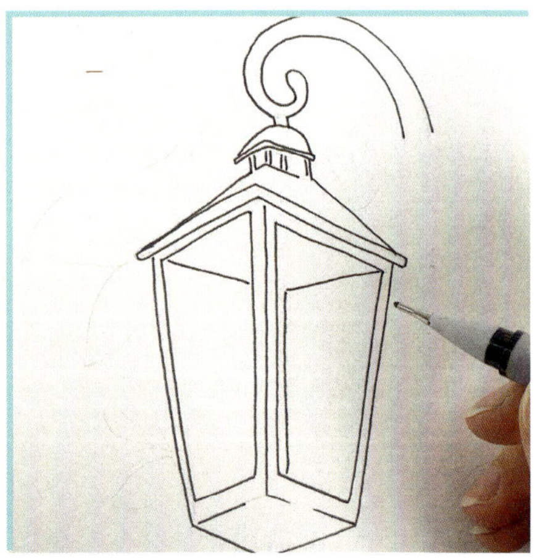

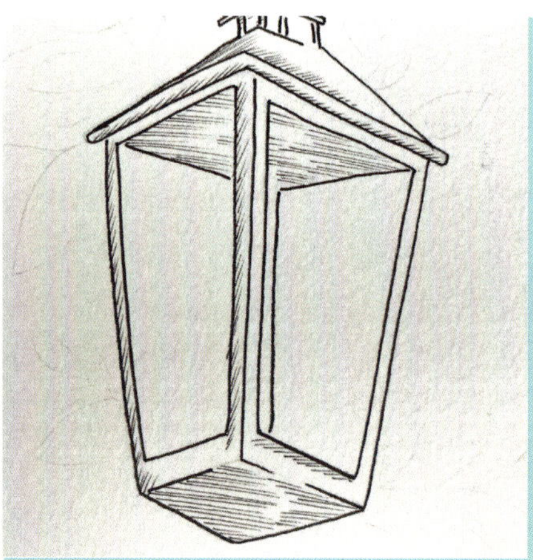

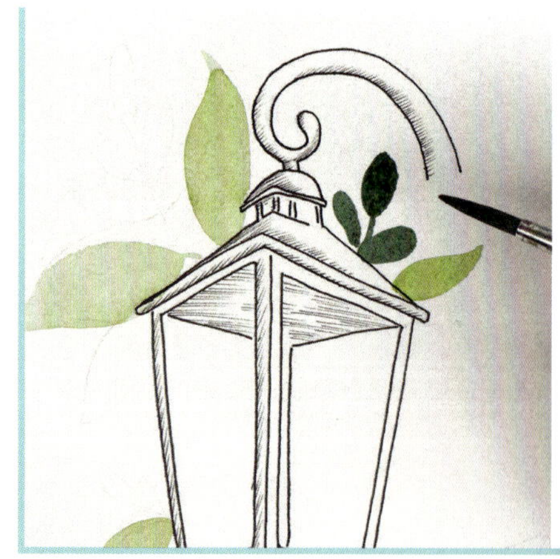

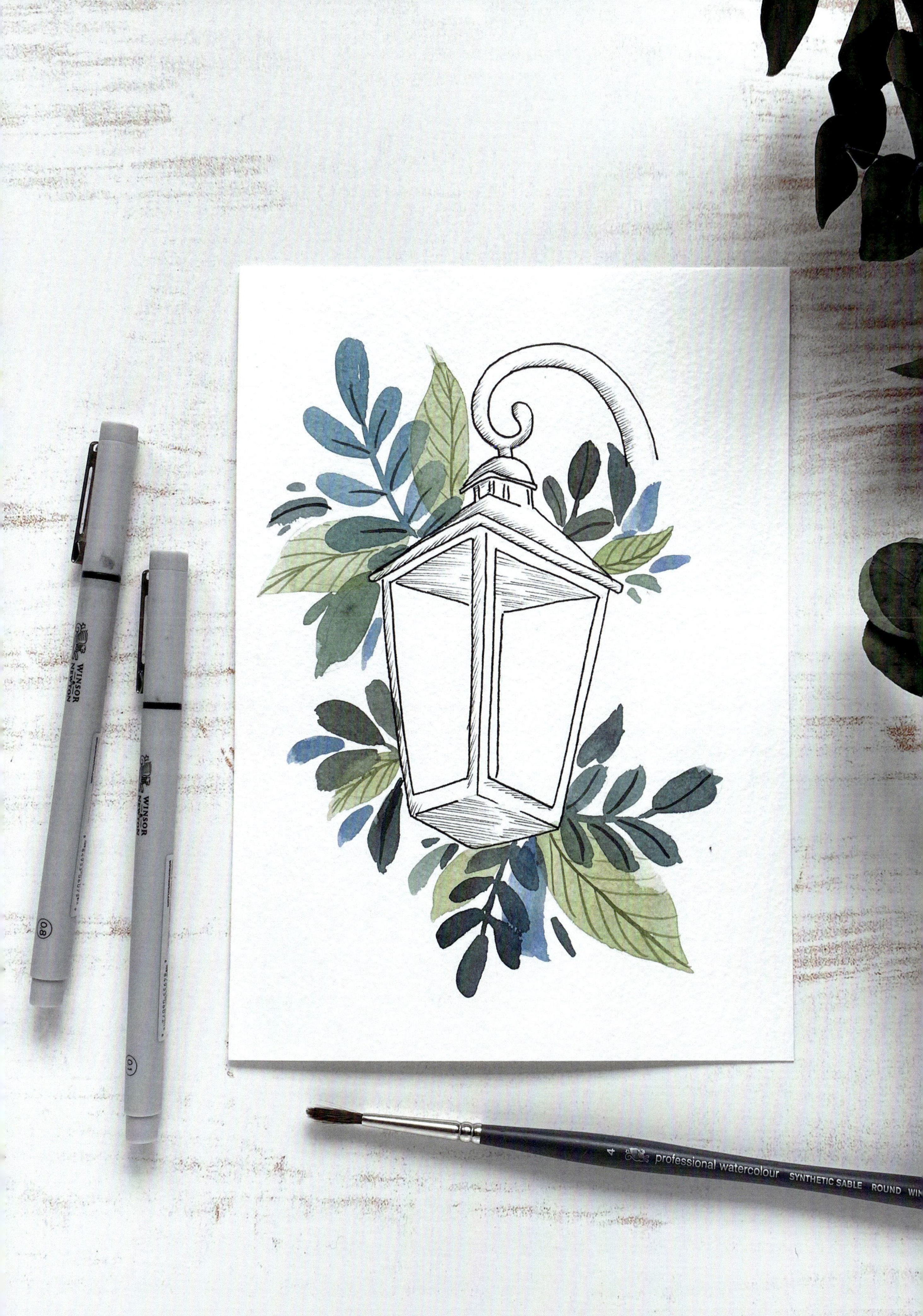
WINSOR
WINSOR
4 professional watercolour SYNTHETIC SABLE ROUND WIN

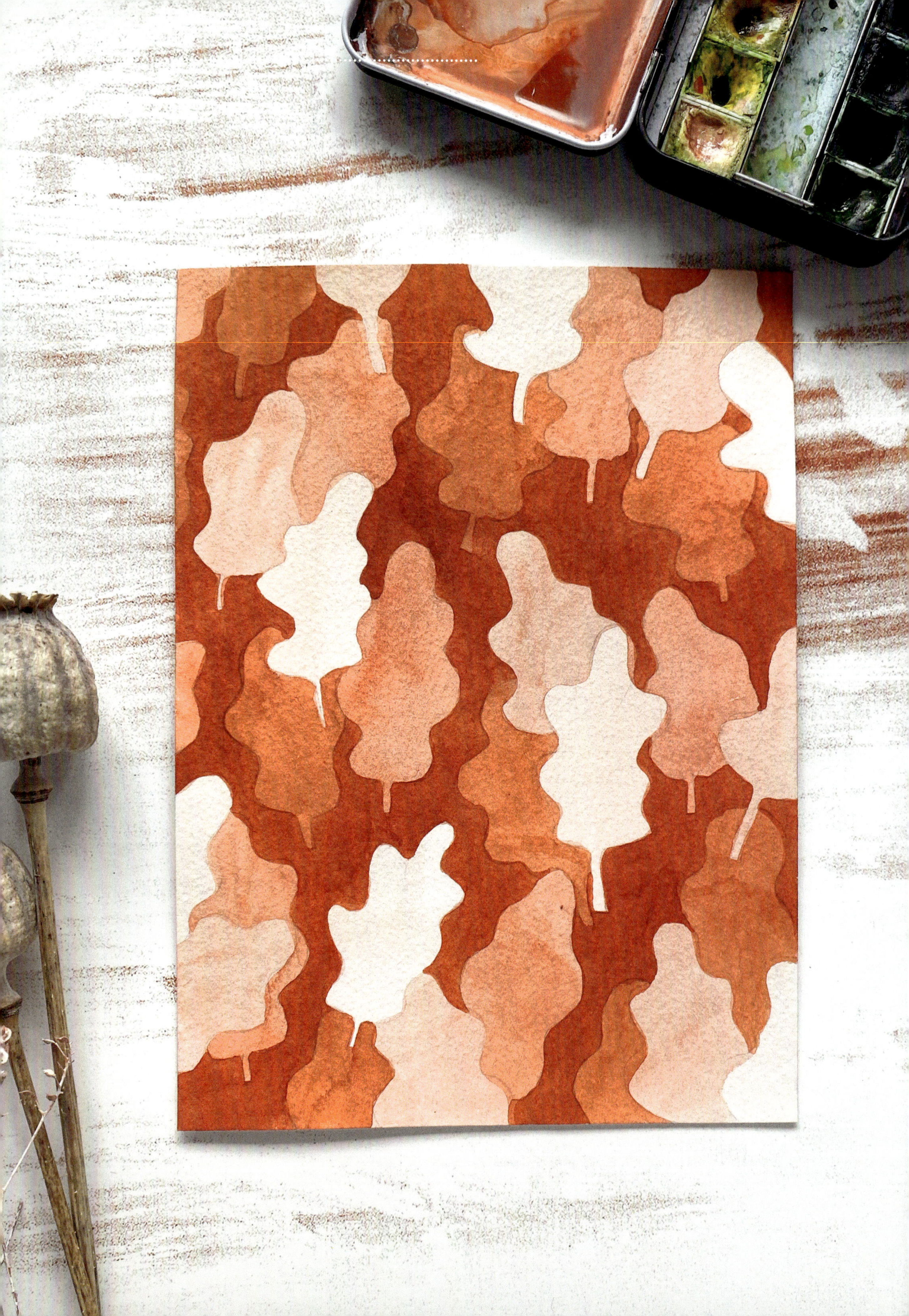

Herbstlaub

Bei diesem Motiv kannst du die sogenannte Negativ-Technik üben. Die einzelnen Blätter des Herbstlaubs werden hier hervorgehoben, indem du sie beim Malen aussparst und stattdessen die umliegende Flächen mit Farbe ausmalst. Aufgrund der verschiedenen Schichten entsteht räumliche Tiefe und eine Art 3D-Effekt.

Hinweis 

» Bei diesem Motiv heißt es, sich gut zu konzentrieren! Für ein sauberes und zufriedenstellendes Ergebnis ist es wichtig, konzentriert mit dem Pinsel die Blätter auszusparen, damit exakte Kanten entstehen.

Material 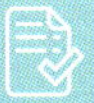

Schwierigkeitsgrad

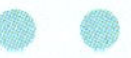

Format

DIN A5

- Aquarellfarbe in Winsor Rot, Orange, Siena gebrannt
- Aquarellpapier
- Rundpinsel Gr. 6, 4, 2
- Bleistift

1. Mische alle drei Farbtöne auf deiner Mischpalette zu einem herbstlichen Orangeton. Grundiere anschließend dein Aquarellpapier mit einer zarten Lavierung. Wenn die Farbfläche getrocknet ist, zeichnest du mit einem Bleistift die Form von Eichenblättern auf. Diese können ruhig auch über den Rand des Blattes hinausgehen.

2. Male nun eine weitere Farbschicht im gleichen Farbton auf dein Papier. Spare dabei allerdings die Blätter aus. Lasse deine zweite Farbschicht gut trocknen. Zeichne dann erneut mit Bleistift Eichenblätter auf dein Papier auf.

3. Male eine dritte Farbschicht auf dein Papier. Spare dabei alle mit Bleistift gezeichneten Blätter komplett aus. Wiederhole alles noch weitere zwei Male, sodass insgesamt fünf Farbschichten übereinander auf deinem Papier liegen.

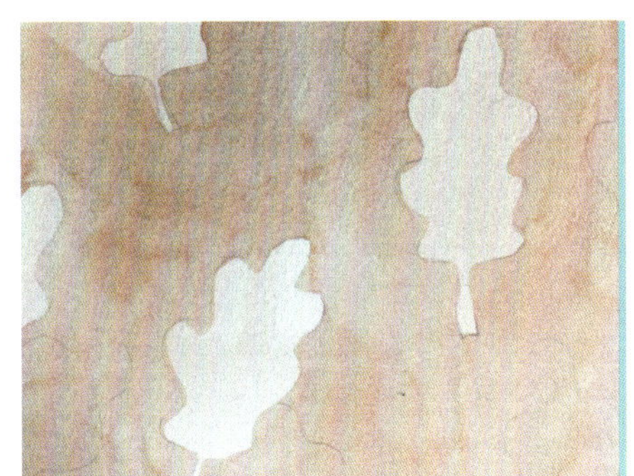

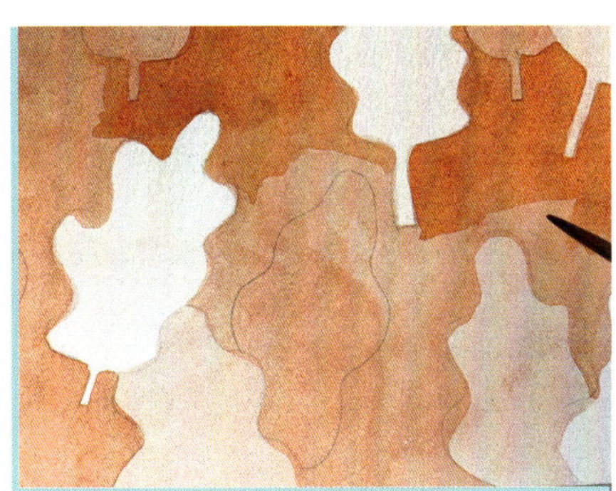

Früchte

Für dieses Motiv kannst du dich von deinem eigenen Obstkorb aus der Küche inspirieren lassen. Es ist eine moderne Variante des Stilllebens - die Früchte werden nicht in einer Schale arrangiert, sondern ganz frei kombiniert. Blätter füllen größere und kleine Weißbereiche auf und geben deinem Motiv eine besondere Struktur.

Material

Schwierigkeitsgrad

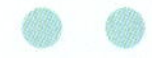

Format
DIN A5

- Aquarellfarbe in Winsor Rot, Sap Grün, Kadmiumgelb, Perylengrün, Winsor Violett, Lampenschwarz
- Aquarellpapier
- Rundpinsel Gr. 6, 2, 1
- Bleistift
- Wasser

Vorlage
In der Digibib

1 Zeichne verschiedene Obstsorten auf dein Aquarellpapier auf oder übertrage die Vorlage mit einem Bleistift. Du kannst die Früchte dabei komplett oder angeschnitten darstellen. Starte mit Gelb und Grün für deine Birnen und gib Winsor Rot auf deine Erdbeeren.

2 Lege auch auf deinen Zitronen, die Kiwi und die Feigen eine erste Farbschicht. Achte dabei auf die Licht- und Schattenwirkung.

3 Fülle die Zwischenräume mit Blättern und Blattrispen. Das bringt Dynamik in deine statisch angeordneten Früchte. Zum Schluss kannst du mit deinem feinen Pinsel noch Details wie Kerne und Blattnarben hinzufügen.

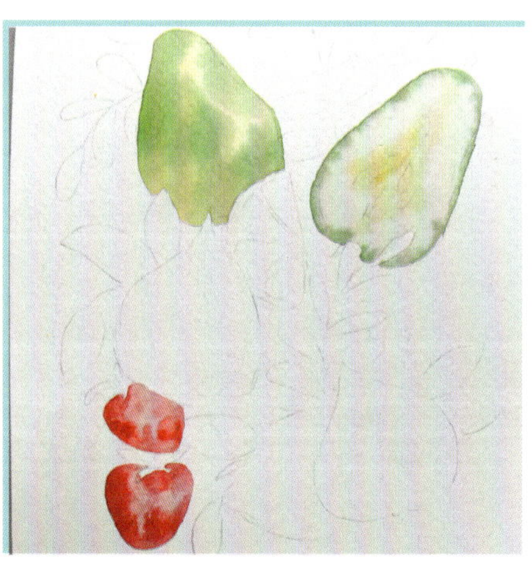

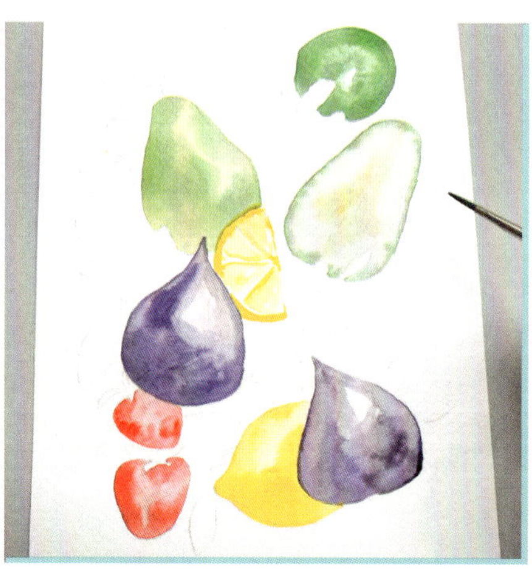

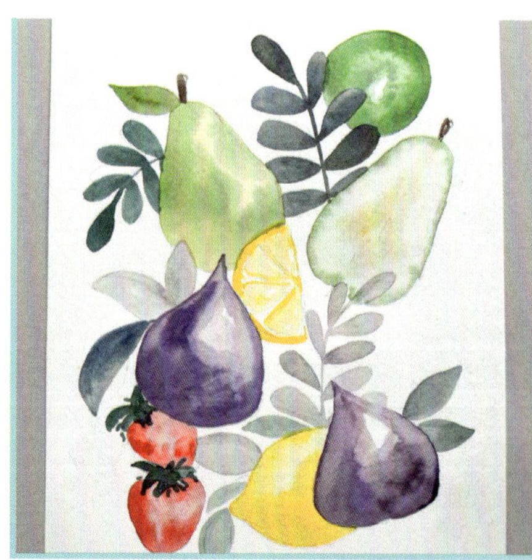

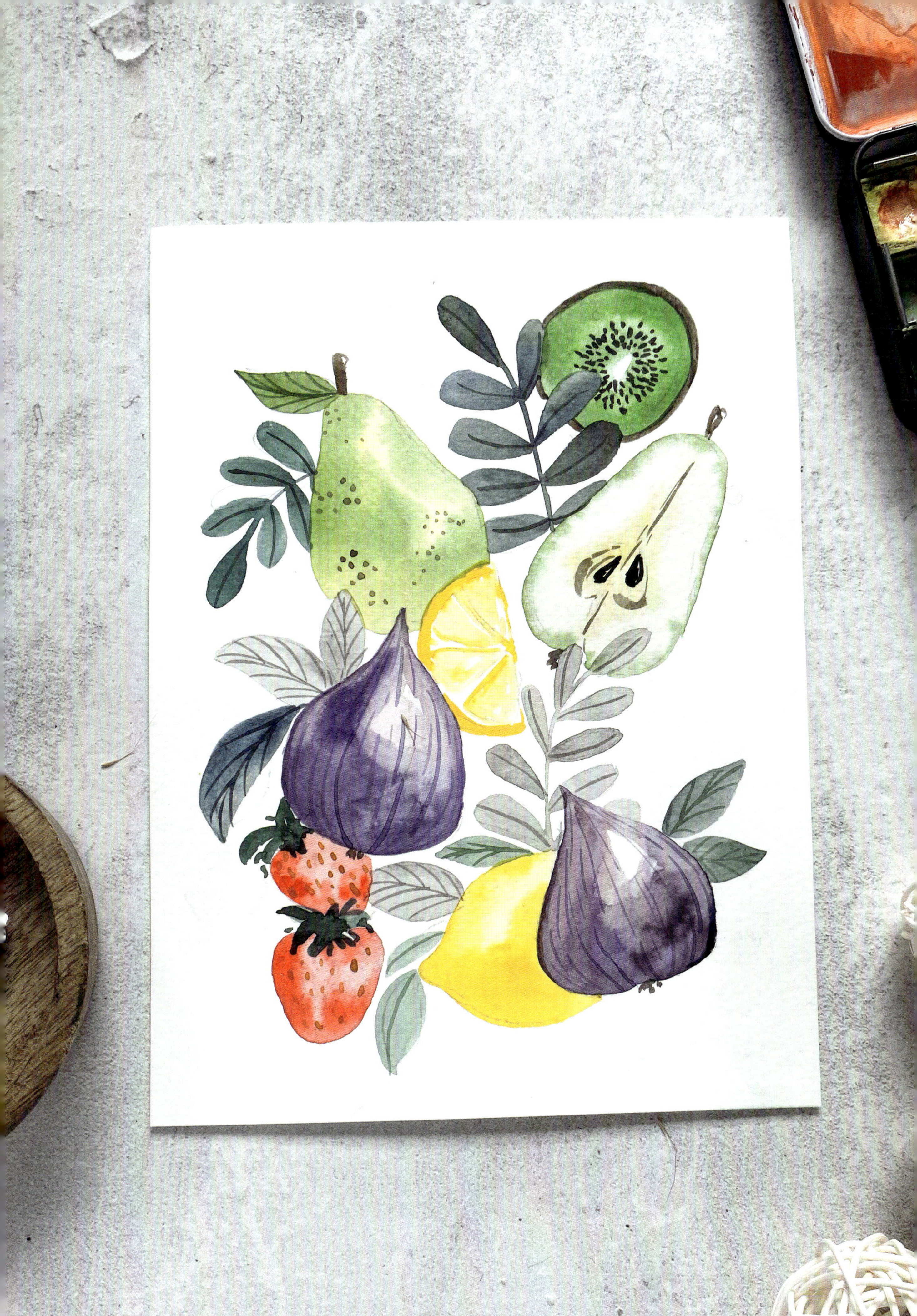

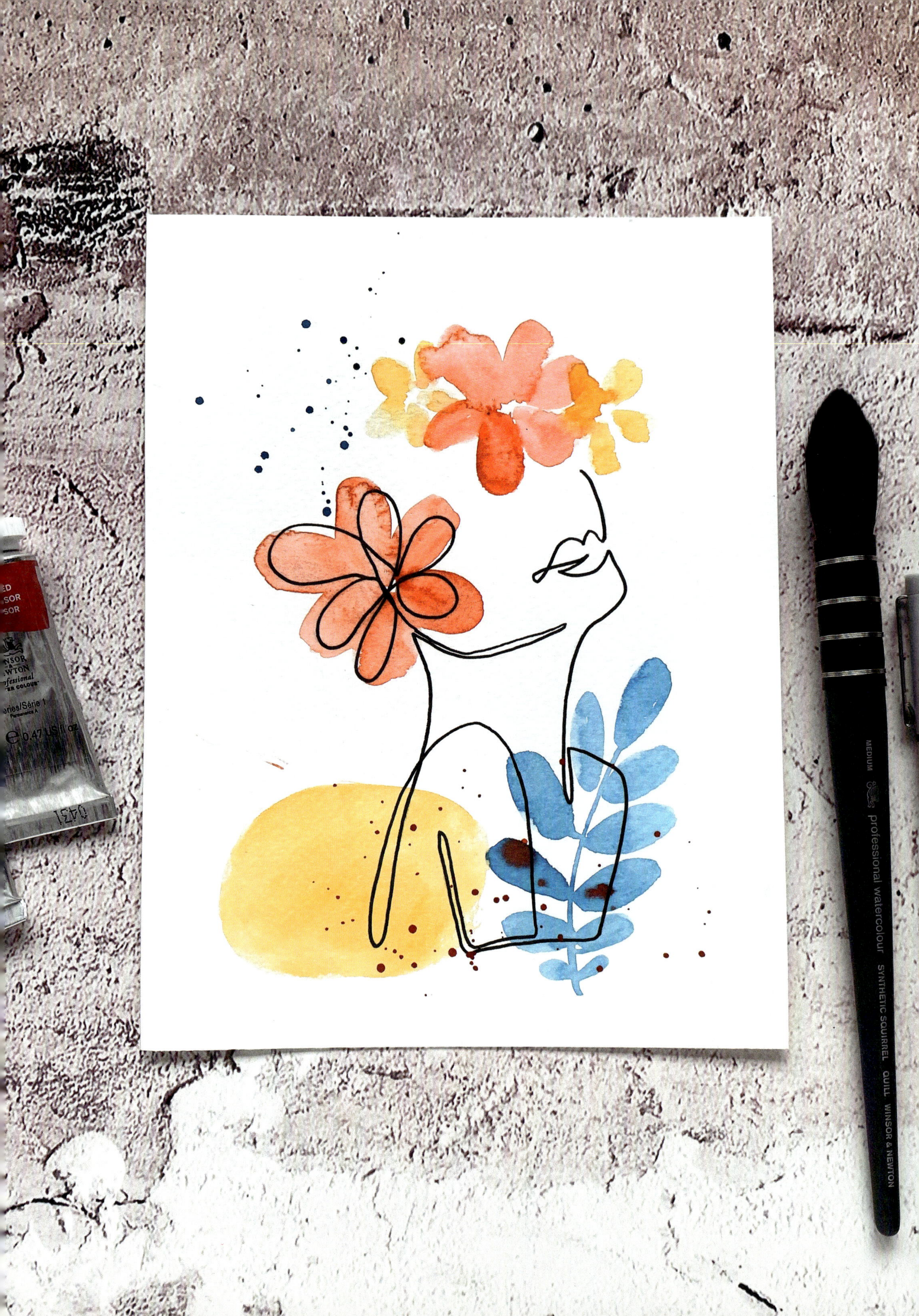
MEDIUM
professional watercolour
SYNTHETIC SQUIRREL QUILL WINSOR & NEWTON

One-Line-Frauenporträt

One-Line-Art-Motive sind minimalistische Zeichnungen, die in einem Strich und ohne abzusetzen gezeichnet werden. Auf einem Aquarellhintergrund wirken sie besonders ansprechend.

1 Übertrage die Vorlage mit Bleistift aus der Digitalen Bibliothek auf dein Aquarellpapier. Die Pfeile auf der Vorlage helfen dir dabei, die Richtung der Striche nachzuvollziehen.

2 Fahre mit deinem Fineliner oder Marker die Bleistiftlinien in der vorgegebenen Richtung nach, ohne dabei den Stift abzusetzen.

3 Setze nun mit Aquarellfarbe und Pinsel ganz frei und locker Farbflächen und abstrakte Blütenformen auf dein Motiv.

Material 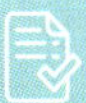

Schwierigkeitsgrad

Format
DIN A4

- Aquarellfarbe in Kadmiumorange, Kadmiumrot
- Aquarellpapier
- Wasserfester Fineliner oder Marker in der Stärke 1-2 mm
- Rundpinsel Gr. 6
- Bleistift

Technik
Seite 66

Vorlage
In der Digibib

Tipps & Tricks 

✦ Bevor du das One-Line-Motiv direkt auf dein Aquarellpapier malst, übe das Zeichnen der Linien auf Übungspapier, um ein Gefühl für die Linienführung zu bekommen.

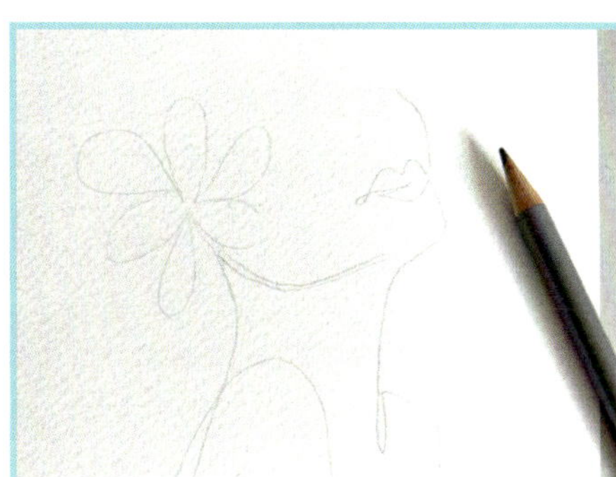

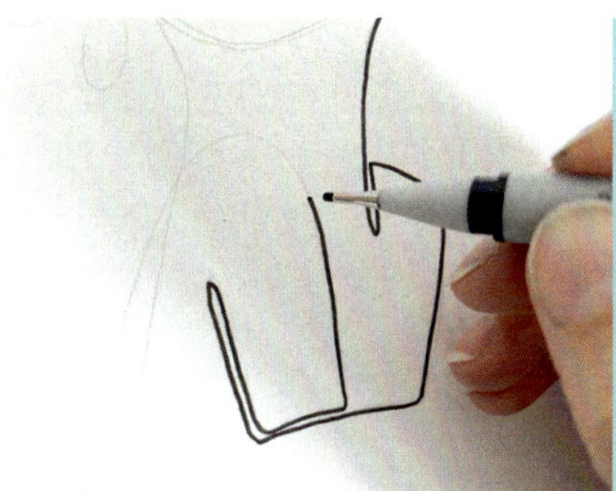

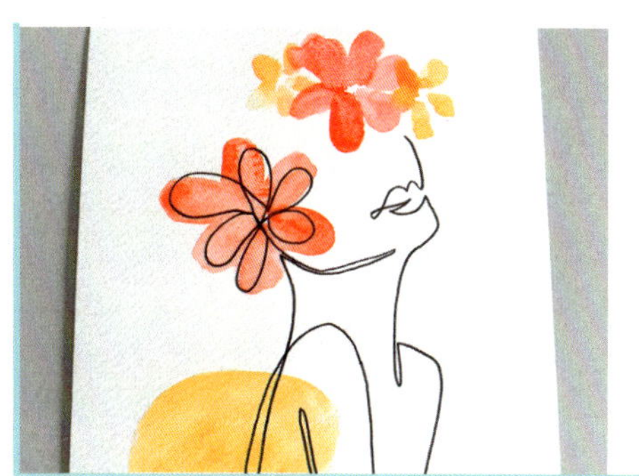

Wellensittiche

Wellensittiche sind nicht nur bei Tierfreunden ein beliebtes Motiv. An den beiden Vögeln lässt sich die Nass-in-nass-Technik des Aquarells optimal üben. Besonders lebendig sehen Tiere und Menschen aus, wenn du ihnen mit weißer Farbe Lichtreflexe in die Augen setzt. Dafür kannst du weiße Acryl- oder Gouachefarbe verwenden, Gelroller oder Acrylmarker.

Material

Schwierigkeitsgrad

Format
DIN A5

- Aquarellfarbe in Kobaltblau, Indigo, Kobalttürkis, Kadmiumgelb, Sap Grün, Lampenschwarz, Kadmiumorange, Umbra, Goldocker
- Aquarellpapier
- Rundpinsel Gr. 6, 4, 1
- weißer Gelroller
- Bleistift

Vorlage
In der Digibib

1 Zeichne die beiden Wellensittiche mit einem Bleistift auf dein Aquarellpapier oder übertrage die Vorlage. Streiche den linken Vogel mit klarem Wasser ein und trage ganz wenig Kobaltblau auf den Hinterkopf, den Bauch und die Flügel auf. Gib in die noch feuchte Farbe auf den unteren Teil Kobaltblau und ein wenig Indigo für mehr Farbkraft.

2 Ist dein erster Vogel getrocknet, streichst du den zweiten Vogel mit Gelb ein. Gib auf den Bauch des Vogels Grün, sodass ein Farbverlauf entsteht. In den Bereich oberhalb der Krallen kannst du noch dunkleres Grün hinzugeben.

3 Sind beide Vögel gut getrocknet, kannst du das typische Muster im Federkleid der Wellensittiche aufmalen. Verwende dafür beim linken Vogel Indigo, beim rechten Vogel verdünntes Schwarz. Male die Krallen und Schnäbel ebenfalls aus.

4 Füge mit deinem feinen Pinsel weitere Details an den Flügeln, Augen und Krallen hinzu. Dem Holzstück, auf dem die Vögel sitzen, kannst du mit der Trockenpinseltechnik Struktur geben. Sind die Augen der Sittiche gut getrocknet, gibst du ihnen mit einem weißen Gelroller noch einen Lichtreflex.

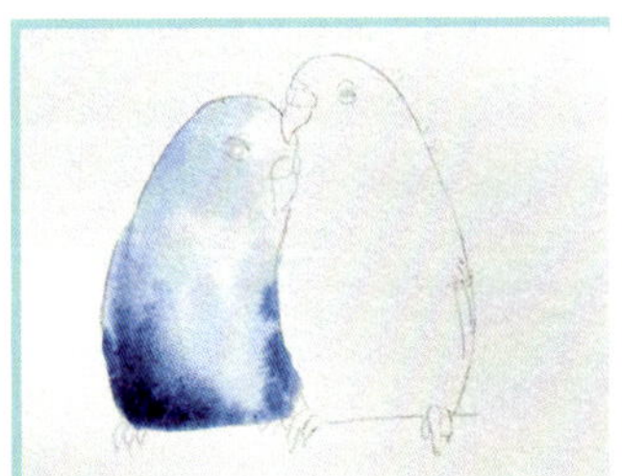

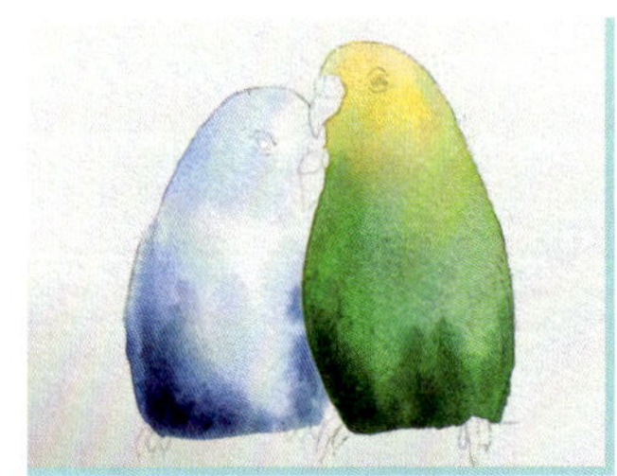

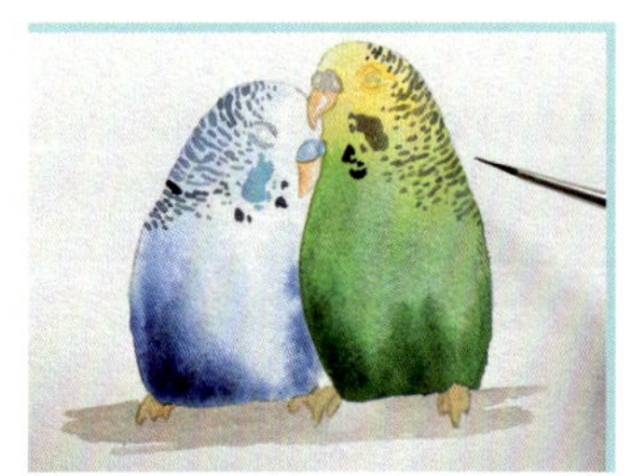

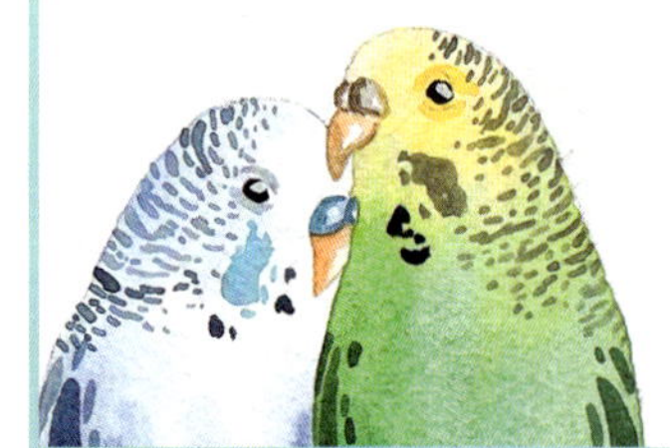

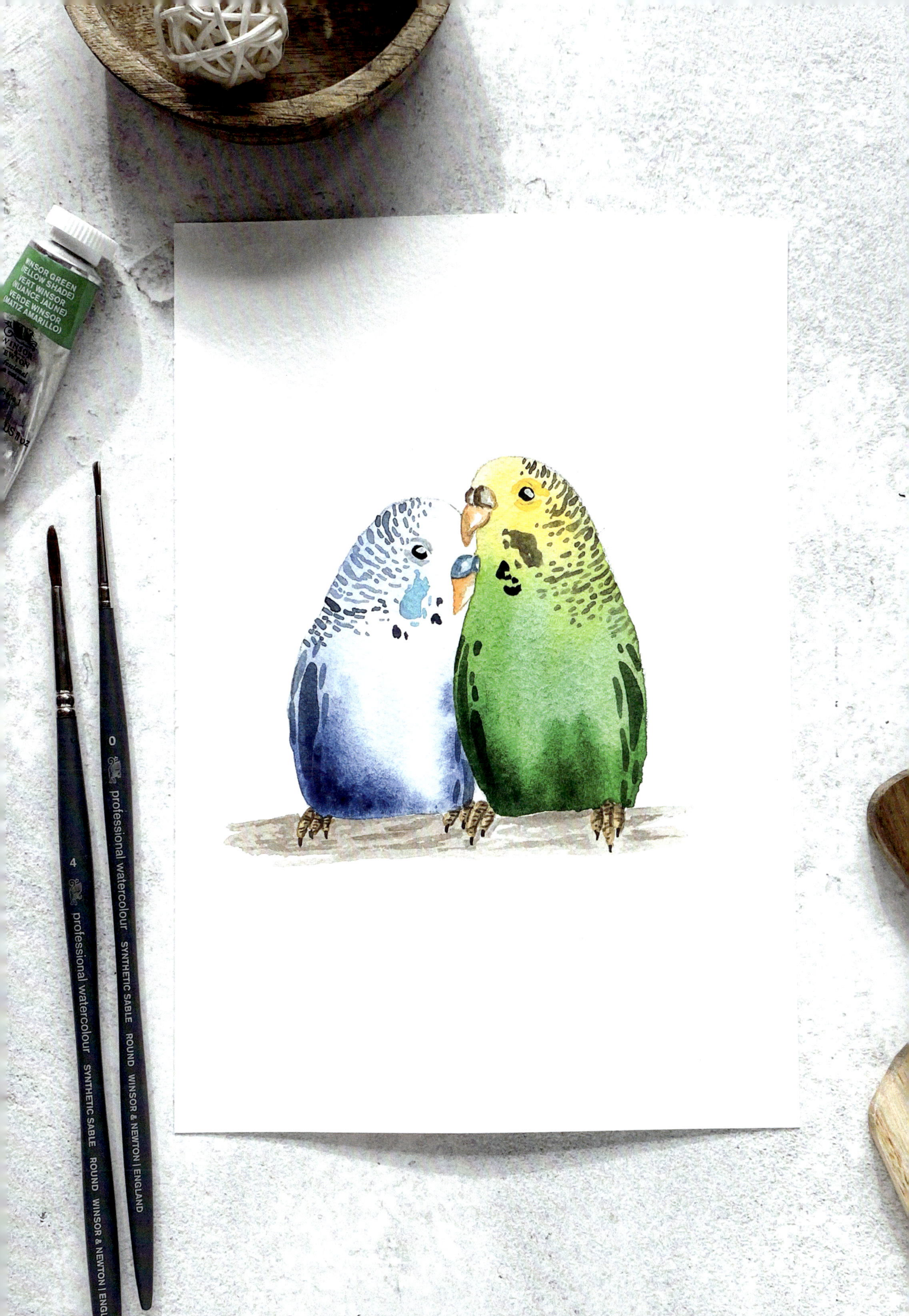
WINSOR GREEN
(YELLOW SHADE)
VERT WINSOR
(NUANCE JAUNE)
VERDE WINSOR
(MATIZ AMARILLO)
WINSOR & NEWTON
0
professional watercolour
SYNTHETIC SABLE ROUND WINSOR & NEWTON | ENGLAND
4
professional watercolour
SYNTHETIC SABLE ROUND WINSOR & NEWTON | ENGL

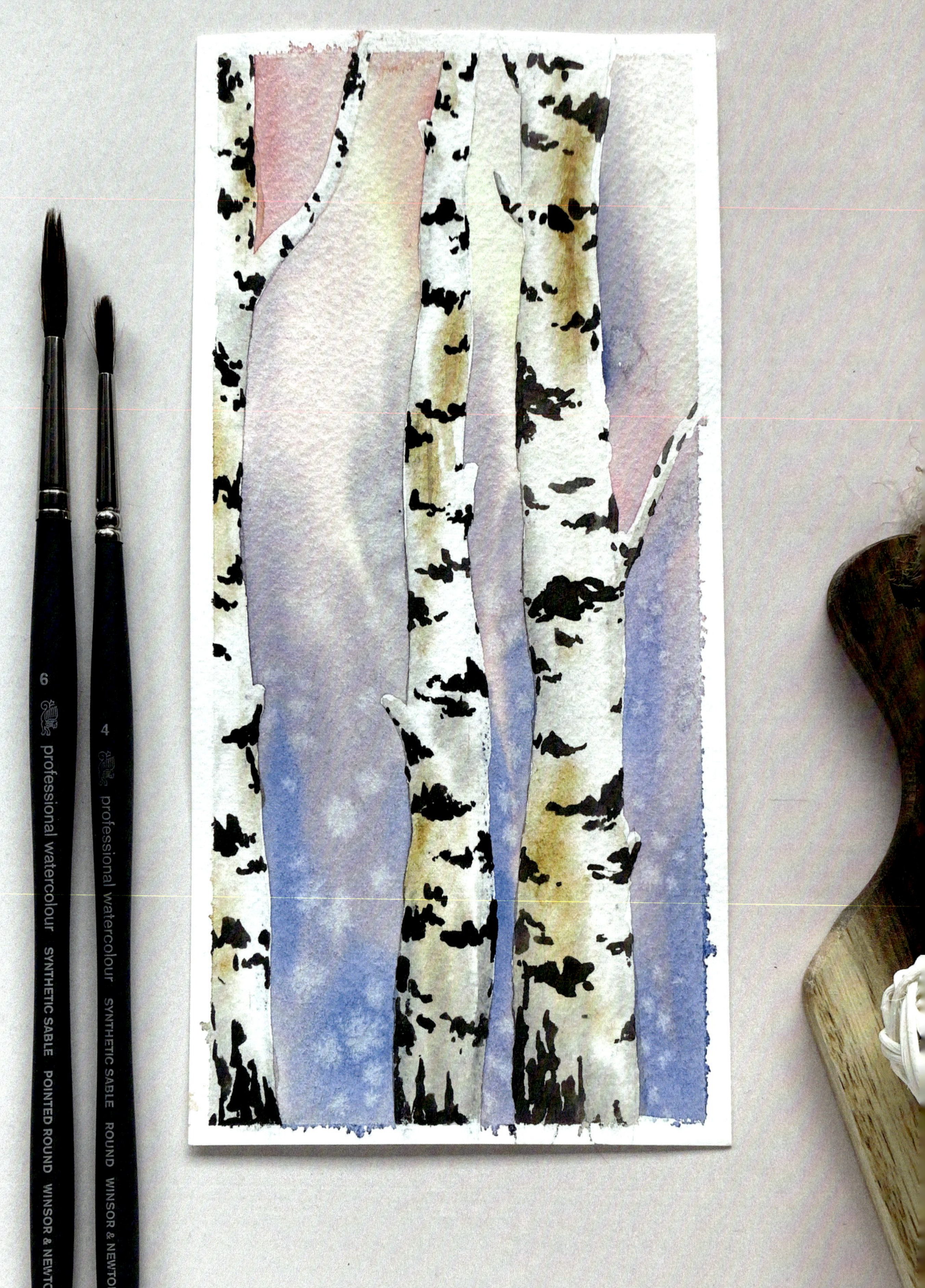
6
professional watercolour
SYNTHETIC SABLE
POINTED ROUND
WINSOR & NEWTON
4
professional watercolour
SYNTHETIC SABLE
ROUND
WINSOR & NEWTON

Birken

Birken sind ein sehr beliebtes Aquarellmotiv, weil ihre Rinde so kontrastreich und unverkennbar ist. In dieser Anleitung erfährst du, wie du Birken mit einem verträumten Hintergrund kombinieren kannst, um sie besonders modern aussehen zu lassen.

1 Zeichne drei Birkenstämme auf dein hochformatiges Aquarellpapier auf. Klebe dein Papier an allen vier Seiten schmal mit Klebeband ab. Trage entlang der inneren Baumlinien Maskierflüssigkeit auf. Lasse die Maskierflüssigkeit gut trocknen.

2 Streiche den Hintergrund deines Motivs mit einem Flachpinsel und klarem Wasser ein. Trage auf den oberen Bereich Gelb und Magenta auf, auf den unteren Bereich Magenta, Violett und Kobaltblau, sodass lavierende Farbverläufe entstehen.

3 Mische weiße Gouachefarbe mit Wasser an, sodass eine wässrige Konsistenz entsteht. Gib mit einem kleinen Pinsel punktartig weiße Farbe auf deinen noch feuchten Hintergrund. Auf diese Weise entstehen helle Sterne in deiner Farbe.

4 Ist alles gut getrocknet, rubbelst du mit einem Radiergummi oder mit deinem Finger vorsichtig die Maskierflüssigkeit ab. Setze anschließend goldbraune und graue Schattenbereiche auf deine Birken. Ist diese erste Farbschicht getrocknet, malst du mit Schwarz die typischen Rindenflecken auf.

Material

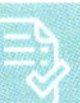

Schwierigkeitsgrad

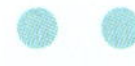

Format

7 x 17 cm

- Aquarellfarbe in Gelb, Magenta, Violett, Kobaltblau, Goldbraun und Schwarz
- Aquarellpapier, ideal zu 100% aus Baumwolle
- Flachpinsel Gr. 13 mm
- Rundpinsel Gr. 4, 1
- Maskierflüssigkeit
- Gouachefarbe in Weiß
- Bleistift
- Klebeband

Technik

Seite 44, 67

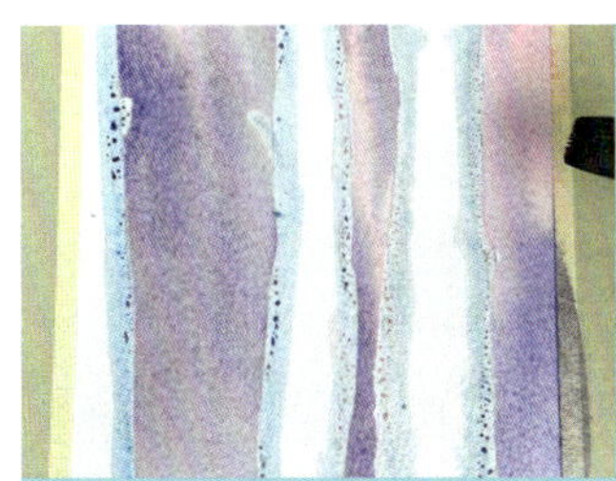

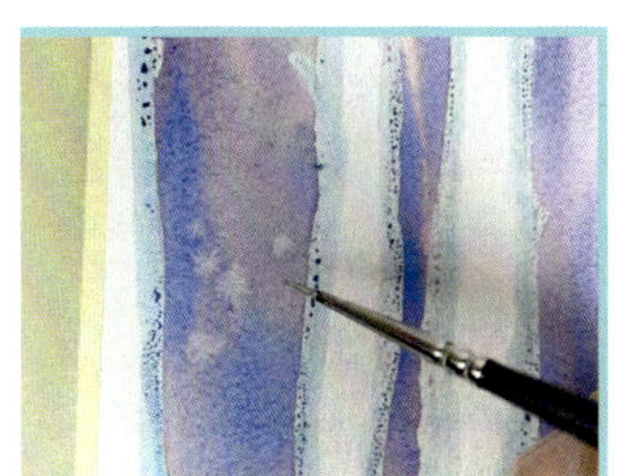

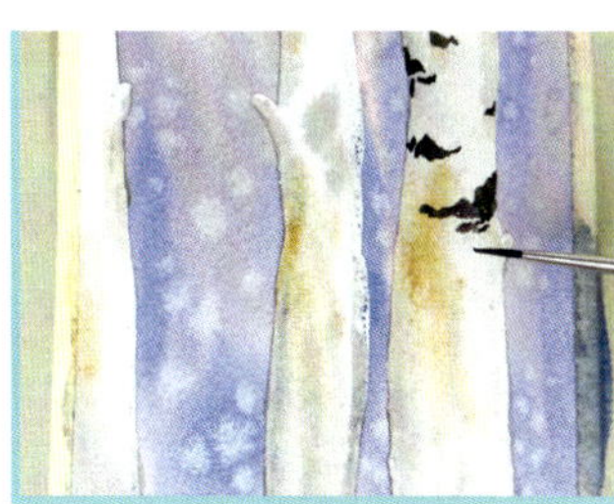

Seestern und Muscheln

☞ **Hinweis**

» Arbeitest du mit der Salztechnik, achte genau darauf, wie schnell deine Farbe antrocknet. Ist sie erst einmal angetrocknet, kann das Salz dem Papier keine Farbe mehr entziehen.

Mit grobem Meersalz lassen sich viele spannende Effekte erzielen, die du in deine Motive einbauen kannst. Hier verleiht das Salz dem Blauton des Hintergrunds eine meeresähnliche Anmutung, passend zum Seestern und den Muscheln.

Material 

Schwierigkeitsgrad

Format

14 x 23 cm

- Aquarellfarbe in Indigo, Kadmiumorange, Goldocker, Umbra
- Aquarellpapier, ideal zu 100% aus Baumwolle
- Rundpinsel Gr. 4, 1
- Bleistift
- Klebeband

Vorlage

In der Digibib

1 Zeichne auf dein Aquarellpapier untereinander mit einem Bleistift einen Seestern und zwei Muscheln oder übertrage die Vorlage. Klebe dein Papier mit Klebeband auf deinen Maluntergrund. Streiche den Hintergrund satt mit Indigo ein und spare dabei die Formen des Seesterns und der Muscheln aus. Die Farbe muss nicht gleichmäßig verteilt sein, sie kann ruhig an einigen Stellen heller und dunkler sein. Gib nun grobes Meersalz auf die noch feuchte Farbe.

2 Lasse den Hintergrund länger als gewohnt trocknen, damit auch die Salzkörner komplett trocken sind. Ideal sind zwei bis drei Stunden. Streiche dann vorsichtig das Salz von deinem Papier. Male den Seestern mit einem hellen, wässrigen Orange und die Muscheln jeweils nass in nass mit hellem Ocker und Umbra. Achte dabei auf Licht- und Schattenbereiche.

3 Widme dich nun den Details und setze mit deinem feinen Pinsel Punkte und Linien auf Seestern und Muscheln.

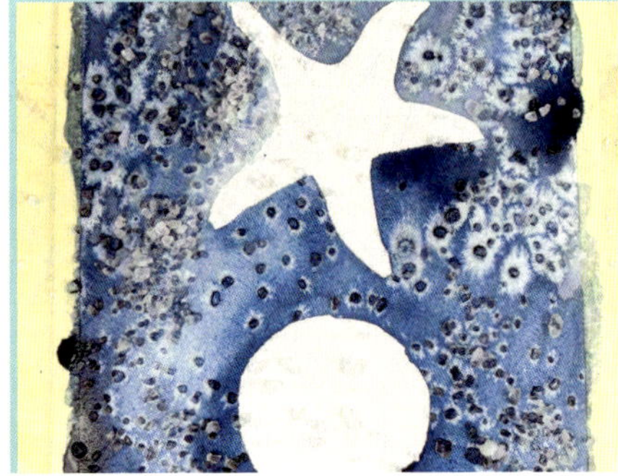

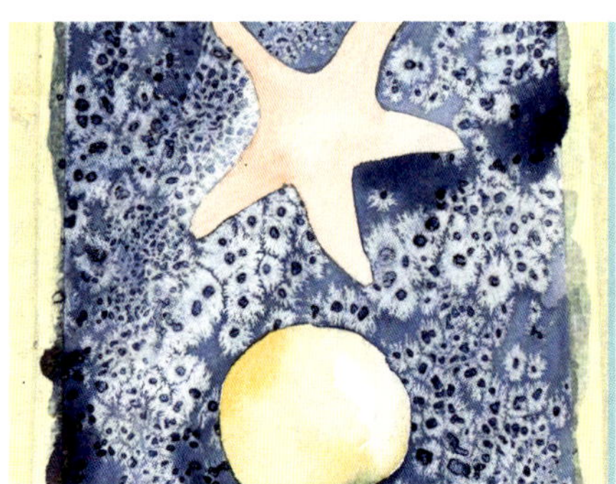

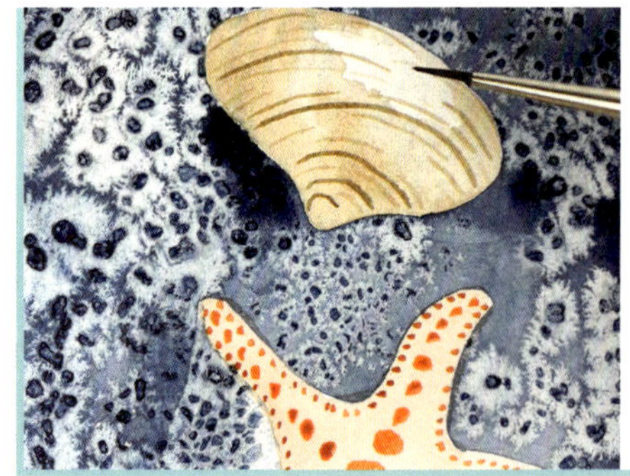

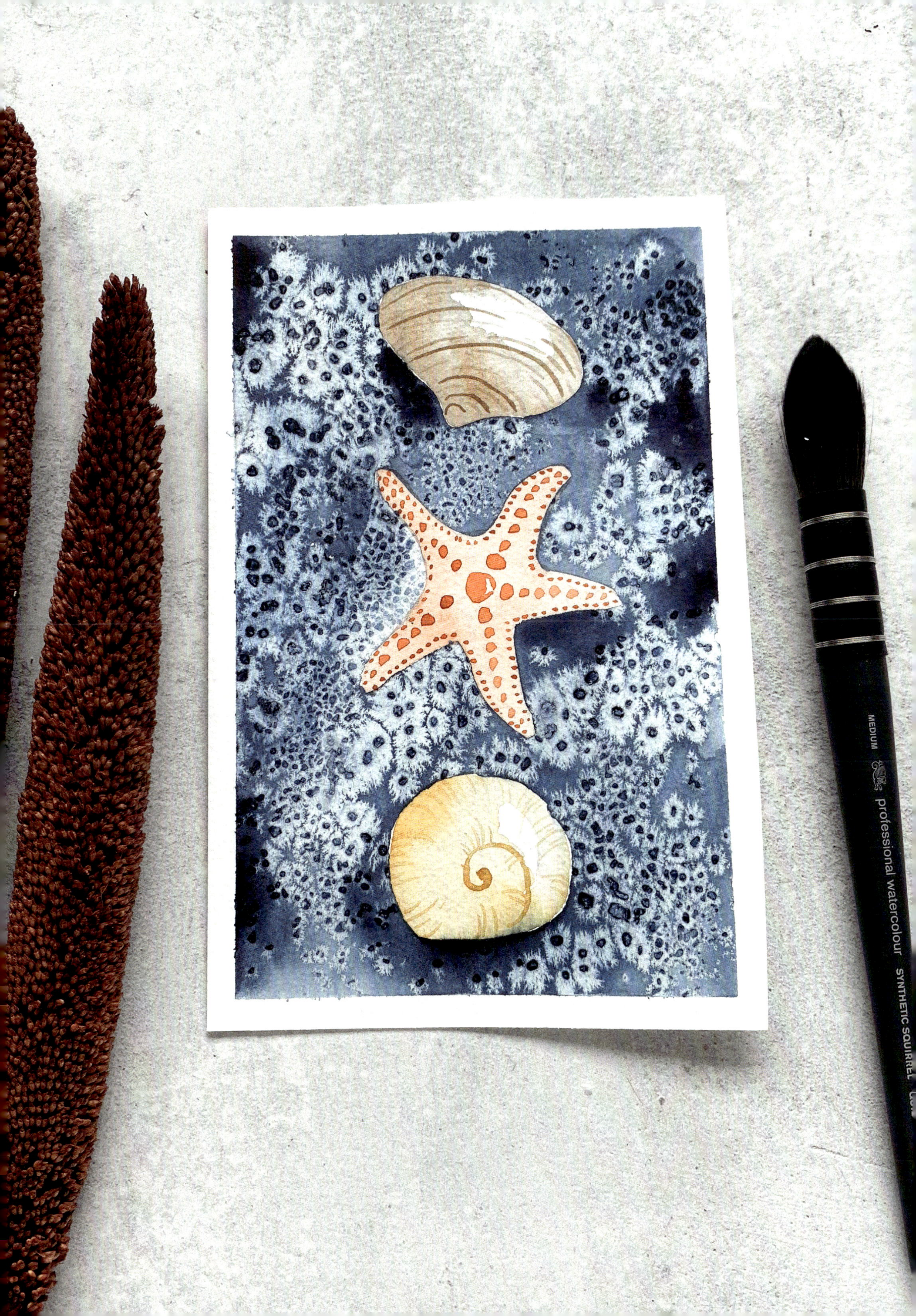

MEDIUM
professional watercolour
SYNTHETIC SQUIRREL

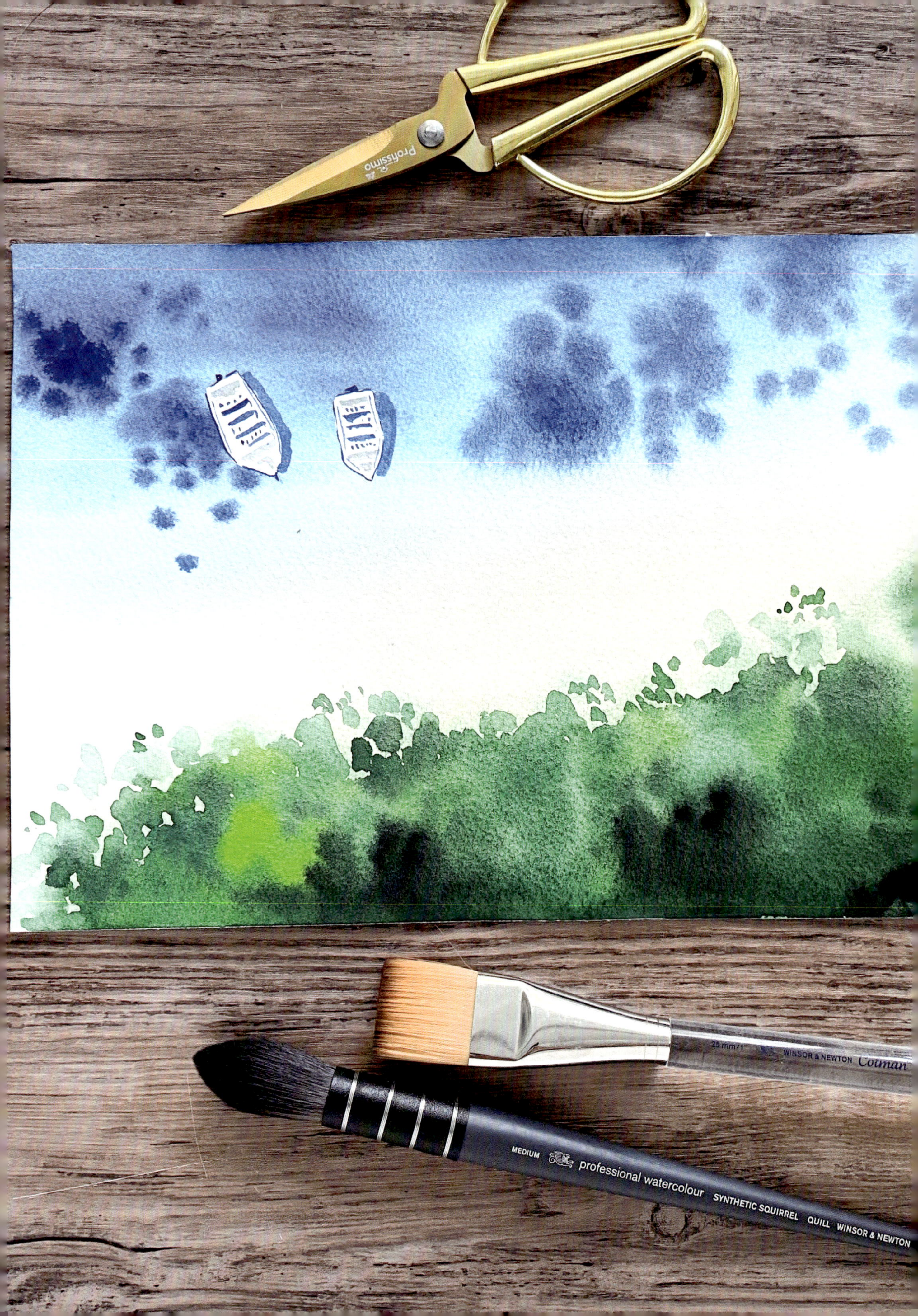
25 mm/1
WINSOR & NEWTON Cotman
MEDIUM
professional watercolour
SYNTHETIC SQUIRREL
QUILL
WINSOR & NEWTON

Tropischer Strand

Ein Motiv, das unter Garantie Fernweh erzeugt! Die kleinen Boote des Motivs werden mit Rubbelkrepp ausgespart und erst am Schluss mit Details versehen. Anhand dieses Urlaubsmotivs lässt sich die Technik der Lavierung ideal üben.

1 Zeichne mit einem Bleistift die Formen zweier Boote auf dein Aquarellpapier. Trage die Maskierflüssigkeit auf die vorgezeichneten Boote auf und lasse alles etwa 15 Minuten trocknen.

2 Nun kannst du mit dem Farbverlauf starten. Streiche dein Papier gleichmäßig mit klarem Wasser ein. Beginne oben mit Kobalttürkis und gestalte einen Farbverlauf hin zu wässrigem Goldbraun. Arbeite in das Türkis am Papierrand Kobaltblau ein. Auf den unteren Teil tupfst du mit einem großen Rundpinsel grüne Flächen auf.

3 Mische in deiner Mischpalette Kobalttürkis mit etwa Indigo. Tupfe mit dieser Mischung – während dein Blatt noch feucht ist – dunkelblaue Bereiche. Lasse anschließend alles gut trocknen.

4 Rubbel mit dem Finger oder einem Radiergummi die Maskierflüssigkeit vorsichtig von deinem Papier. Nun kannst du mit einem feinen Pinsel Details zu deinen Booten hinzufügen. Dunkle anschließend Hookersgrün mit Indigo ab und gib damit dem Waldstück deines tropischen Strands noch mehr Tiefe.

Material 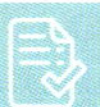

Schwierigkeitsgrad

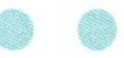

Format
17 x 12 cm

- Aquarellfarbe in Goldbraun, Kobalttürkis, Kobaltblau, Hookersgrün, Indigo
- Aquarellpapier, ideal zu 100% aus Baumwolle
- Flachpinsel Gr. 19 mm
- Rundpinsel Gr. 8, 4, 1
- Maskierflüssigkeit
- Bleistift

Technik
Seite 46, 67

Tipps & Tricks 

+ Da die Maskierflüssigkeit die Pinselfasern angreifen können, solltest du das Rubbelkrepp entweder mit einem Silikonpinsel auftragen oder deinen Pinsel vorher in ein Spülmittel-Wasser-Gemisch eintauchen.

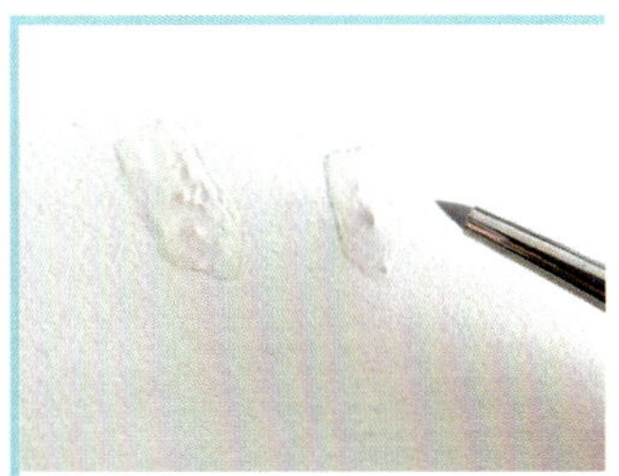

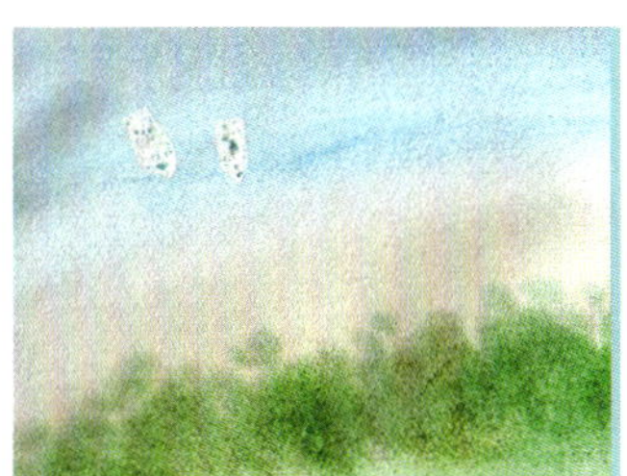

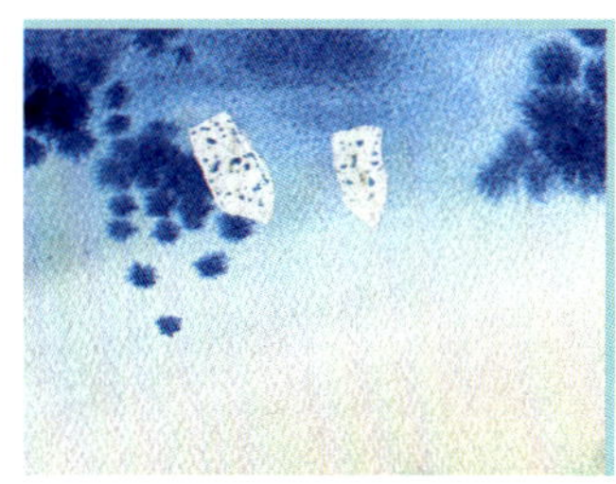

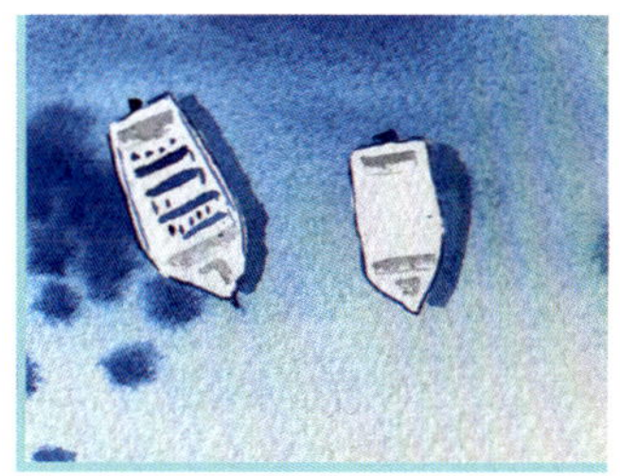

Sonnenuntergang

Sonnenuntergänge können im Aquarell manchmal einfacher aussehen, als sie tatsächlich zu malen sind. Das Geheimnis liegt hier in den Farbverläufen. Vor allem ist aber Schnelligkeit gefragt, da angetrocknete Bereiche auf dem Papier ungewollte Wasserflecken entstehen lassen können. Hier übst du Schritt für Schritt – für ein optimales Ergebnis.

Material 

Schwierigkeitsgrad

Format

DIN A5

- Aquarellfarbe in Kadmiumgelb, Winsor Rot, Ultramarinblau, Paynesgrau
- Aquarellpapier, ideal zu 100% aus Baumwolle
- Flachpinsel Gr. 19 mm
- Rundpinsel Gr. 4, 6
- Bleistift
- Klebeband

Vorlage

In der Digibib

1 Klebe dein Aquarellpapier an allen vier Seiten mit Klebeband auf deinen Maluntergrund auf. Übertrage die Vorlage aus der Digitalen Bibliothek mit Bleistift auf dein Papier. Starte nun damit, dein Papier gleichmäßig mit dem Flachpinsel und klarem Wasser einzustreichen. Male ungefähr in die Mitte deines Blattes mit Gelb einen Kreis. Füge auf dem unteren Teil deines Blattes Rot hinzu. Auf den oberen Teil kannst du Blau geben und kurz mit dem Gelb in der Mitte verblenden. Gut trocknen lassen.

2 Mische in deiner Mischpalette aus Kadmiumgelb und Winsor Rot ein Orangerot, in das du viel Wasser beimengst. Beginne nun damit, die Wolken zu malen. Ziehe mit dem Rundpinsel in Gr. 4 waagerechte Striche, auf die du bergartige Erhebungen setzt.

3 Nachdem die erste Schicht gut getrocknet ist, malst du mit dem Orangerot auf den unteren Bereich der Wolken einen Schatten.

4 Wenn du magst, vervollständige dein Motiv mit einer Silhouette im Vordergrund aus Hügeln, Büschen und einem Baum. Verwende zum Malen Paynesgrau.

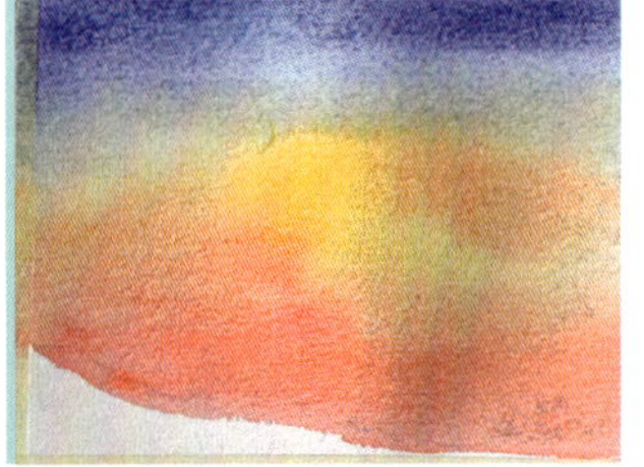

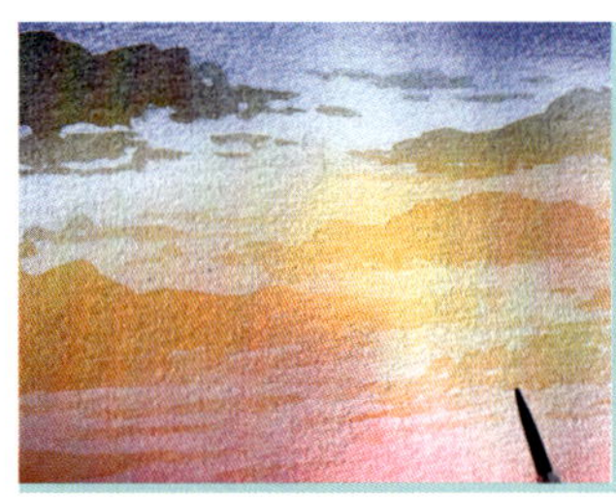

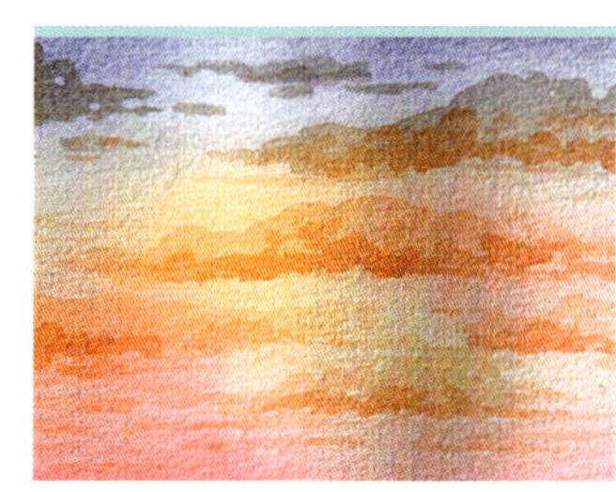

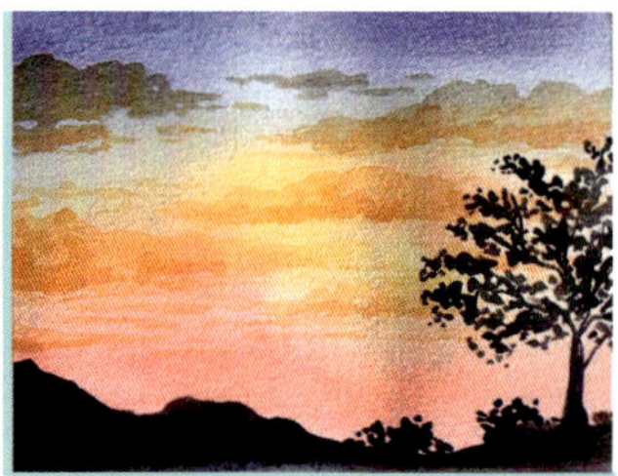

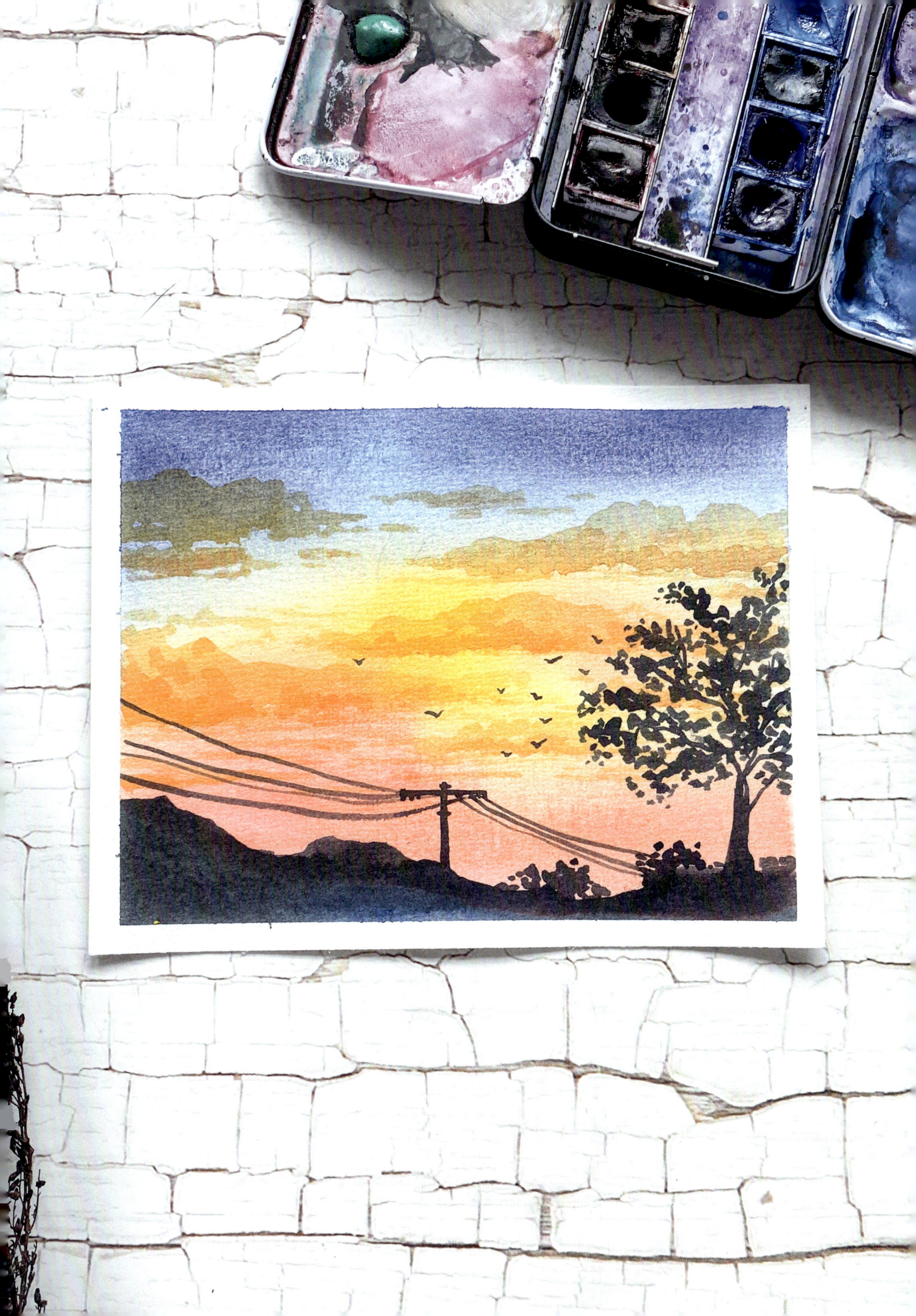

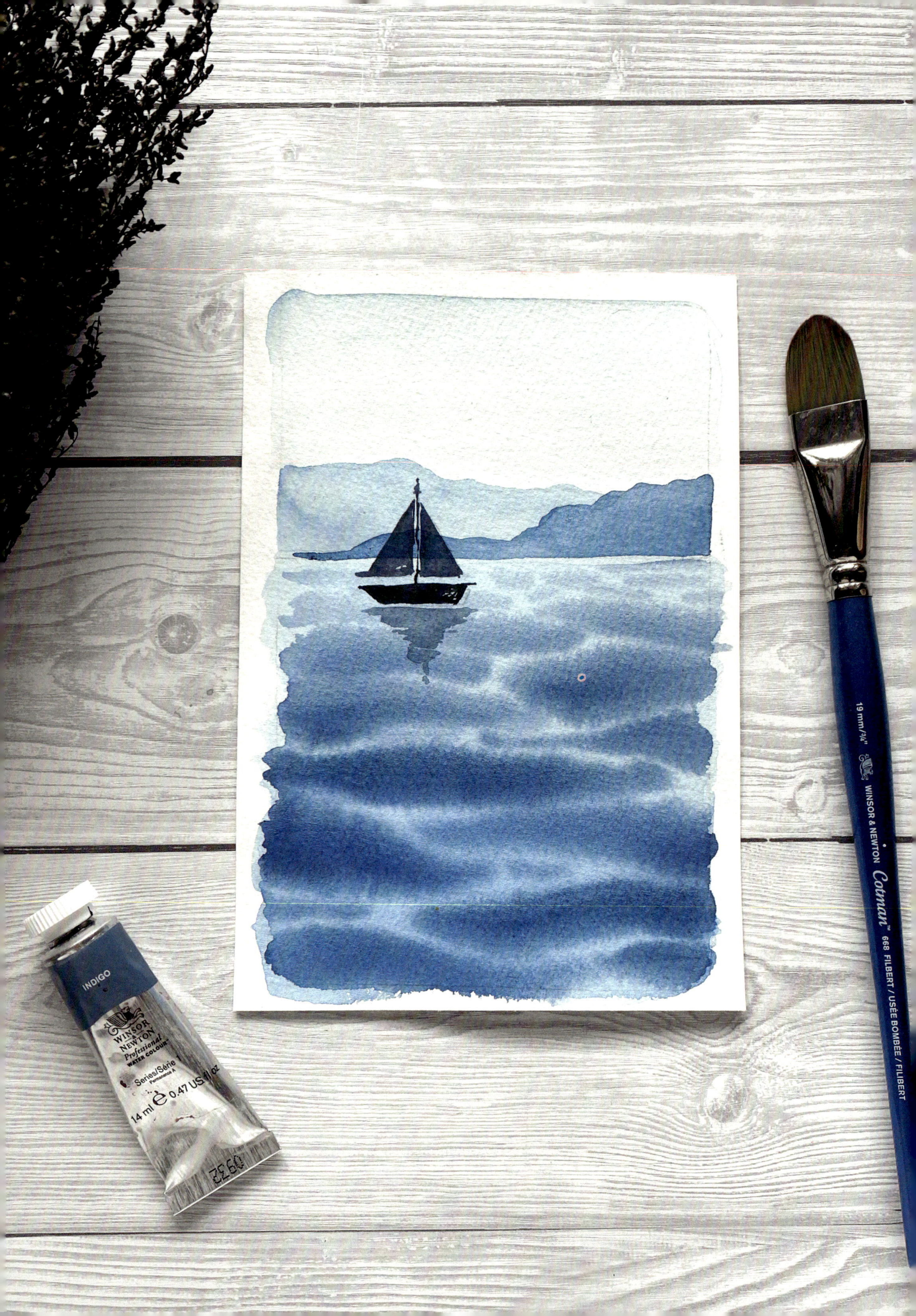
INDIGO
WINSOR & NEWTON
Professional
WATER COLOUR
14 ml ℮ 0.47 US fl oz
19 mm/¾"
WINSOR & NEWTON Cotman
668 FILBERT / USÉE BOMBÉE / FILBERT

Segelboot

Dieses Ton-in-Ton-Motiv ist ein ideales Tonwert-Training. Auch wenn du mit verschiedenen Aquarell-Blautönen arbeitest, ist es wichtig, für das gewünschte Ergebnis ganz unterschiedliche Tonwerte anzumischen.

1 Zeichne mit Bleistift deinen Horizont und die Berge im Hintergrund auf dein Aquarellpapier. Trage mit deinem Flachpinsel wässriges Coelinblau auf den Himmel auf. Male das Wasser mit Kobaltblau und achte darauf, den Tonwert der Farbe im Vordergrund etwas dunkler anzumischen. Gib dann mehr Wasser zu deiner Farbe, damit sie nach oben hin, also in die Ferne, heller wird.

2 Ist der Farbauftrag von Himmel und Meer gut getrocknet, kannst du die Berge in zwei verschiedenen Helligkeitsabstufungen malen. Verwende dafür Kobaltblau mit einer kleinen Menge Indigo. Lasse alles erneut trocknen.

3 Streiche die blaue Farbfläche des Meeres auf deinem Papier mit dem Flachpinsel und klarem Wasser gleichmäßig ein. Mische Kobaltblau und Indigo und male in die noch feuchte Fläche unterschiedlich große Wellen. Die Wellen sind im Vordergrund dunkler und werden zu den Bergen hin heller. Lasse wieder alles gut trocknen.

4 Zeichne mit Bleistift die Silhouette eines Segelboots ein und male sie mit Indigo nach. Nimm dafür am besten deinen feinen Pinsel. Setze mit etwas mehr verdünntem Indigo noch einen Schatten unter das Segelboot.

Material 

Schwierigkeitsgrad

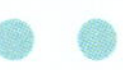

Format

DIN A5

- Aquarellfarbe in Coelinblau, Kobaltblau, Indigo
- Aquarellpapier, ideal zu 100% aus Baumwolle
- Flachpinsel Gr. 19 mm
- Rundpinsel Gr. 1, 4
- Bleistift

Technik

Seite 43

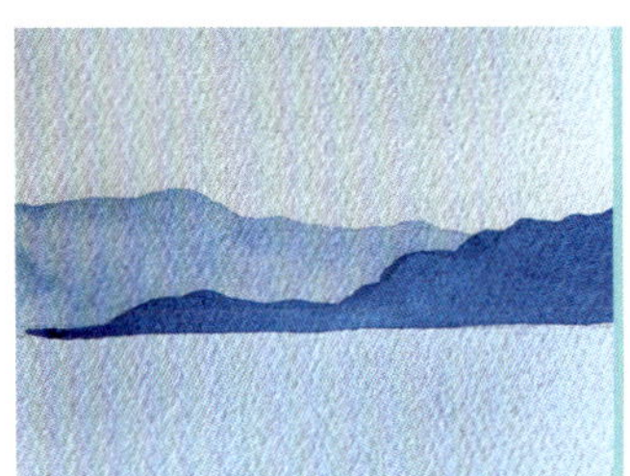

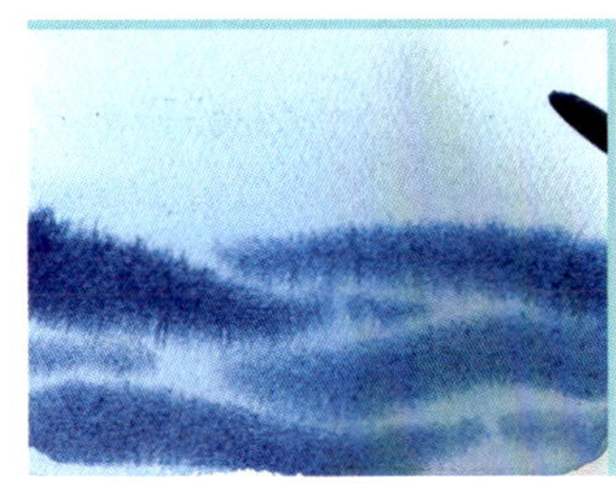

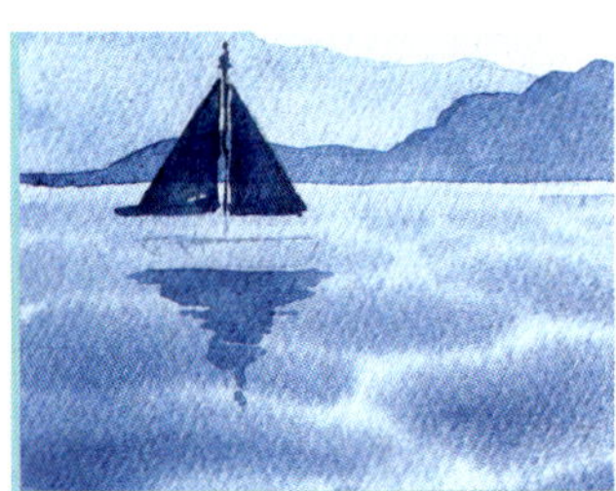

Galaxie

Tipps & Tricks

✦ Galaxien kannst du in den verschiedensten Farbtönen entstehen lassen. Probiere hierfür gern deine Lieblingsfarbtöne aus und kombiniere nach Lust und Laune.

Ferne Sternenwelten haben für viele Menschen etwas Magisches. Mit Aquarellfarbe und der richtigen Technik sind sie schnell auf dein Papier gezaubert. Kombiniere für deine Galaxie die Nass-in-nass-Technik, Lasur und Spritztechnik.

Material

Schwierigkeitsgrad

Format

DIN A5

- Aquarellfarbe in Magenta, Kobaltblau, Indigo
- Flachpinsel Gr. 19 mm
- Rundpinsel Gr. 8
- Gouachefarbe in Weiß
- Klebeband

Technik

Seite 46, 57, 61

1 Klebe dein Aquarellpapier an allen vier Seiten mit Klebeband auf deinen Maluntergrund, damit es sich beim Arbeiten mit wässriger Farbe nicht wellt. Streiche dein Papier gleichmäßig mit deinem Flachpinsel und klarem Wasser ein. Setze anschließend mit Magenta hellere und dunklere rote Bereiche auf dein Papier.

2 Trage, während das Papier noch feucht ist, Kobaltblau vor allem auf die Außenränder deines Motivs auf. Kreiere zwei Farbinseln auf deinem Papier, in denen das Magentarot ausgespart bleibt.

3 Solltest du Farbübergänge haben, die nicht komplett ineinander verlaufen und dir zu hart erscheinen, kannst du folgendes tun: Wasche deinen Rundpinsel komplett aus und trockne ihn an deinem Mallappen ab. Streiche nun mit dem ganz leicht feuchten Pinsel sanft über die Übergänge und verblende sie. Lasse alles gut trocknen.

4 Nimm mit deinem Pinsel klares Wasser auf und befeuchte erneut nur die blauen Farbflächen. Gib nun in Teile der nassen Bereiche den Farbton Indigo. Lasse alles wieder trocknen. Mit dünnflüssiger, weißer Gouachfarbe und einem Pinsel kannst du zum Schluss kleine und große Farbsprenkel als Sterne hinzufügen.

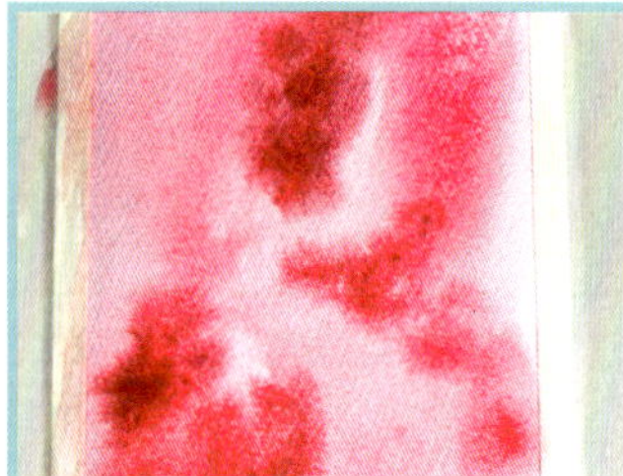

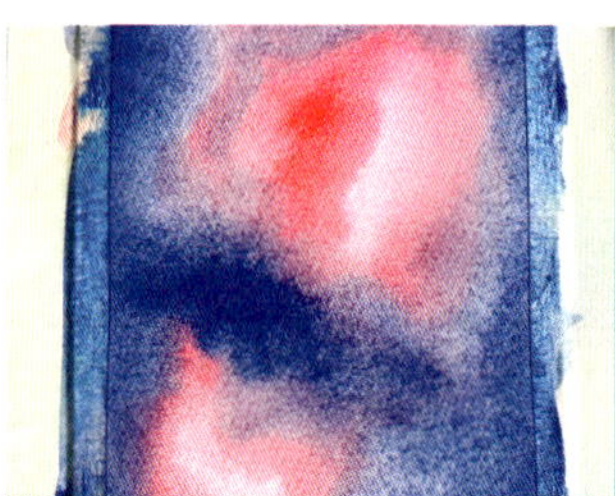

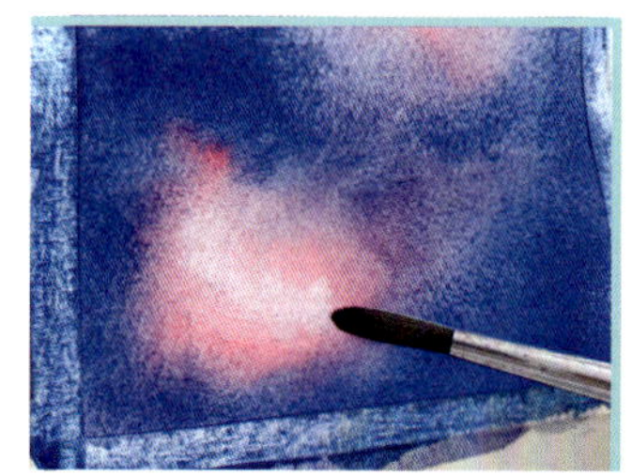

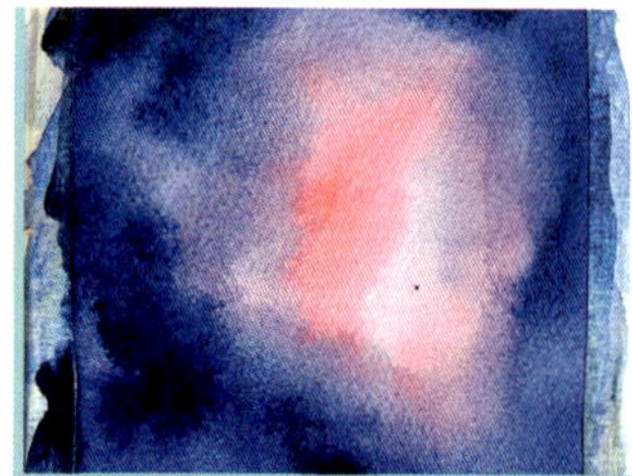

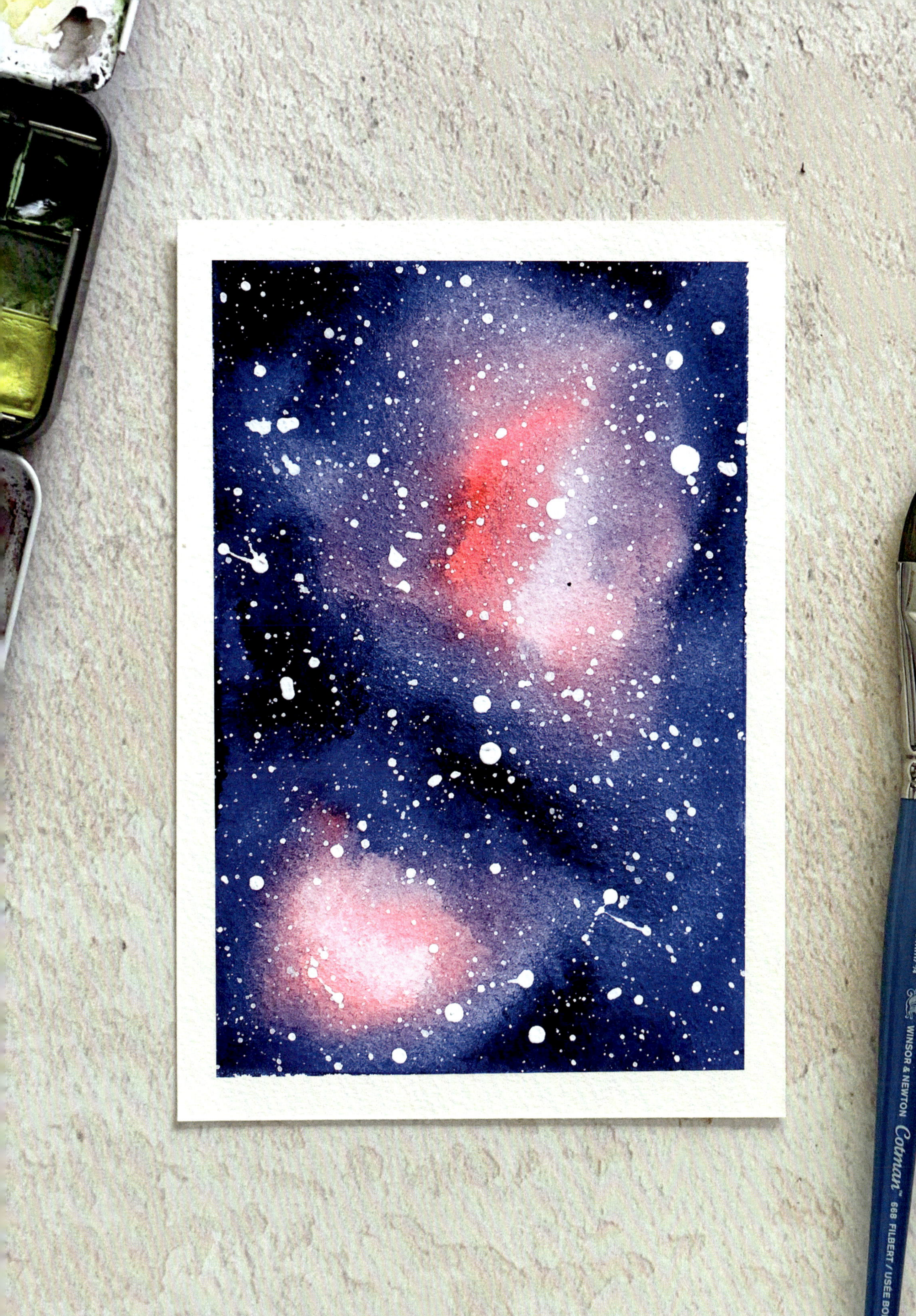
WINSOR & NEWTON
Cotman

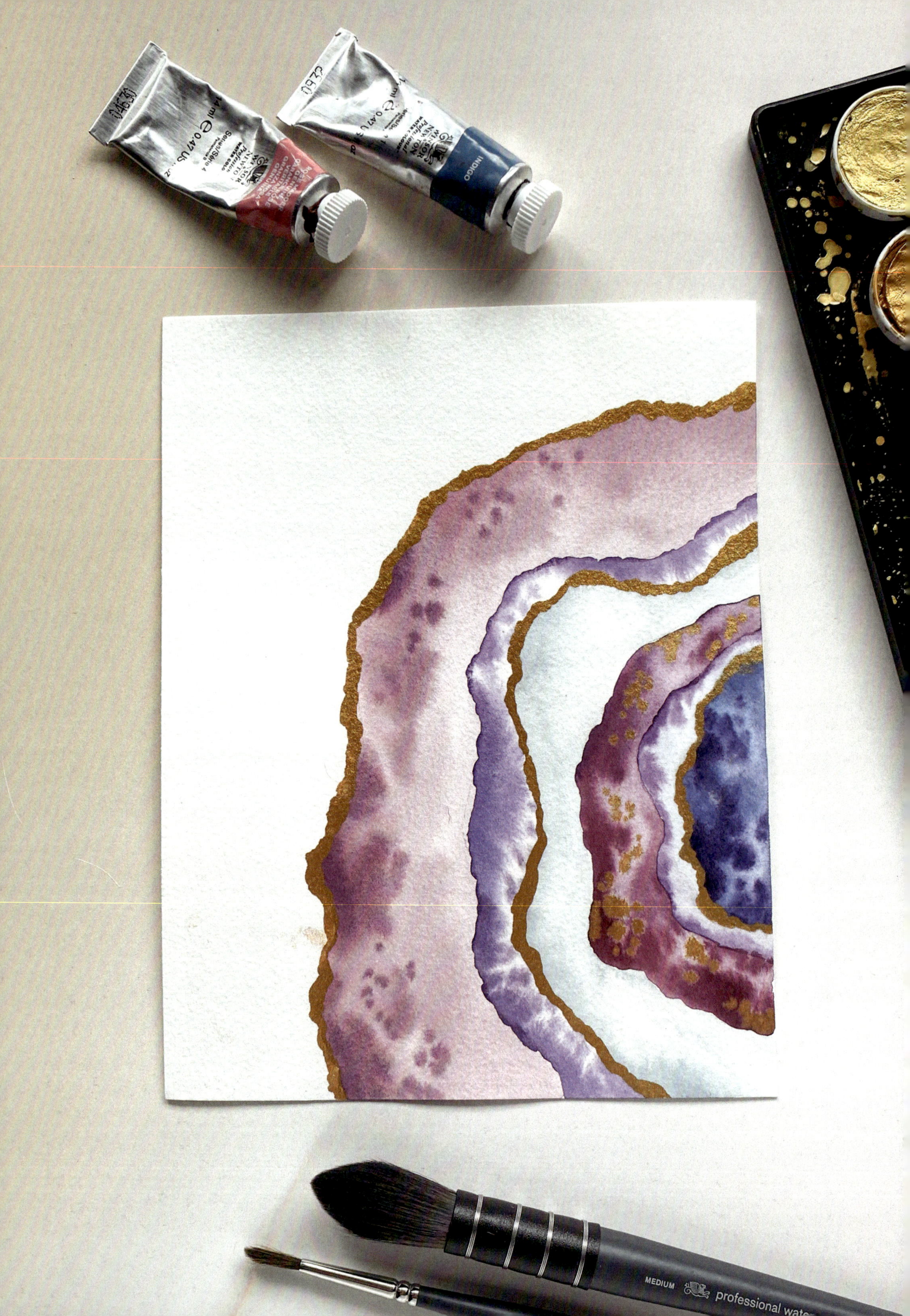
INDIGO
MEDIUM
professional

Geode

Unter einer Geode versteht man den Hohlraum in einem Gestein - ein abstraktes Motiv, an dem du prima die Verteilung der Tonwerte üben kannst. Die verschiedenen Helligkeitsabstufungen der unterschiedlichen Farbtöne wirken dabei besonders ansprechend. Goldene Akzente mit metallischer Aquarellfarbe geben dem Bild einen edlen Look.

1 Du malst von der Geode nur einen Teil im Anschnitt, nicht das ganze Motiv. Übertrage die Vorlage mit Bleistift auf dein Aquarellpapier. Streiche anschließend die äußere Fläche mit klarem Wasser ein und gib in die noch feuchte Farbe ein Rotviolett. Lasse diese Farbschicht antrocknen und wiederhole den Vorgang mit dem nächsten Abschnitt. Verwende diesmal die Farbe Violett.

2 Male weitere Abschnitte in verschiedenen Farbtönen aus. Setze in einen der Abschnitte in die noch feuchte Farbe mit deiner goldenen Aquarellfarbe einzelne Pinselkleckse.

3 Arbeite mit verschiedenen Tonwerten und verschiedenen Farbintensitäten weiter. Einige Bereiche sollten heller, einige dunkler werden. Setze an einigen Grenzbereichen mit deinem Pinsel Gr. 2 einen goldenen Farbrand.

Material 

Schwierigkeitsgrad

Format

DIN A5

- Aquarellfarbe in Alizarin Karmesin, Winsor Violett, Indigo
- Metallic Aquarellfarbe in Gold
- Aquarellpapier
- Rundpinsel Gr. 6, 2
- Bleistift

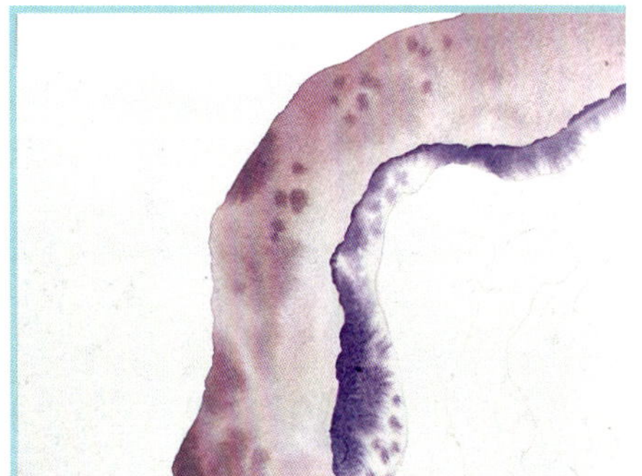

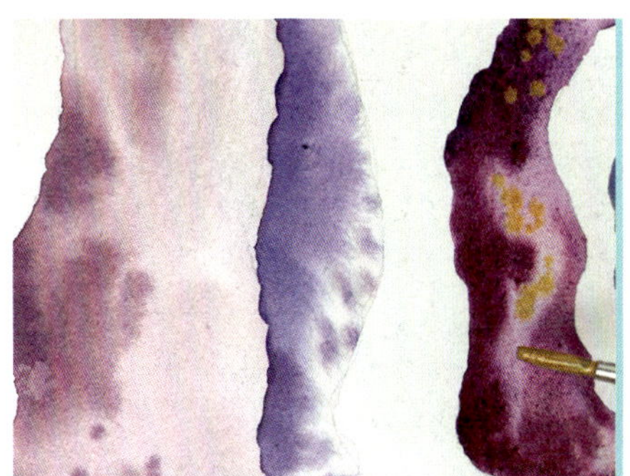

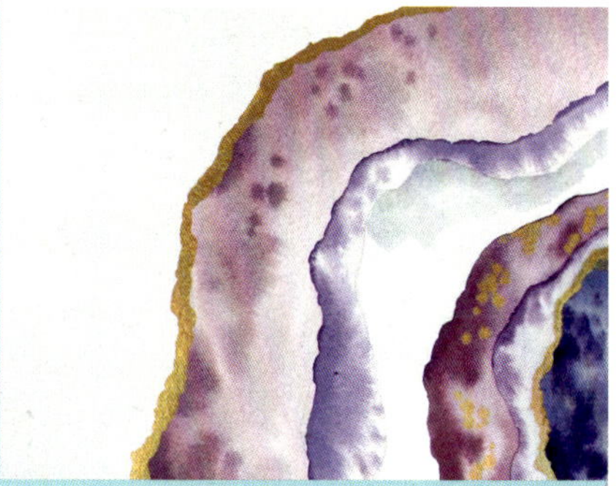

Fliesen

Tipps & Tricks

✦ Solltest du keinen quadratischen Block mit Aquarellpapier zuhause haben, kannst du dein Papier mit einem Hebelschneider ganz leicht zurechtschneiden.

Bei diesem Motiv handelt es sich nicht nur um exotische Urlaubserinnerungen, die du festhalten kannst. Das Erstellen und Ausmalen solch kleiner und feiner Elemente schult deinen Umgang mit feinen Pinseln und kann deinen Geist in einen entspannten Kreativ-Modus versetzen. Inspirationen zu dekorativen Fliesen findest du vor allem in portugiesischen, mexikanischen und marokkanischen Stadtbildern.

Material

Schwierigkeitsgrad

Format
10 x 10 cm

- Aquarellfarbe in Indigo, Kadmiumgelb
- Aquarellpapier
- Rundpinsel Gr. 2
- Bleistift, Knetradiergummi

Vorlage
In der Digibib

1 Übertrage die Fliesenvorlage mit einem Bleistift auf dein quadratisches Aquarellpapier. Helle deine Bleistiftstriche mit einem knetbaren Radiergummi etwas auf. Viele Fliesenmuster sind symmetrisch aufgebaut. Achte darauf, wenn du eigene Fliesenmuster vorzeichnest.

2 Starte mit dem Farbton Gelb und male etwa ein Viertel der kleinen Elemente auf den Fliesen aus. Dabei kannst du mit deinem feinen Rundpinsel in Gr. 2 deine Fingerfertigkeit üben.

3 Male nun den Rest der Flächen mit Indigo aus. Hier kannst du in den verschiedenen Helligkeitsstufen variieren. Arbeitest du noch Farbverläufe innerhalb deiner blauen Flächen ein, entsteht ein ansprechendes Gesamtbild.

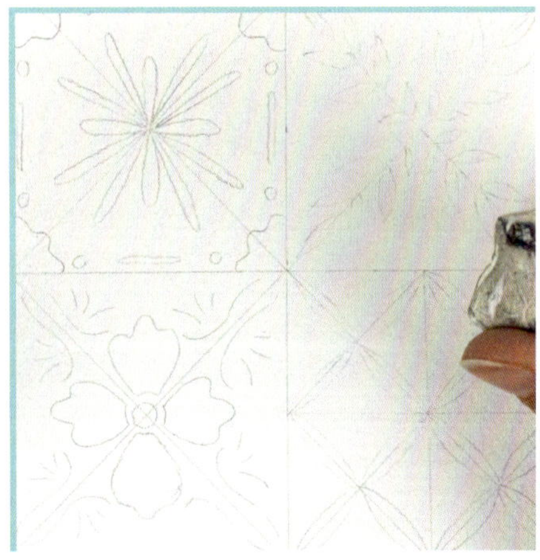

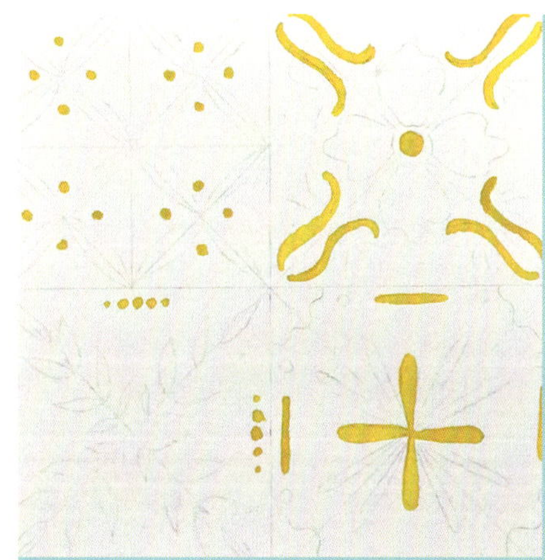

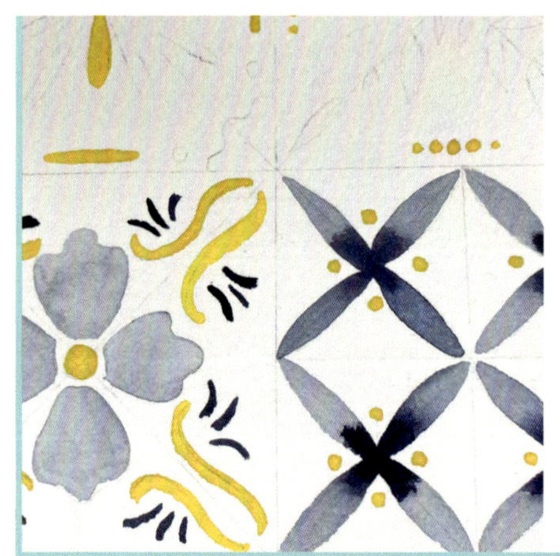

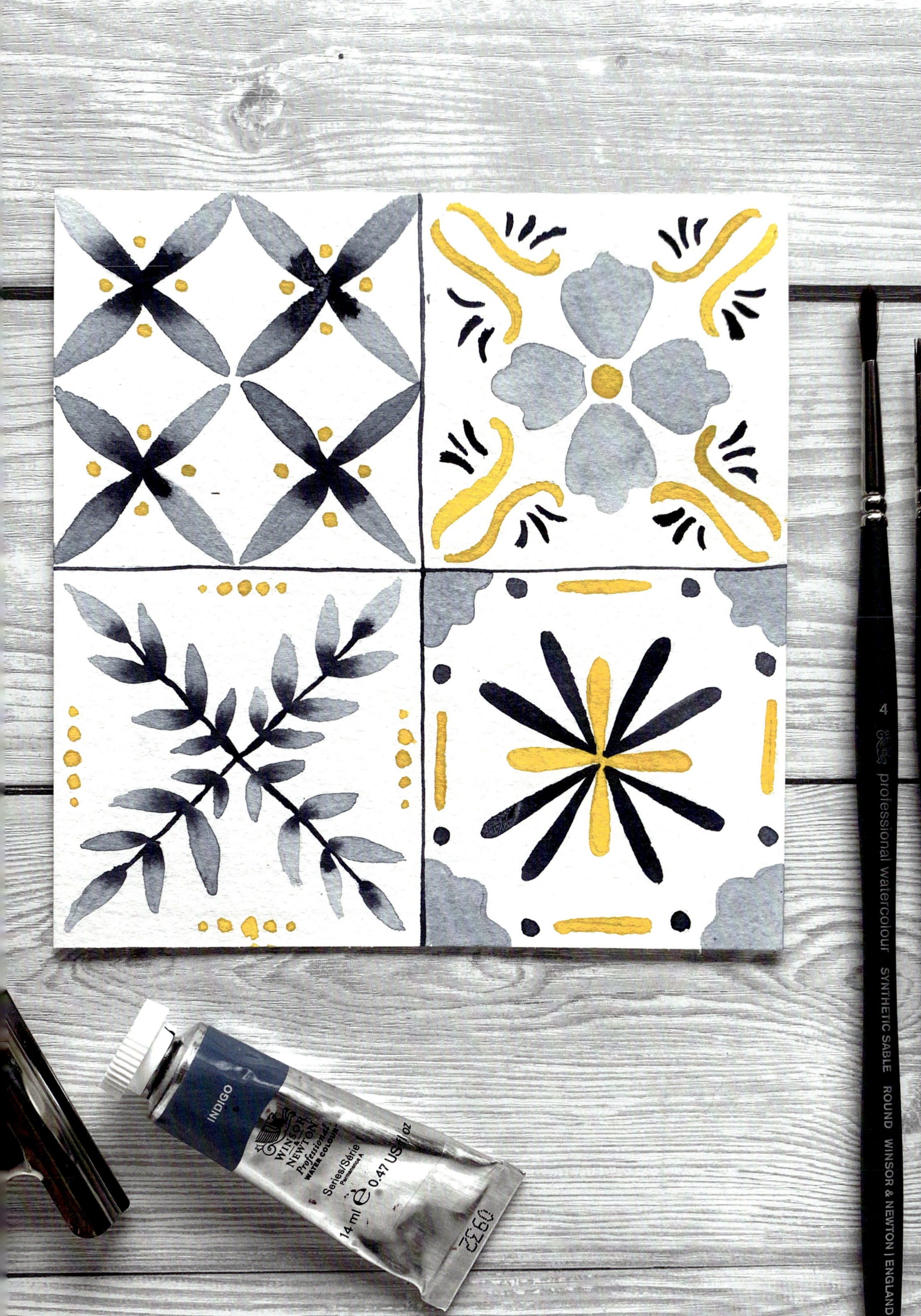
4
professional watercolour
SYNTHETIC SABLE
ROUND
WINSOR & NEWTON | ENGLAND
INDIGO
WINSOR & NEWTON
Professional
WATER COLOUR
14 ml

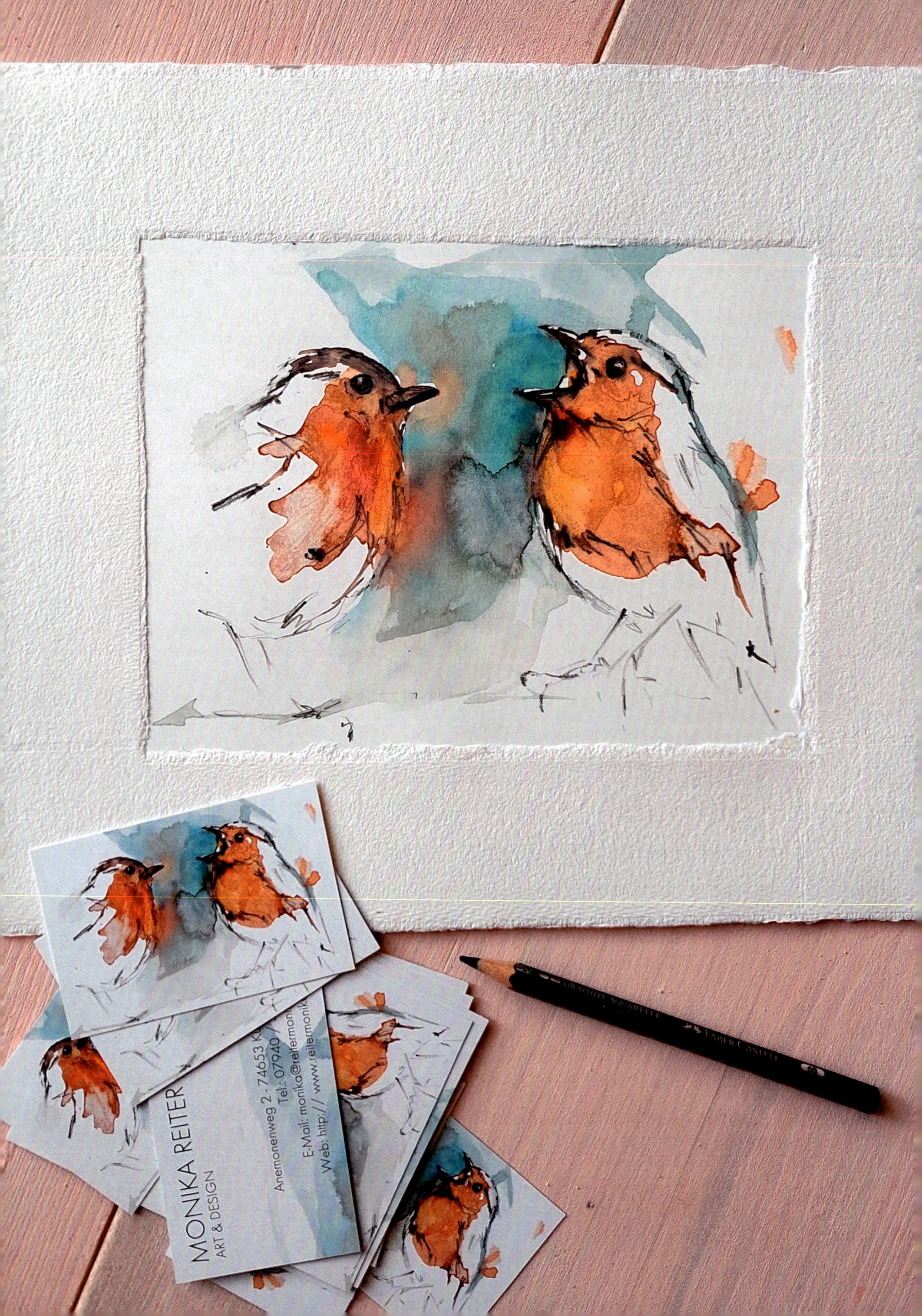
MONIKA REITER
ART & DESIGN
Anemonenweg 2 · 74653
Tel.: 07940
E-Mail: monika@reitermon
Web: http:// www.reitermonik
GRAPHITE AQUARELLE
FABER-CASTELL

Rotkehlchen

Vögel sind ein beliebtes und für Aquarell besonders geeignetes Motiv. Die transparenten Farben bringen ihr hübsches, buntes Federkleid zum Leuchten, wie bei den beiden Rotkehlchen. Gelingt dir ein Motiv einmal besonders gut, kannst du es als Postkarte oder Visitenkarte drucken lassen.

1 Zeichne zwei Rotkehlchen auf dein Aquarellpapier oder übertrage die Vorlage mit dem Bleistift. Bringe kleine Farbpfützen in Mittelgelb und Magenta auf dein Papier und gestalte mit dem Palettmesser den ersten Vogelbrustfleck.

2 Beginne mit deinem Gaphitstift, noch in die nasse Farbe hinein, das Auge und den Schnabel zu zeichnen. Die Zeichnung muss den Farbfleck nicht exakt umrunden. Zeichne innerhalb und außerhalb des farbigen Bereichs weiter. Den linken Vogel ebenso gestalten.

3 Spachtele in den Zwischenraum zwischen den beiden Vögeln etwas wässriges Coelinblau und führe es mit dem dünnen Pinsel bis an die Schnäbel heran. .

Material 

Schwierigkeitsgrad

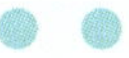

Format

20 x 15 cm

- Aquarellfarben in Magenta, Mittelgelb oder Orange, Coelinblau
- Aquarellkarton glatt, 300 g/m²
- Graphitbleistift, wasserlöslich, 6B
- Rundpinsel Gr. 6
- Palettmesser
- Büttenpassepartout

Technik

Seite 28, 65

Vorlage

In der Digibib

Hinweis 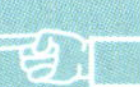

» Dieses Motiv lebt vom freien Umgang mit Zeichnung und Aquarellfarbe. Du darfst es deshalb ruhig ganz individuell und in deiner eigenen Handschrift gestalten.

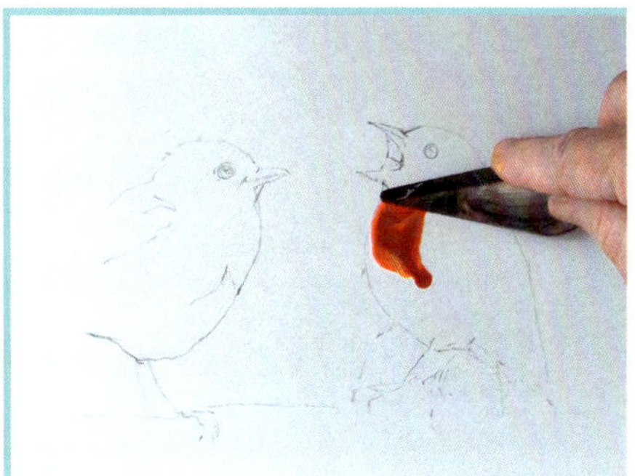

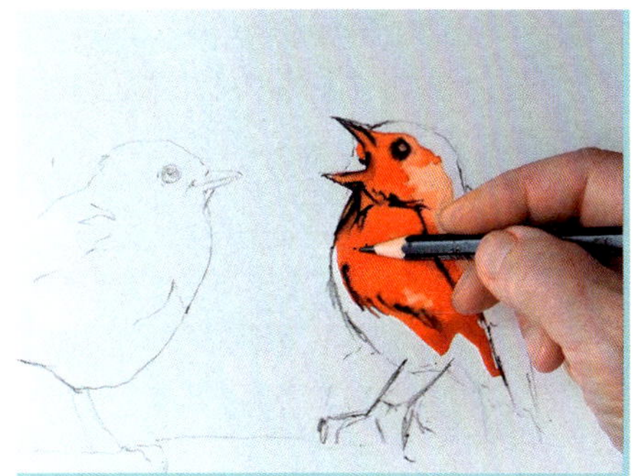

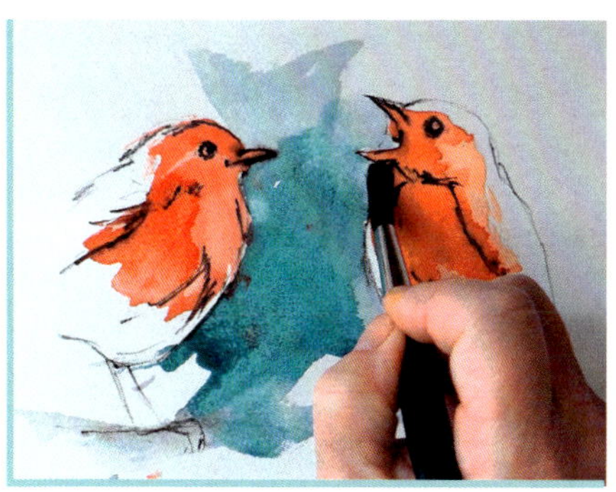

Urlaubsgruß

Wäre es nicht schön, ab jetzt selbst gemachte Postkartengrüße aus dem Urlaub zu verschicken? Dann dürfen Aquarellpostkartenblöcke und ein kleiner Reisefarbkasten in deinem Urlaubsgepäck nicht mehr fehlen. Freude und Dank der Zuhausegebliebenen sind dir sicher.

Material

Schwierigkeitsgrad

Format
Postkarte

- Aquarellfarben in Lasurbraun, Gelb, Kobaltblau, Ocker, Orange, Paynesgrau
- Aquarellblock im Postkartenformat
- Bleistift
- Rundpinsel Nr.

Technik
Seite 61

1 Lege eine hübsch geformte Muschel auf deine Postkarte. Sprenkle die Karte mit unterschiedlichsten Spitzern und Sprenkeln in Grau-, Braun- und Blautönen.

2 Umfahre die Form der Muschel mit deinem Bleistift und entferne sie dann. Zeichne in die noch weiße Fläche ganz leicht die Strukturen der Muschel ein. Male mit deinem Pinsel und wässrigem Paynesgrau Kern- und Schlagschatten auf.

3 Betone die Rillenstruktur deiner Muschel und verstärke sie mit Orange und Ocker farbig.

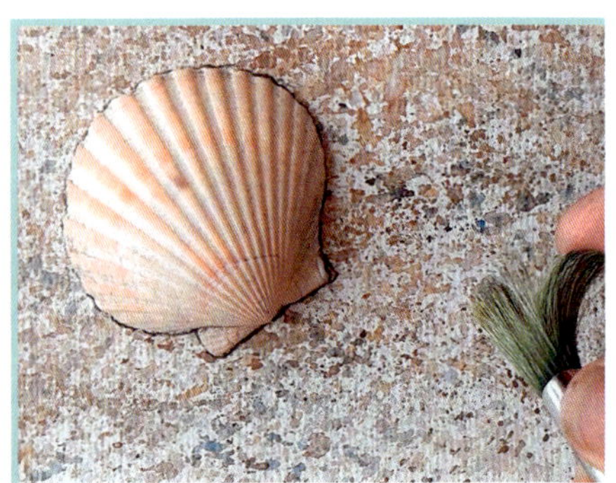

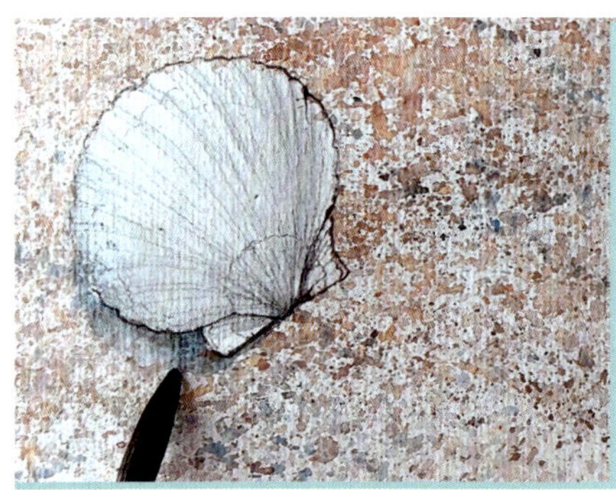

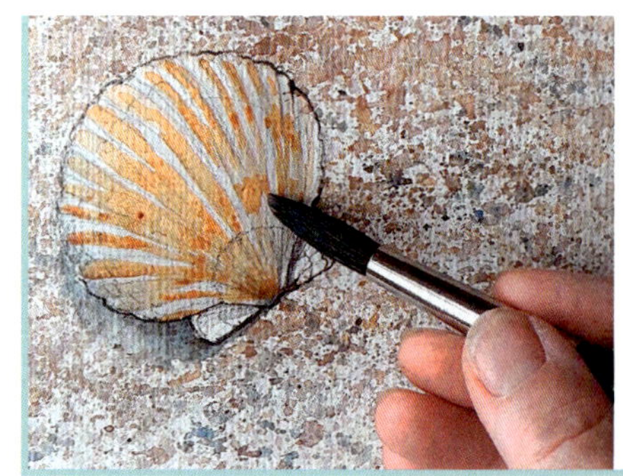

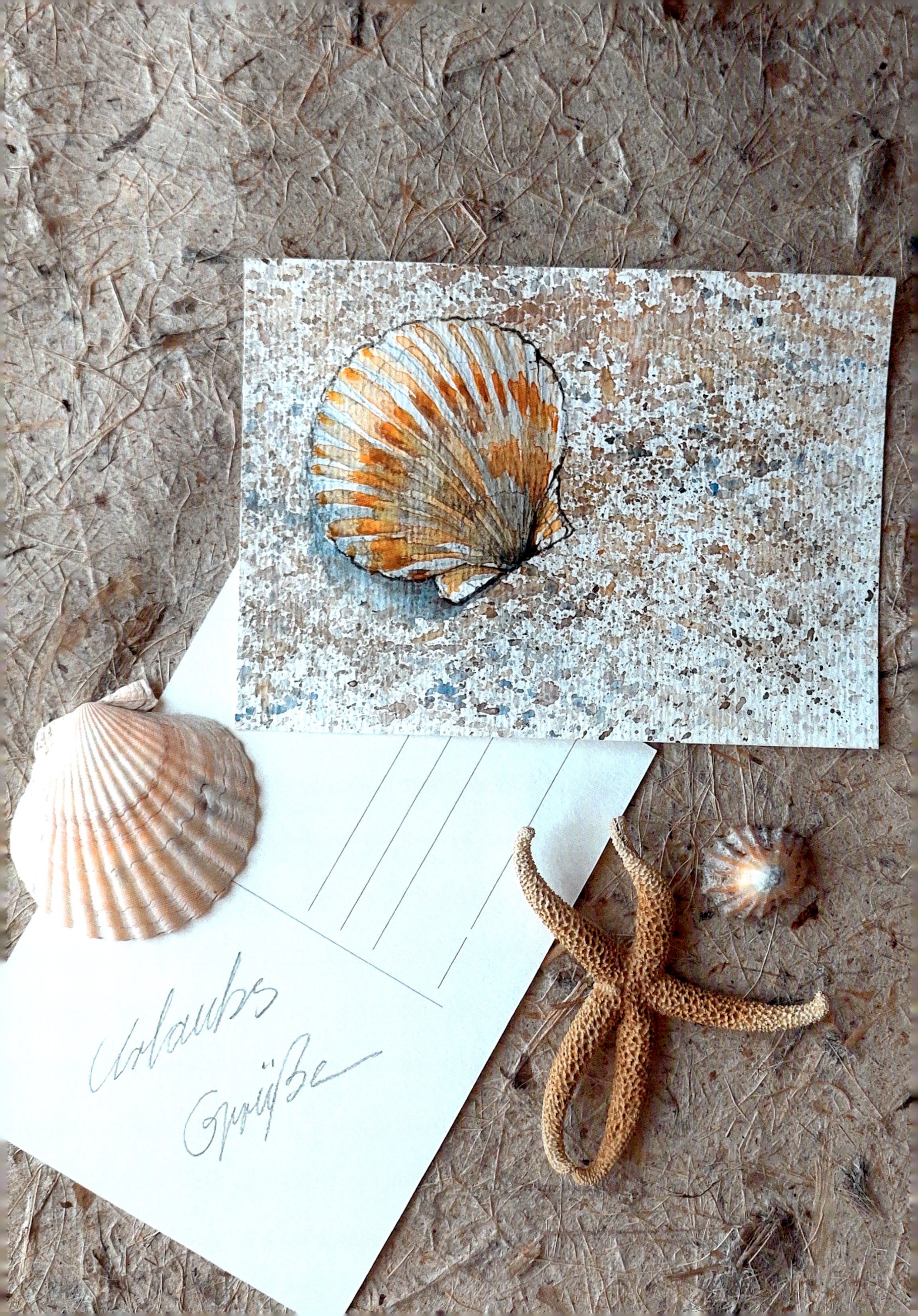
Urlaubs
Grüße

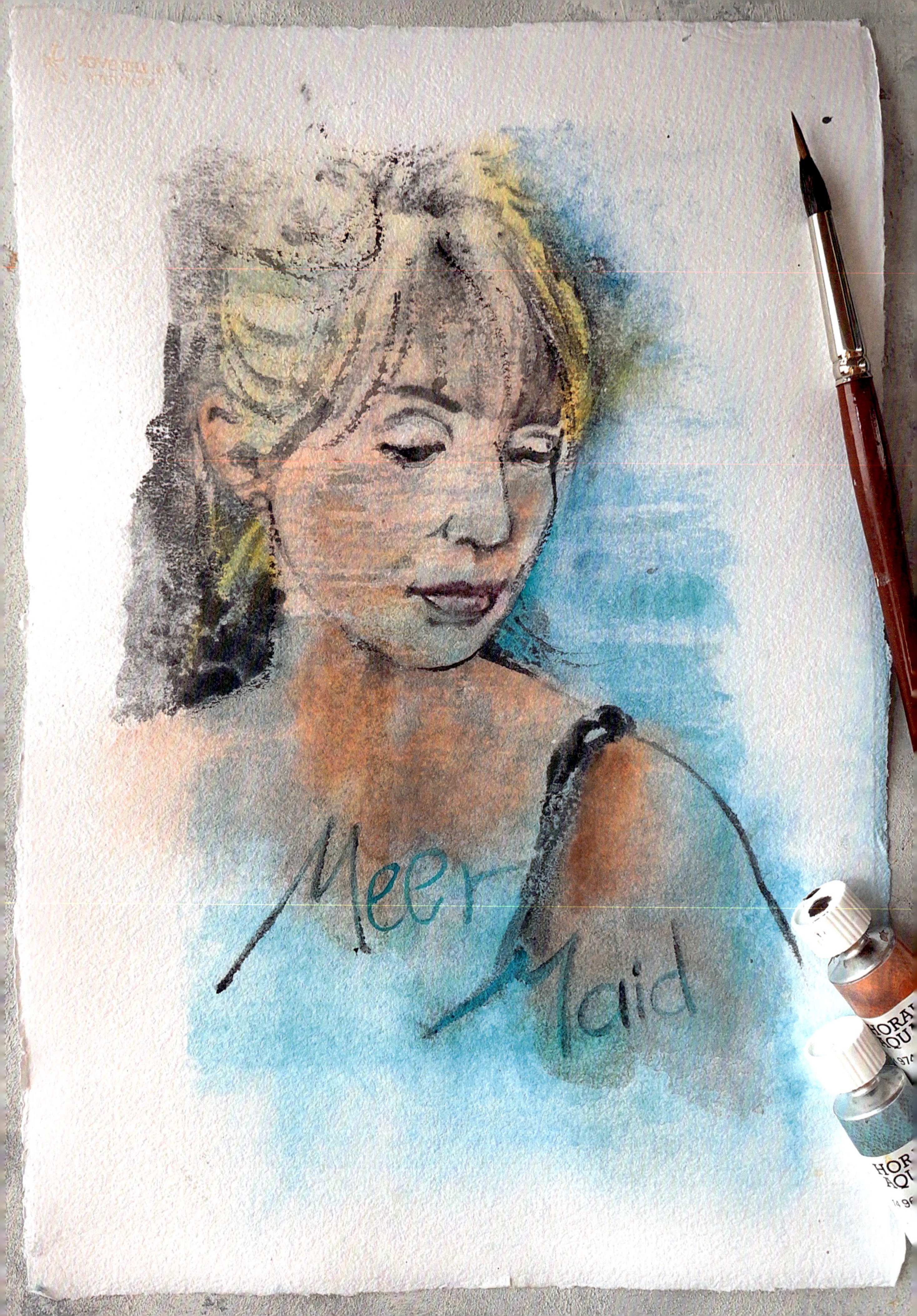
Meer
Maid

Meer Maid

So wird ein gemaltes Porträt zum Kinderspiel! Bei dieser Technik arbeitest du einen zuvor durchgepausten Abdruck auf Aquarellpapier weiter aus und lässt ein interessantes Porträt entstehen.

1 Raue die Oberfläche der Kunststoffplatte zunächst mit dem Schleifschwamm an. Lege anschließend deine Vorlage, zum Beispiel ein Foto, unter die Kunststoffplatte. Male nun deine Vorlage mit Aquarellmarkern oder einem feinen Pinsel und Aquarellfarbe auf der Platte nach.

2 Lege nach dem Trocknen ein mit dem Schwämmchen angefeuchtetes Aquarellpapier über die Platte und fertige einen Druck an. Gestalte den Abdruck gleich mit Farbe. Das Gletscherblau verläuft noch etwas auf dem nassen Grund.

3 Färbe das Gesicht mit wässrigem Gletscherbraun ein und lasse anschließend alles gut trocknen.

4 Arbeite harte Kanten nochmals mit der Pinselspitze oder einem feinen Pinsel nach. Wieder alles gut trocknen lassen. Zum Schluss kannst du mit einem Liniererpinsel die Schrift aufmalen.

Material 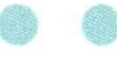

Schwierigkeitsgrad

● ●

Format

20 x 30 cm

- Aquarellfarben in Gletscherblau, Gletscherbraun, Traubenkernschwarz
- Büttenpapier matt, 300 g/m²
- Rundpinsel Nr. 12 und Gr. 2
- optional: Liniererpinsel
- Bleistift
- Palettmesser
- Kunststoffplatte, transparent
- Schleifschwamm

Technik

Seite 70, Tipps & Tricks

Hinweis 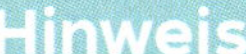

» Für diese Technik brauchst du eine Kunststoffplatte.

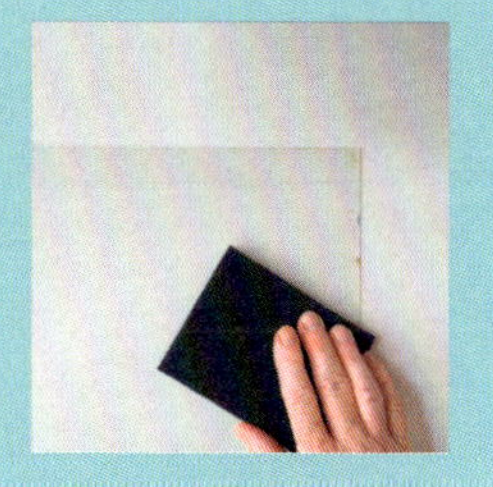

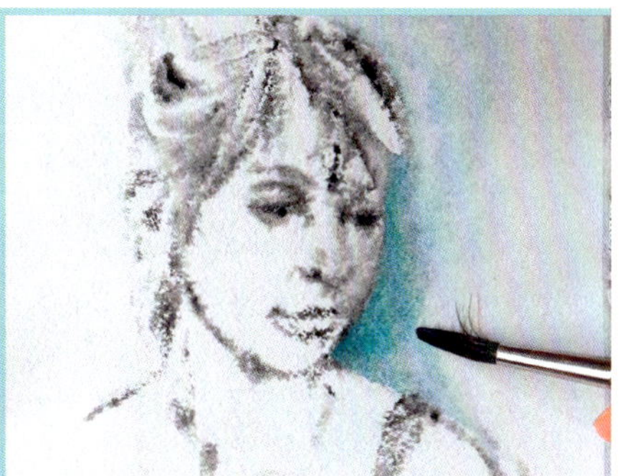

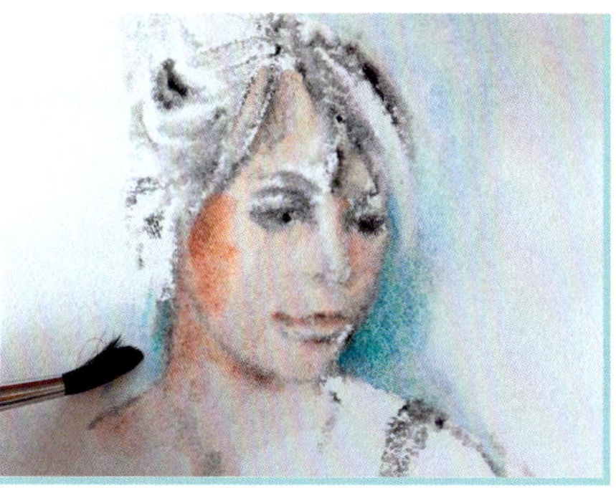

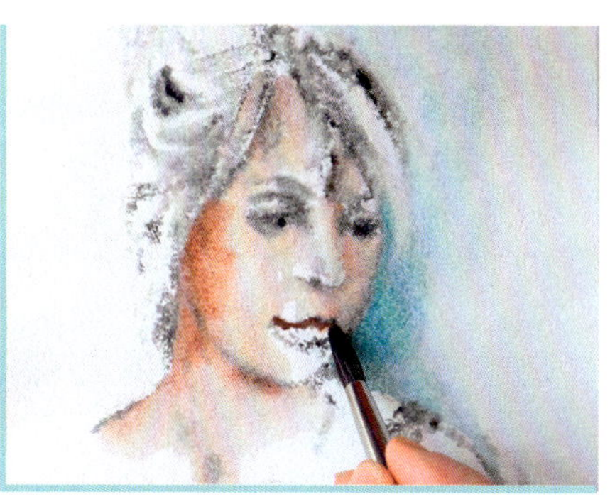

Feder

In harmonischen Farbzusammenstellungen gehaltene, nass in nass gearbeitete Aquarellflächen können prima Hintergründe für Finelinerzeichnungen abgeben. Sie können aber auch ein schöner Ausgangspunkt für farbige Motive werden.

Material 

Schwierigkeitsgrad

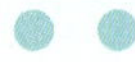

Format

17 x 24 cm

- Aquarellfarben in Magenta, Coelinblau, Mittelgelb
- Aquarellpapier, 200 g/m²
- Bleistift
- Rundpinsel Gr. 12, 6

Technik

Seite 44

Vorlage

In der Digibib

1 Setze die drei Grundfarben nebeneinander auf dein nasses Papier und verblende sie miteinander. Wie du eine mehrfarbige Lavierung handhabst, hast du bereits in Kapitel 5 Grundtechniken auf Seite 44 geübt. Lasse alles trocknen und füge dann die Bleistiftzeichnung einer Feder hinzu.

2 Nun kannst du die Feder weiter ausgestalten. Bemale ihre linke Seite mit Lasuren in den Farben, die du für den Untergrund ausgesucht hast.

3 Die rechte Seite der Feder ummalst du hingegen mit lavierenden Farbaufträgen. Lasse die Farbe nach außen verlaufen.

4 Spreize die Haare deines Pinsels und arbeite mit den gemischten Grundfarben Strukturen in die Feder ein. Sie sorgen für mehr Lebendigkeit. Ein Spezialpinsel ist hierfür bestens geeignet. Male zum Schluss eine dünne Linie in Grau neben den Federkiel.

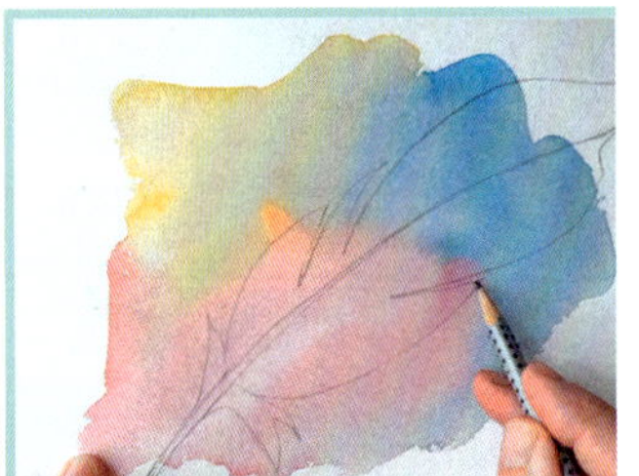

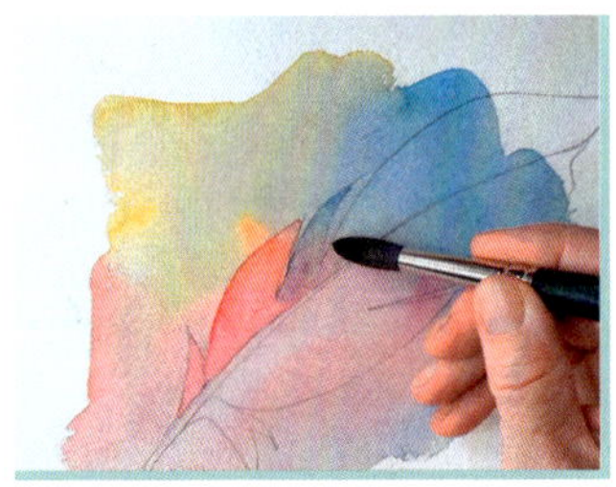

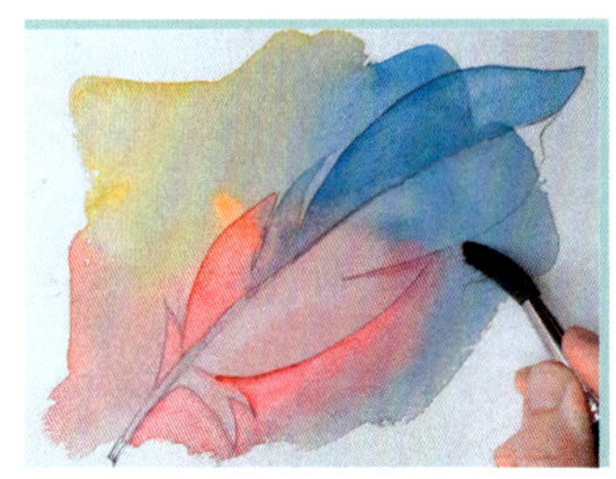

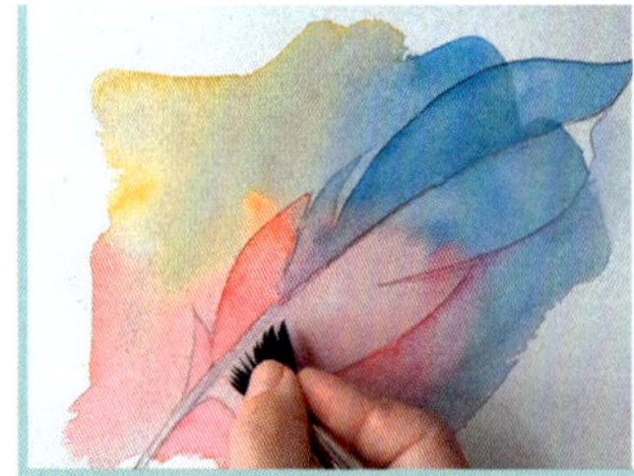

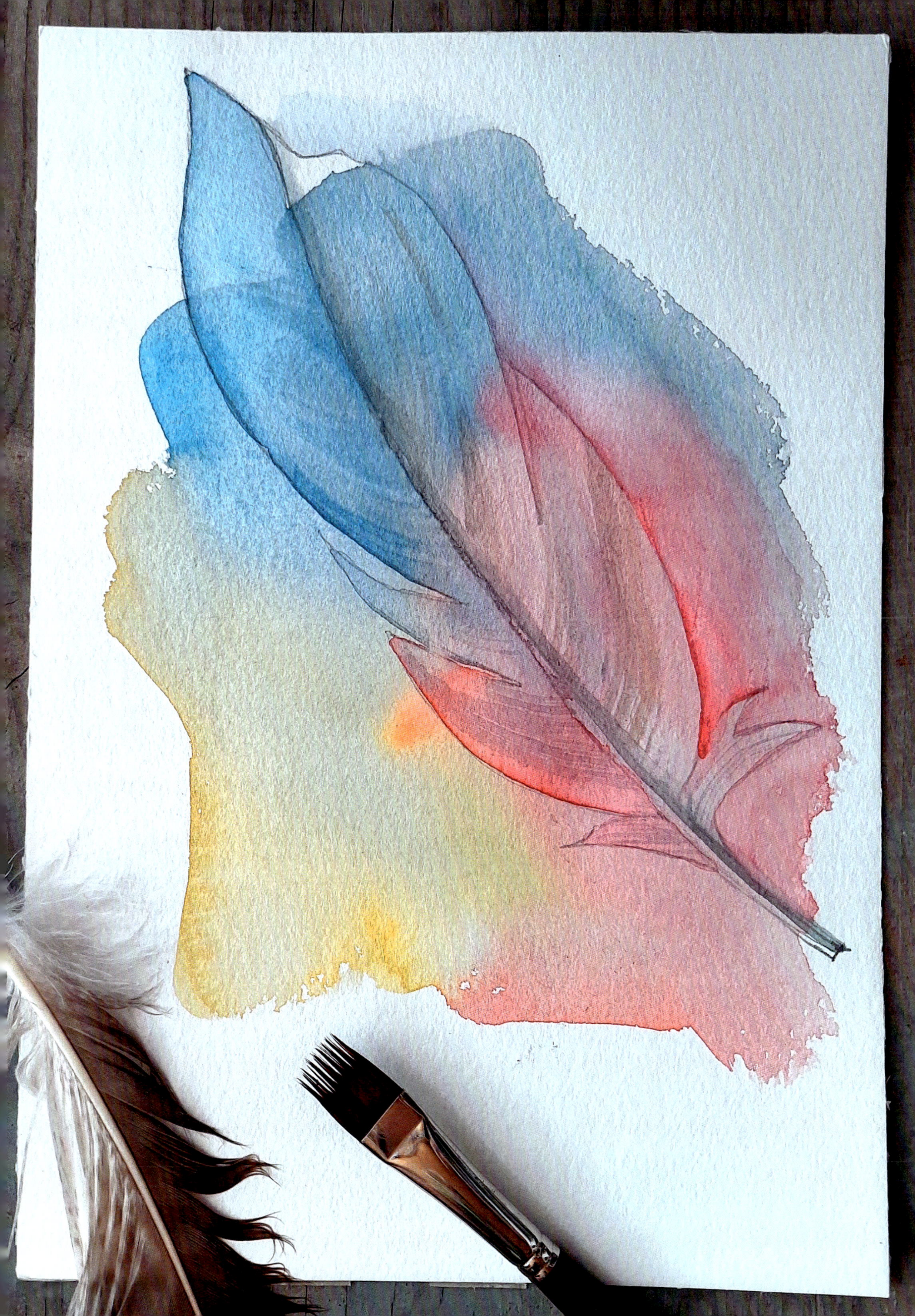

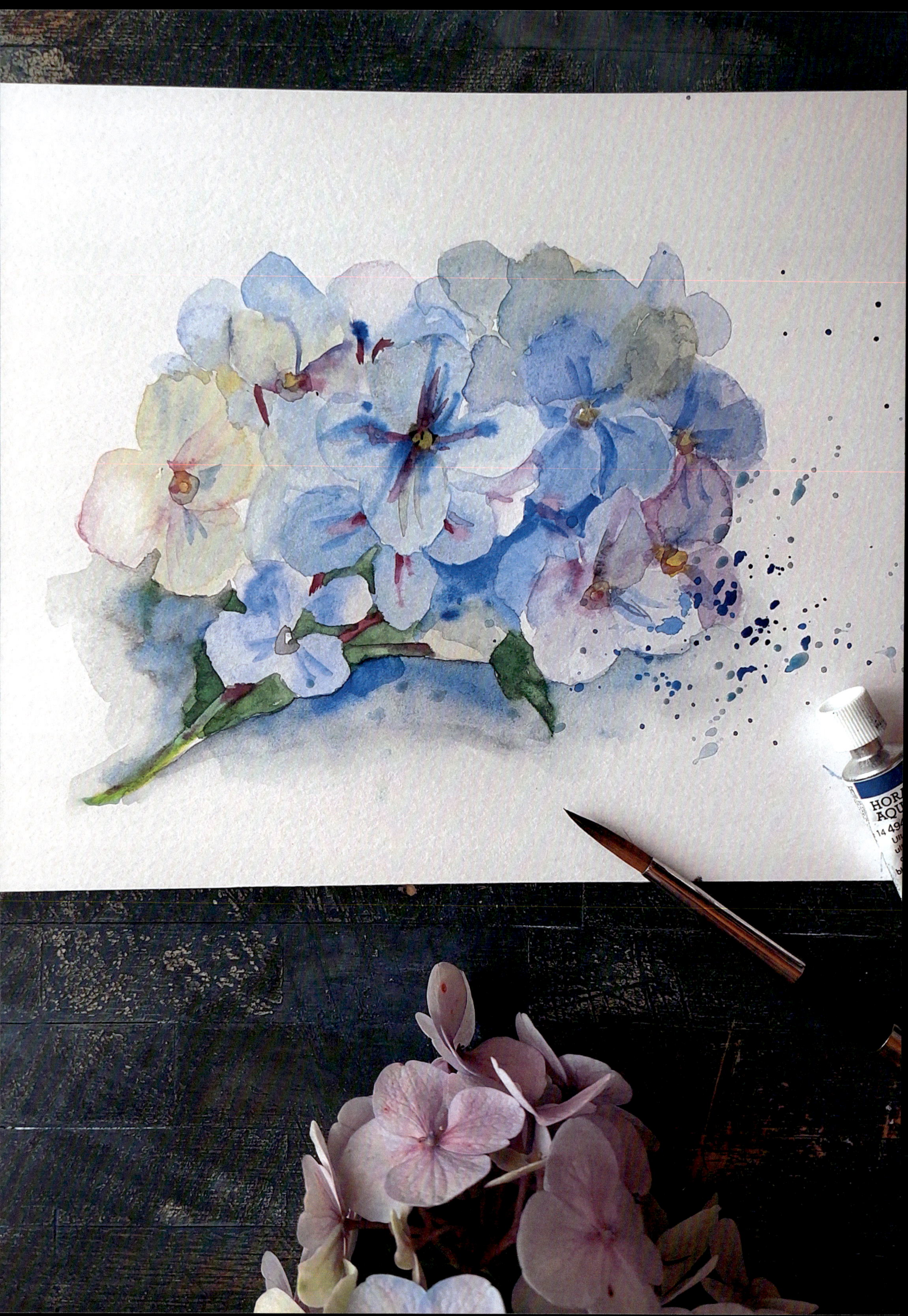

Hortensie

Mit Blumen- oder Blütenmotiven liegst du immer richtig. Dieses zarte Aquarell war die Einladungskarte zu einer Hochzeit – die passende Deko dazu bestand aus echten Hortensienblüten. Für selbst gestaltete Einladungskarten eignet sich die Aquarelltechnik perfekt.

1 Beginne damit, mit wässrigem Ultramarin feinst eine einzelne Blüte frei aufzumalen. Zeichne mit der Pinselspitze in die nasse Farbe dunklere Farbspuren und Linien ein.

2 Setze Blüte für Blüte aneinander und verändere dabei die Farbe.

3 Male der Blüte einen Stängel und arbeite kleine rote Strukturen ein. Füge Blätter hinzu. Nimm anschließend klares Wasser mit deinem Pinsel auf und feuchte den unteren Bereich deines Papiers rund um den Stängel an. Lege eine Ummalung in Blau an und lasse die Farbe verlaufen.

4 Kleine Sprenkel in Blau geben deinem Motiv zum Abschluss einen charmanten Look.

Material

Schwierigkeitsgrad

Format

7 x 17 cm

- Aquarellfarben in Magenta, Mittelgelb, Ultramarin feinst, Grün
- Aquarellpapier, 300 g/m²
- Rundpinsel Gr. 6

Technik

Seite 57, 61

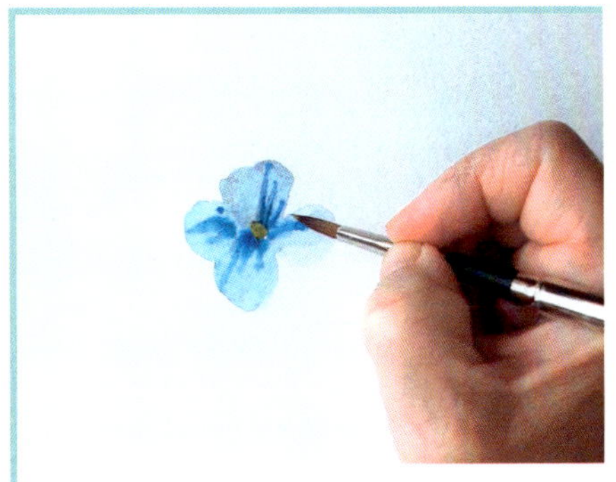

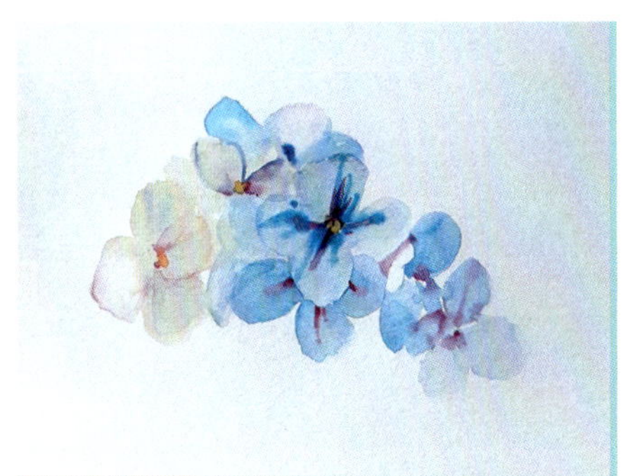

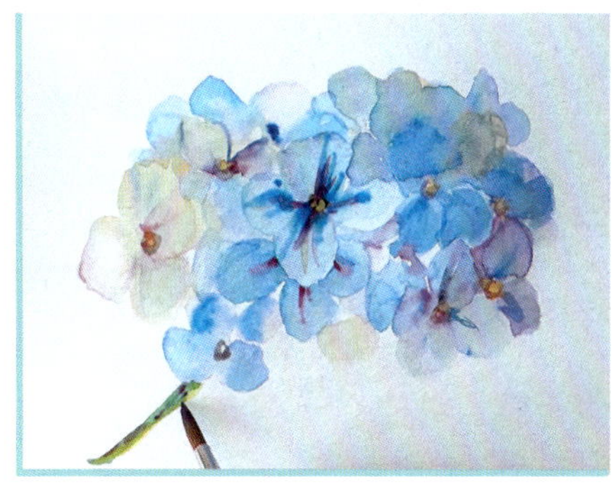

Aus dem Garten

Auf einem Büttenpapier mit attraktivem Fließrand habe ich übers Jahr Früchte aus meinem Garten versammelt. Eine exakte Lasurtechnik eignet sich für realistische Darstellungen wie diese perfekt. Nur der Pfirsich tanzt aus der Reihe. Er wurde mit vielen aufeinanderliegenden Farbschichten nass in nass gemalt.

Material

Schwierigkeitsgrad

● ● ●

Format
20 x 30 cm

- Aquarellfarbkasten sortiert
- Büttenpapier 300 g/m²
- Bleistift
- Rundpinsel Gr. 12, 6, 3

Technik
Seite 50, 51

1. Beginne bei jeder Frucht mit einem grauen Kernschatten. Ich zeige dir hier am Beispiel der Birne Schritt für Schritt, wie du beim Aquarellieren der Früchte vorgehst. Streiche die Birne und den Bereich darunter mit einem Pinsel und klarem Wasser ein. Lege mit wässrigem Grau in der Birne einen Kernschatten an, den du oben ins Nasse verlaufen lässt. Male unter der Birne noch einen Schlagschatten ins nasse Papier.

2. Lege eine gelbe Lasur über die Birne. Male den Stiel und den Blütenansatz mit deinem feinen Rundpinsel in Graublau.

3. Lasiere deine Birne an ein paar Stellen ein zweites Mal mit Gelb. Bringe die Farbe auch im Schatten an einer Stelle ein.

4. Arbeite am Schluss noch die Details aus - setze mit deinem feinen Pinsel kleine, braune Punkte und Flecken auf die Birne, um die typischen Verfärbungen der Frucht anzudeuten. Lasse einige davon im Nassen verlaufen.

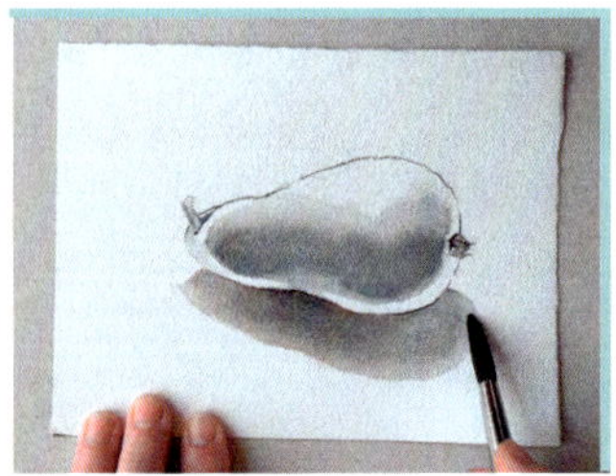
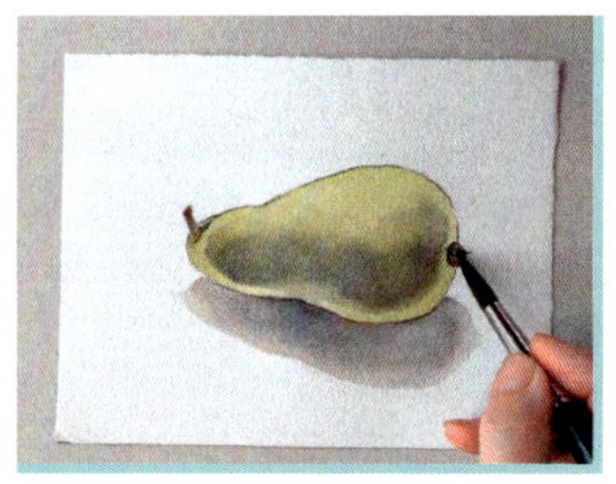
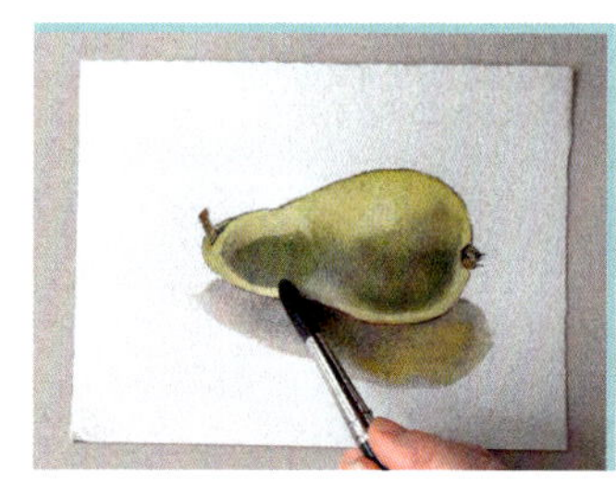
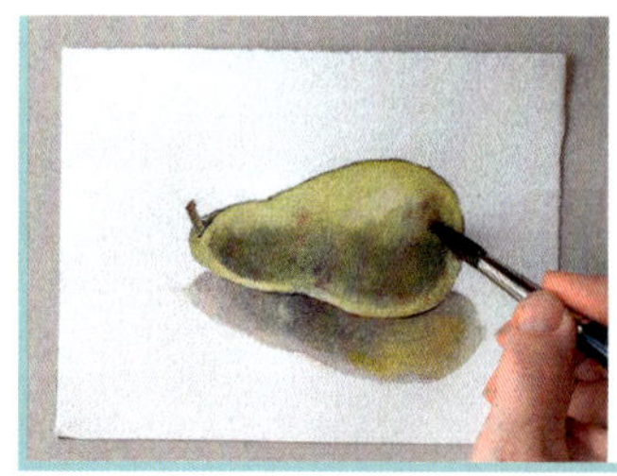

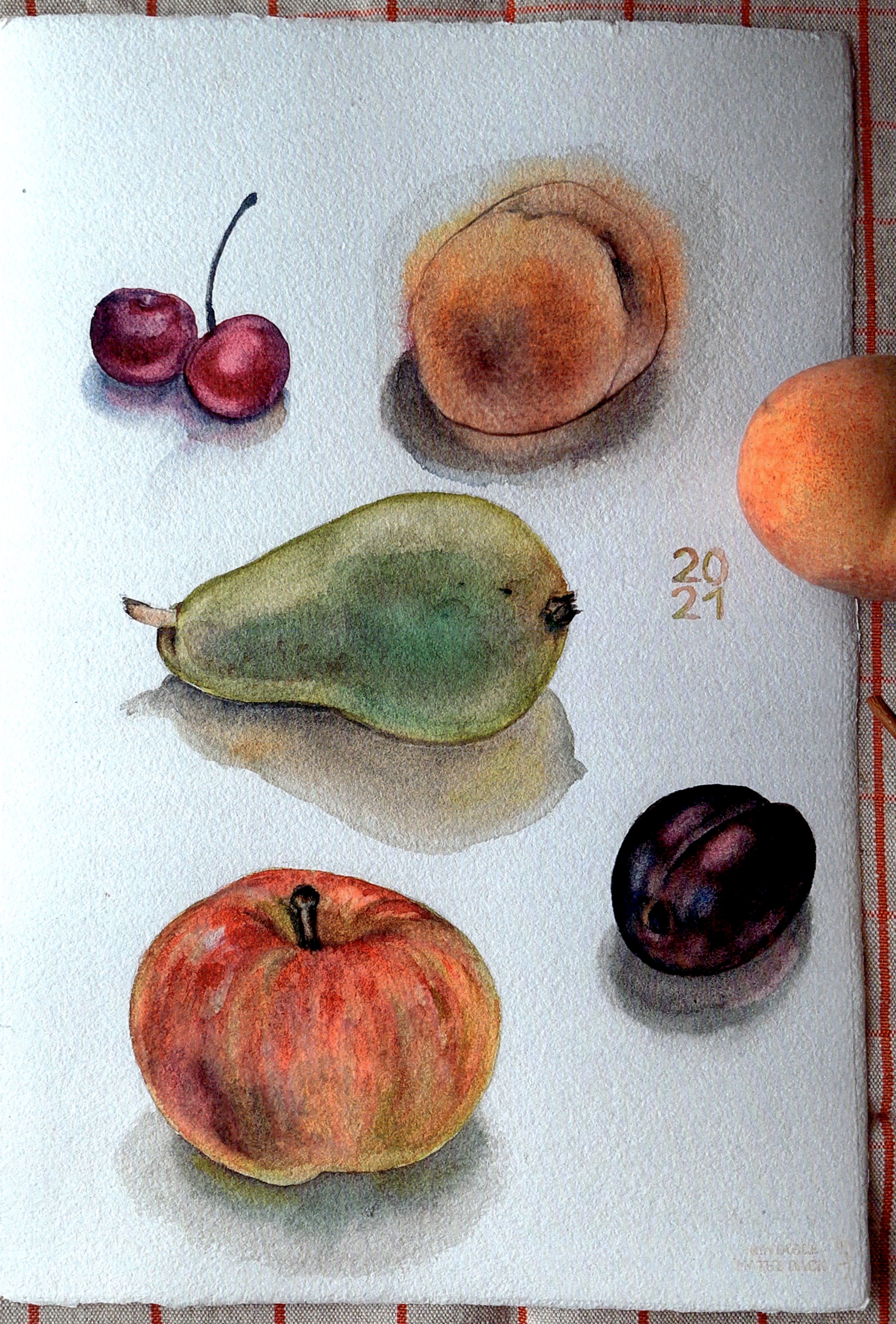
20
21

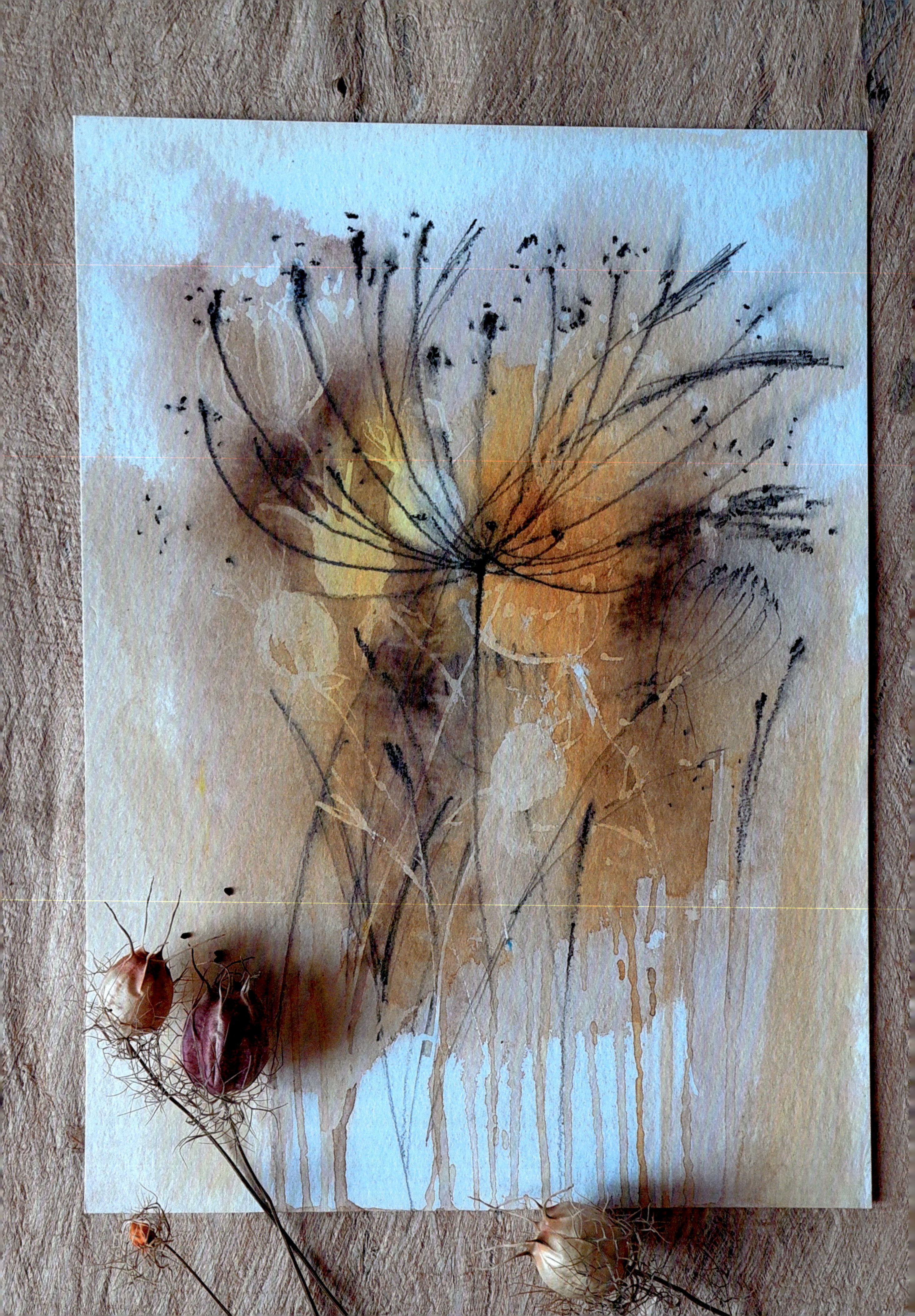

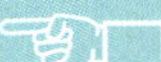

Trockenblumenstrauß

Diese herbstliche Komposition entsteht mithilfe von Maskierflüssigkeit in einer Mixed-Media-Technik aus flüssiger Aquarellfarbe und wasserlöslichem Graphitstift. Natürlich kannst du die Farben nach deinen Vorlieben variieren. Tubenfarbe oder Farben aus den Näpfchen können auch zum Einsatz kommen. Trage letztere kräftig genug auf, damit sie beim Versprühen nicht zu hell werden.

Hinweis

» Kombiniere, wie bei dieser Bildidee, immer weider alle möglichen Zusatztechniken. Du wirst sehen, das führt zu variantenreichen Motiven und bringt deine keative Entwicklung ein großes Stück vorwärts.

1 Zeichne die Trockenblumen mit dem Maskierstift auf deinen Aquarellkarton. Lasse den Auftrag anschließend gut trocknen.

2 Gib nun von deinen Aqua-Drop-Farben je einen Tropfen in Zitronengelb, zwei Tropfen in Umbra und drei Tropfen in Bernstein auf dein Motiv. Besprühe die Farbtropfen mit deiner Wassersprühflasche, sodass sie verlaufen.

3 Verteile die Farbe mit deinem Rundpinsel. Sprühe mehr Wasser auf die Farben, sodass sie nach unten über den Rand laufen. Zeichne anschließend Gräser in die nasse Farbe und über die Maskierflüssigkeit. Lasse alles gut trocknen.

4 Nach dem Trocknen kannst du den Maskierfilm vorsichtig mit dem Finger abrubbeln oder abziehen. Tropfe dann erneut Farbe auf und sprühe sie an. Zeichne in die letzte Farbschicht mit deinem Graphitstift eine große Dolde, wie sie beispielsweise vom Dill im Herbst stehen bleibt.

Material

Schwierigkeitsgrad

Format

24 x 32 cm

- AquaDrop, flüssige Aquarellfarben in Zitronengelb, Bernstein, Umbra
- Aquarellkarton, 450 g/m²
- Rundpinsel Gr. 12
- Wassersprühfläschchen
- Maskierflüssigkeit
- Wasserlöslicher Graphitstift 6B

Technik

Seite 67, 72

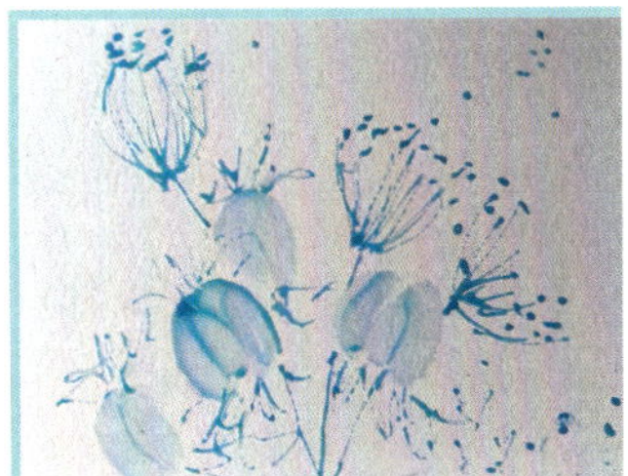

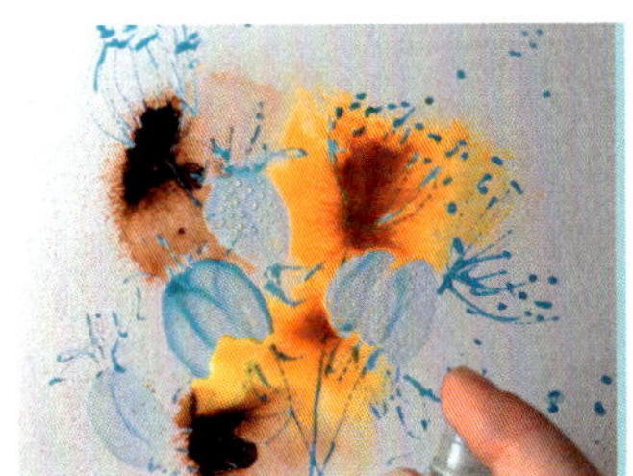

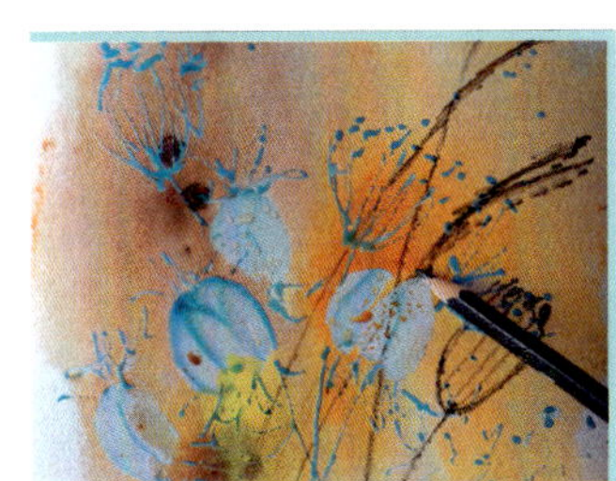

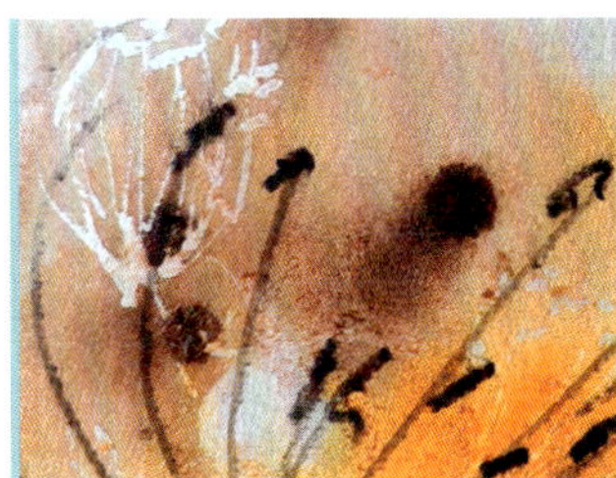

Eichhörnchen

Wenn du mit wasserfesten Finelinern vorzeichnest, kannst du in lockerer Aquarelltechnik darüber arbeiten. Das ist besonders bei Nass-in-nass-Techniken eine gute Möglichkeit, sich an der Zeichnung zu orientieren.

Hinweis

» Probiere dieses Motiv doch auch einmal in einem anderen Format und mit einer anderen Technik aus, zum Beispiel als Aqua-Sketching.

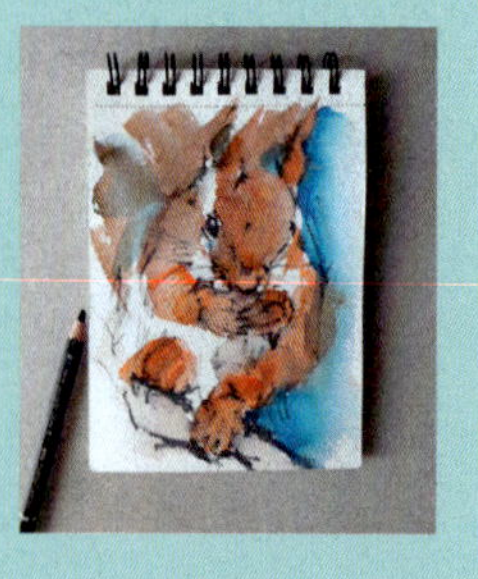

Hinweis

» Probiere Strukturen, die durch das Auslaufenlassen der Farbe oder das Spreizen der Pinselhaare entstehen, immer erst auf einem Testblatt aus, um sicher zu werden.

Material

Schwierigkeitsgrad

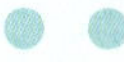

Format
20 x 30 cm

- Aquarellfarbe in Quinacridone Gold, Lasurorange
- Aquarellfarbe granulierend in Gletscherbraun, Galaxieblau, Titanweiß
- Büttenpapier matt, 200 g/m²
- Wasserfester Fineliner in Schwarz
- Aquarellpinsel Gr. 12
- optional: französischer Verwaschpinsel Gr. 6
- Klebeband

Vorlage
In der Digibib

1 Zeichne mit deinem wasserfesten Fineliner in Schwarz das Eichhörnchen auf dein Papier. Alternativ kannst du die Vorlage aus der Digitalen Bibliothek mit Bleistift übertragen und anschließend die Linien mit deinem Fineliner nachziehen.

2 Klebe das Papier mit Klebeband auf deine Malunterlage und streiche es anschließend mit deinem Aquarell- oder Verwaschpinsel und klarem Wasser ein. Lasse für das Fell des Eichhörnchens Quinacridone und Lasurorange auf dem nassen Papier ineinander verlaufen. Wiederhole den Farbauftrag von Lasurorange an den dunkleren Stellen.

3 Trage um das Eichhörnchen herum die granulierenden Farben auf. Male die weißen Stellen des Eichhörnchenfells mit Titanweiß.

4 Gestalte mit gespreiztem Pinsel die Fellstruktur und Barthaare. Lasse alles gut trocknen – danach kommen die granulierenden Effekte gut zur Geltung.

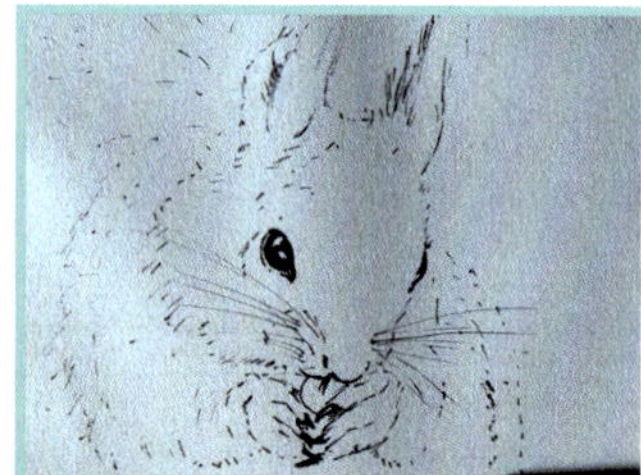

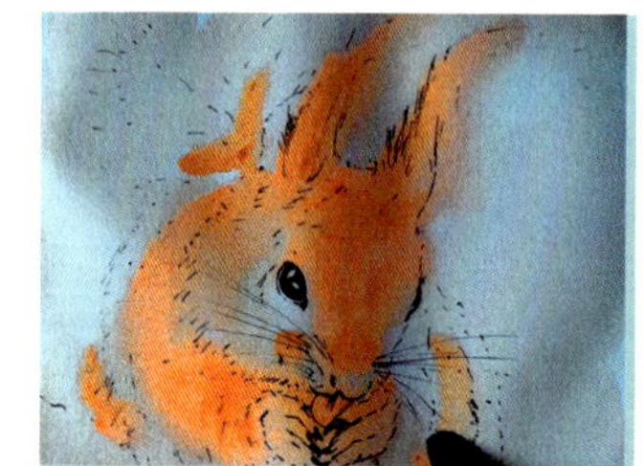

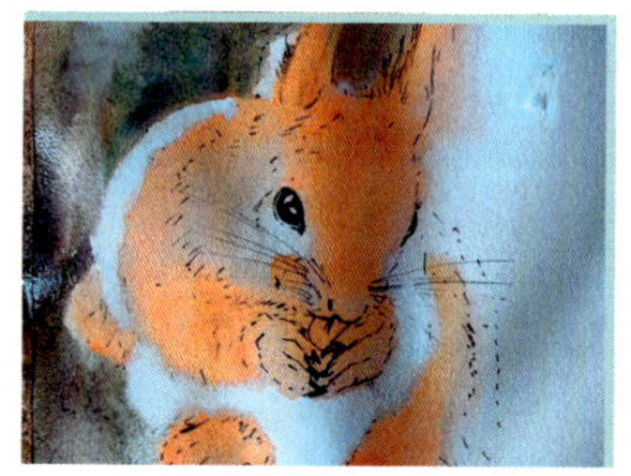

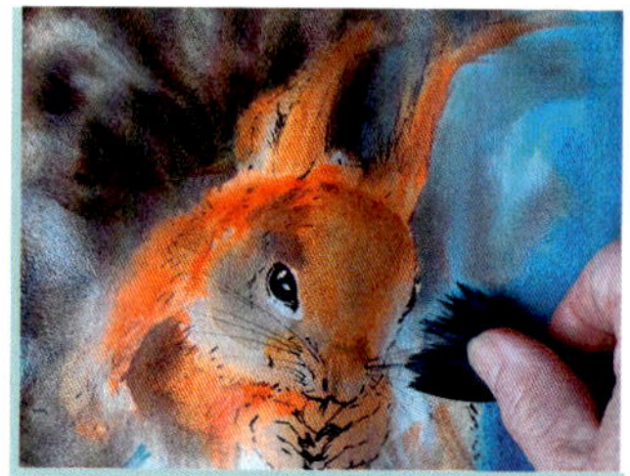

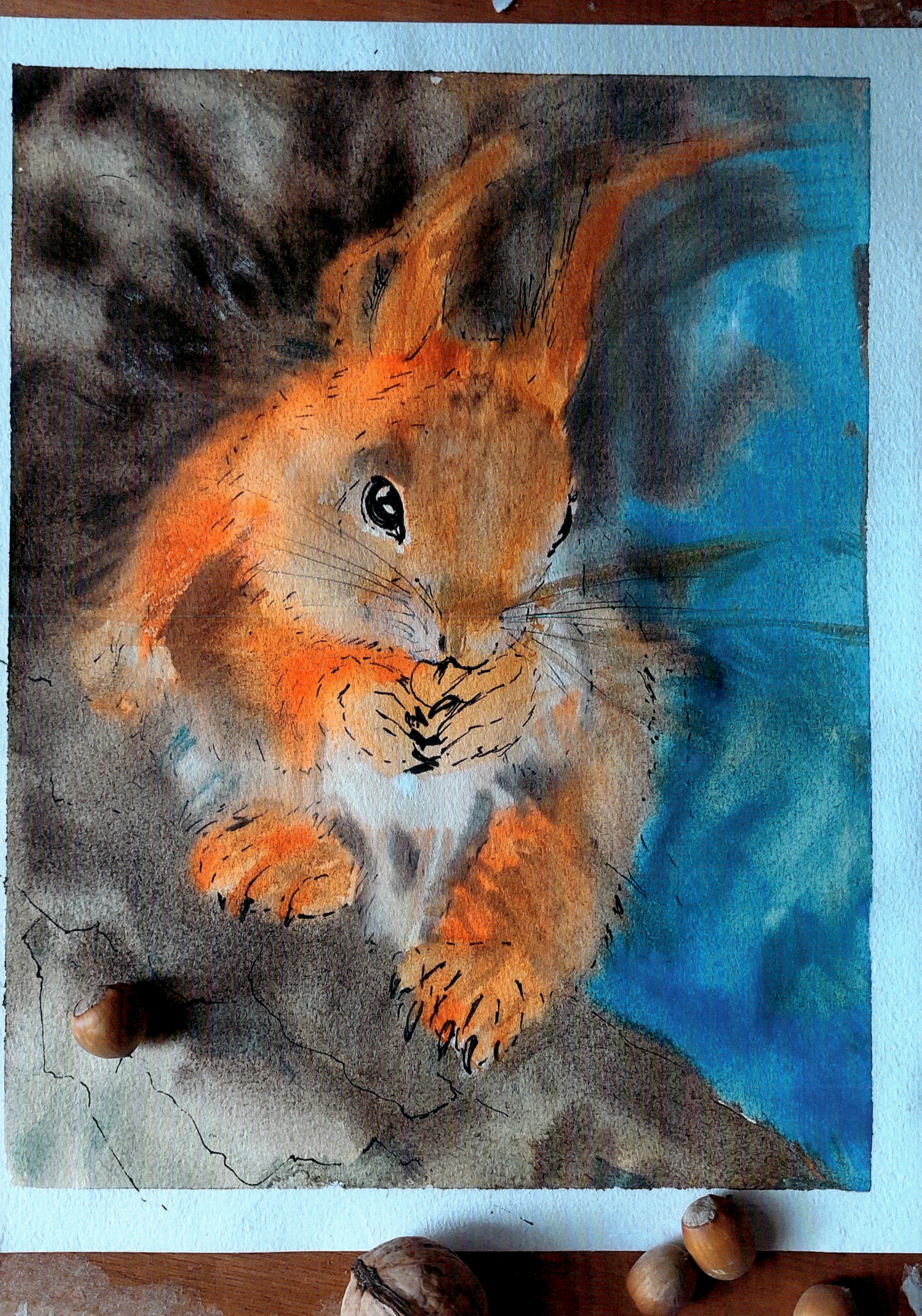

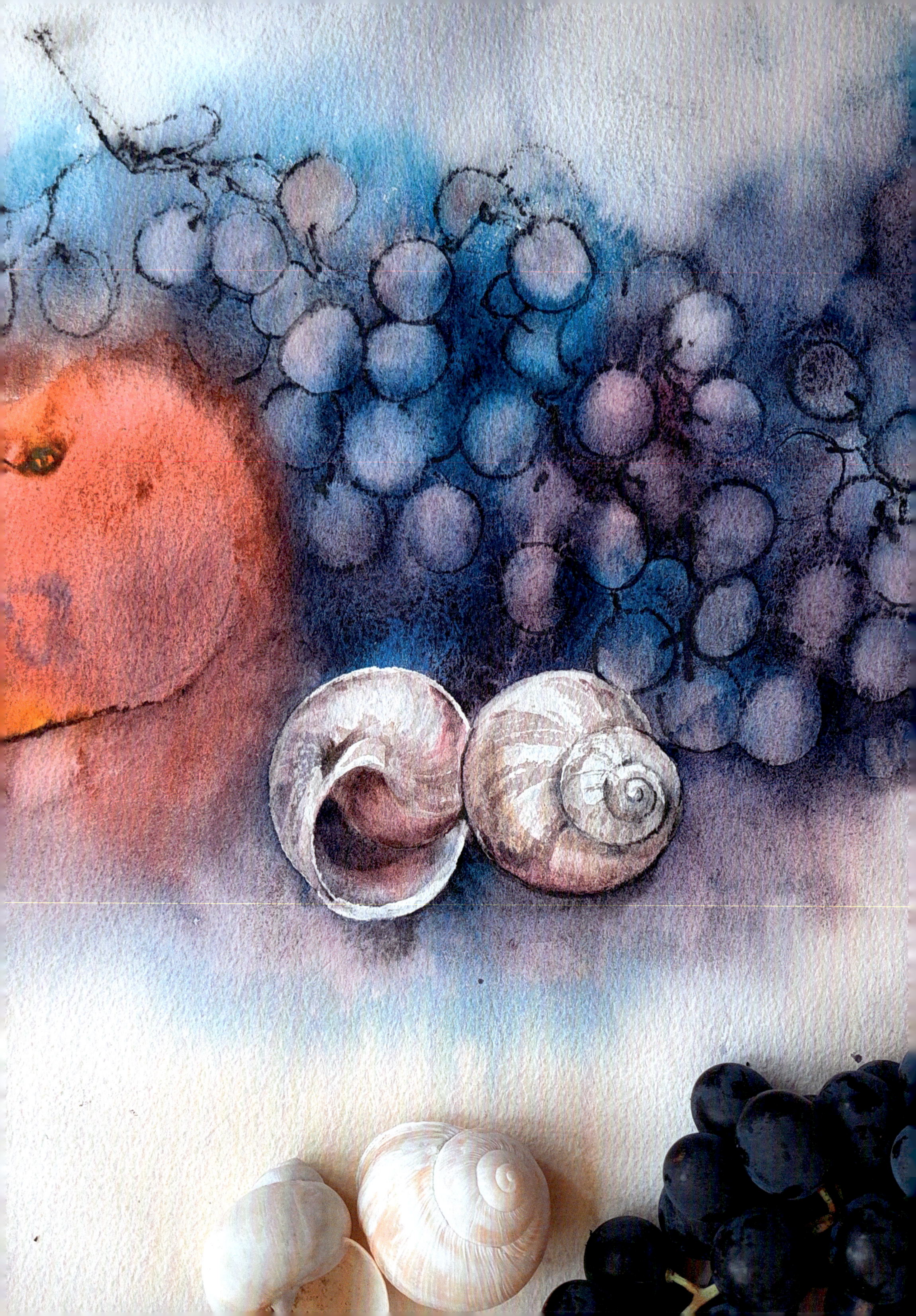

Herbstzauber

In diesem farbharmonischen Stillleben wird die Nass-in-nass-Technik mit Maskierstiftzeichnungen kombiniert. Die weiß ausgesparten Stellen werden anschließend weiterbearbeitet - das bringt einen effektvollen Kontrast hervor.

1 Zeichne die Schneckenhäuser mit Bleistift auf deinen Aquarellkarton oder übertrage die Vorlage. Ziehe die Linien mit Maskierstift nach und lasse sie gut trocknen. Streiche dein Papier anschließend mit Wasser und einem Pinsel in kreisenden Bewegungen ein.

2 Trage das Rot des Apfels und das Violett der Trauben auf das nasse Papier auf und lasse die Farben verlaufen. Zeichne mit deinem wasserlöslichen Graphitstift die Trauben und den Apfel auf. Lege um den Apfel und die Schneckenhäuser herum noch Schattenbereiche an. Lasse dann alles vollständig trocknen.

3 Hast du die Maskierflüssigkeit abgerieben, kannst du dich daran machen, die Schneckenhäuser mit Licht- und Schattenbereichen plastisch zu gestalten.

4 Arbeite auch die Trauben durch Ummalen und weitere Farbaufträge plastisch heraus.

Material 

Schwierigkeitsgrad

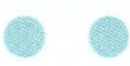

Format

30 x 40 cm

- Aquarellfarben in Coelinblau, Krapplack, Violet, Mittelgelb, Siena gebrannt
- Büttenkarton matt, 300 g/m²
- Bleistift
- wasserlöslicher Graphitstift 6 B
- Maskierstift
- Aquarellpinsel Gr. 12

Technik

Seite 65, 67

Vorlage

In der Digibib

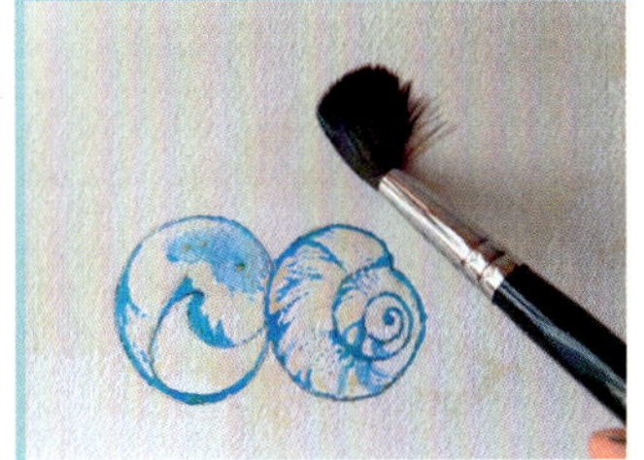

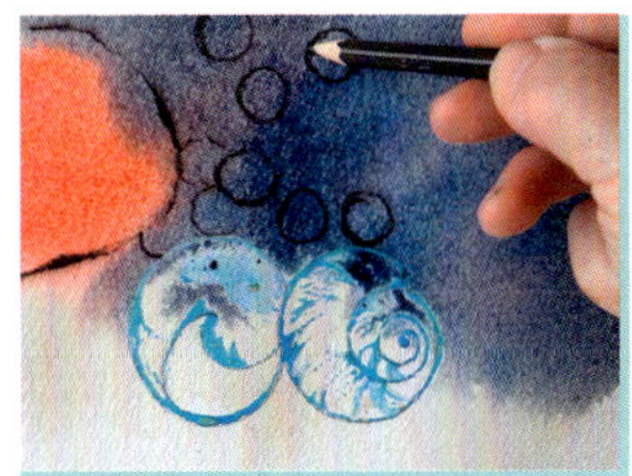

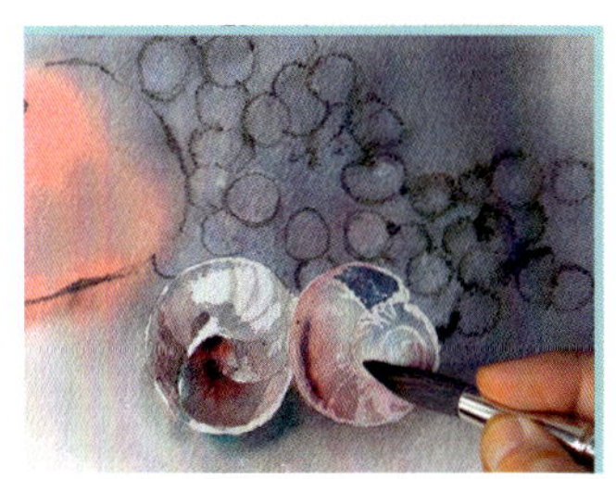

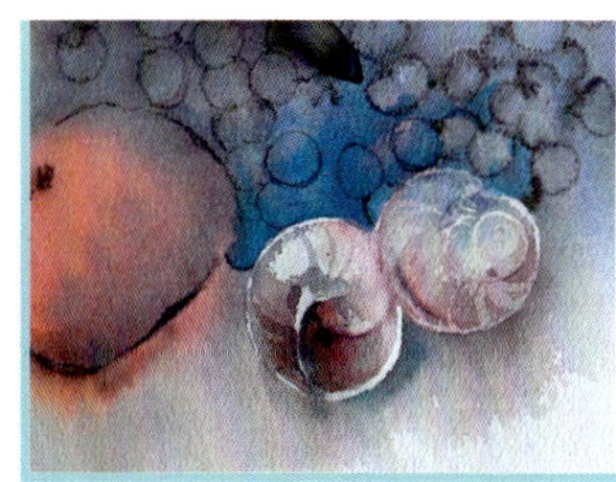

Tipps & Tricks

+ Mit Effektspray kannst du die unregelmäßige Struktur des Mondes noch verstärken.

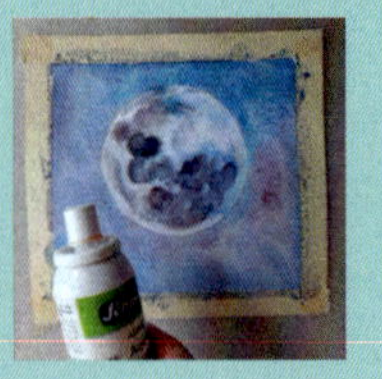

Supermond

Granulierende Farbtöne, die zu den Neuentwicklungen im Aquarellbereich zählen, sind für galaktische Motive bestens geeignet.

Material 

Schwierigkeitsgrad

Format
21 x 21 cm

- Aquarellfarben, granulierend in Galaxieblau, Violett, Schwarz, Titanweiß
- Büttenkarton, rau 300 g/m²
- Graphitstift 2 B
- Aquarellpinsel Nr. 12
- Malerkrepp
- runde Schablone, z.B. Teller
- Mallappen

Technik
Seite 54

1 Lege mit Kreppband das gewünschte Format deines Motivs fest. Zeichne anschließend mit Bleistift eine Kreisform auf dein Papier. Eine Schablone, beispielsweise ein Teller, kann dabei helfen. Male die Hauptkrater des Mondes mit einer Mischung aus Schwarz und Violettt. Lasse den Farbauftrag trocknen.

2 Übermale das getrocknete Motiv mit Blau, Violett und granulierendem Schwarz.

3 Wasche deinen Pinsel gut aus und trockne ihn an deinem Mallappen ab. Sauge anschließend mit dem Pinsel die weißen Stellen wieder aus dem Mond heraus. Wasche den Pinsel wieder aus, trockne ihn ab und mache dasselbe mit den Bergen am unteren Bildrand.

4 Verstärke zum Schluss an den Bergen die Farbe wieder etwas und gib dem Mond einen Hof, indem du rundherum mit dem Pinsel Farbe abnimmst.

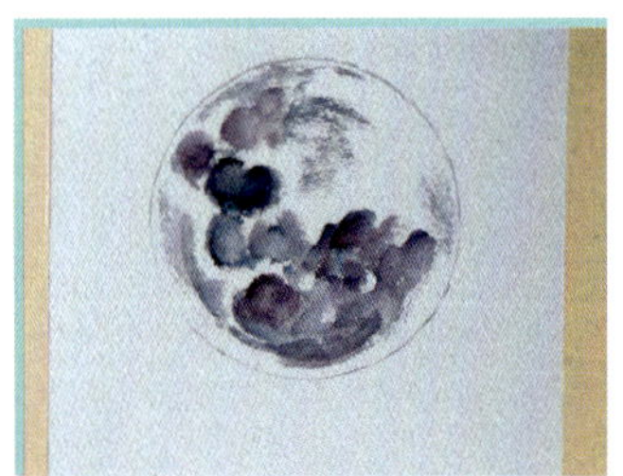

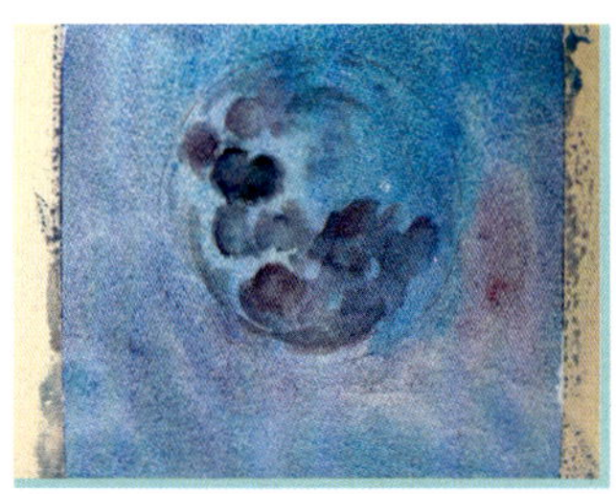

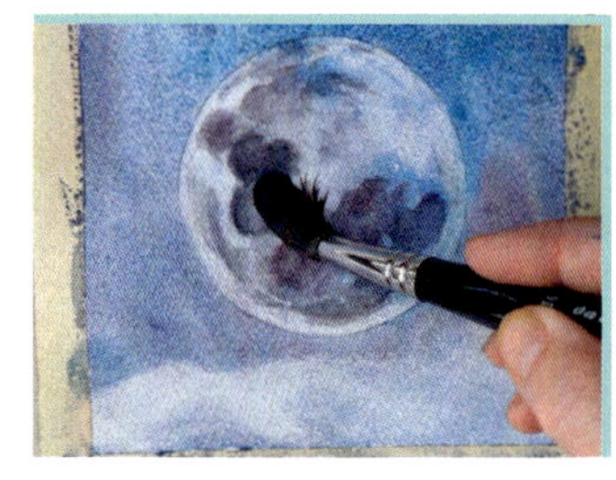

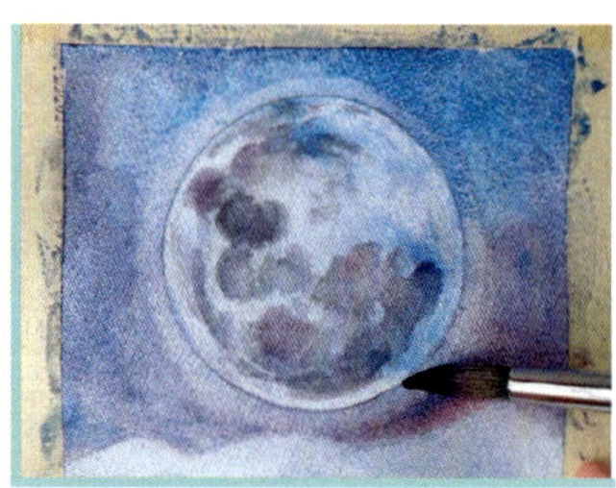

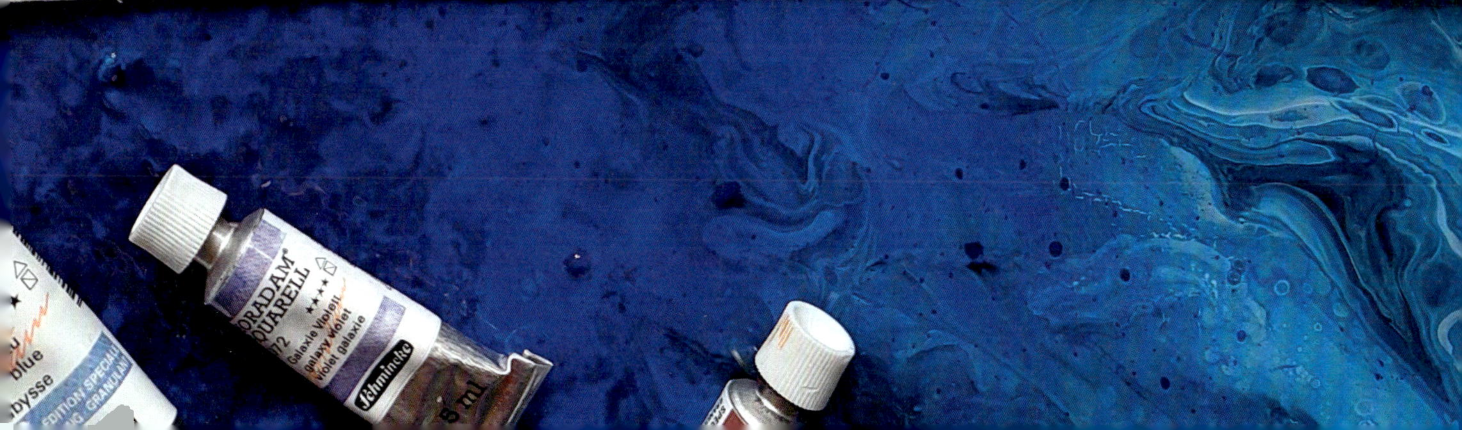
blue
Galaxie Violett
galaxy violet
violet galaxie
Schmincke

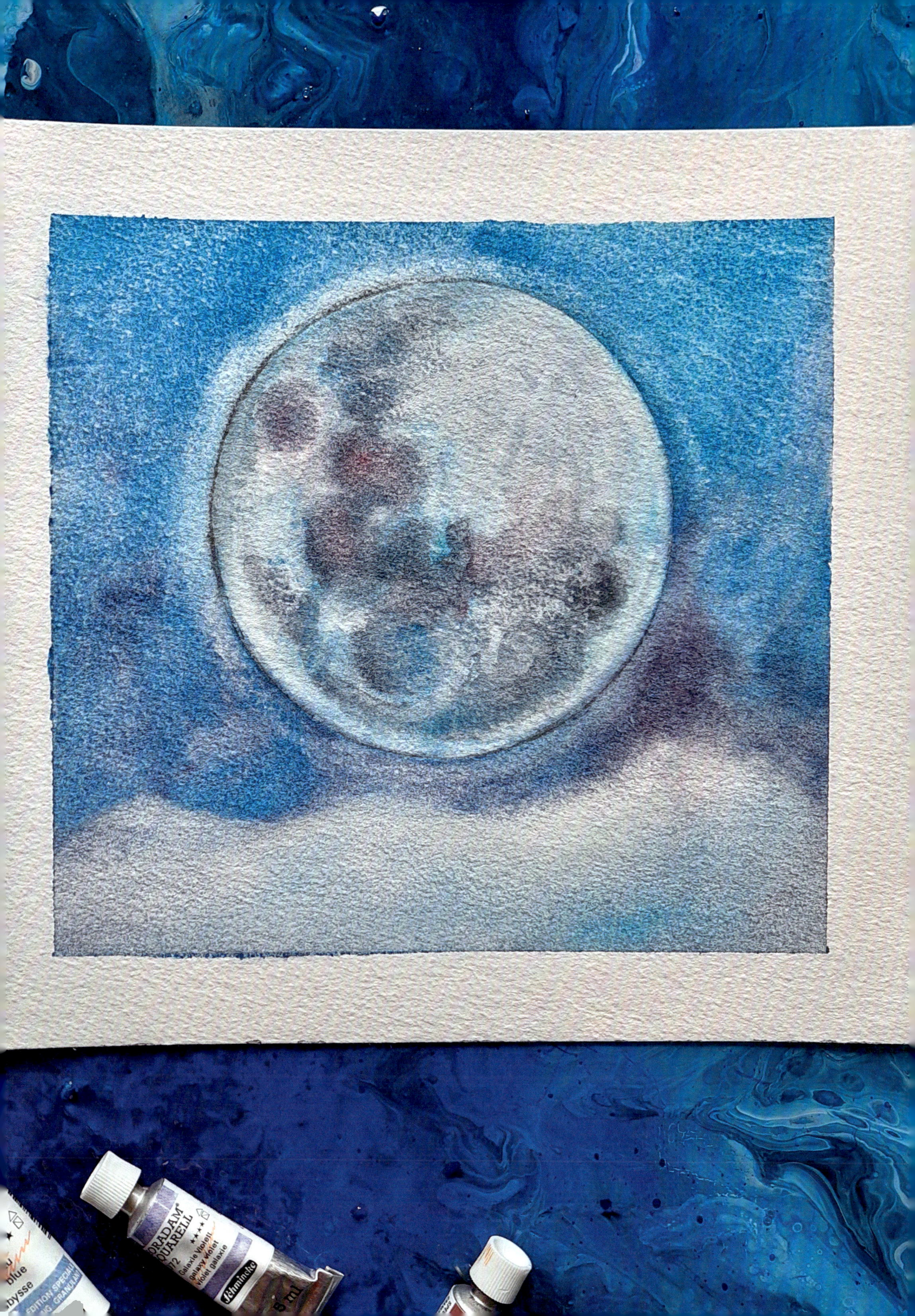

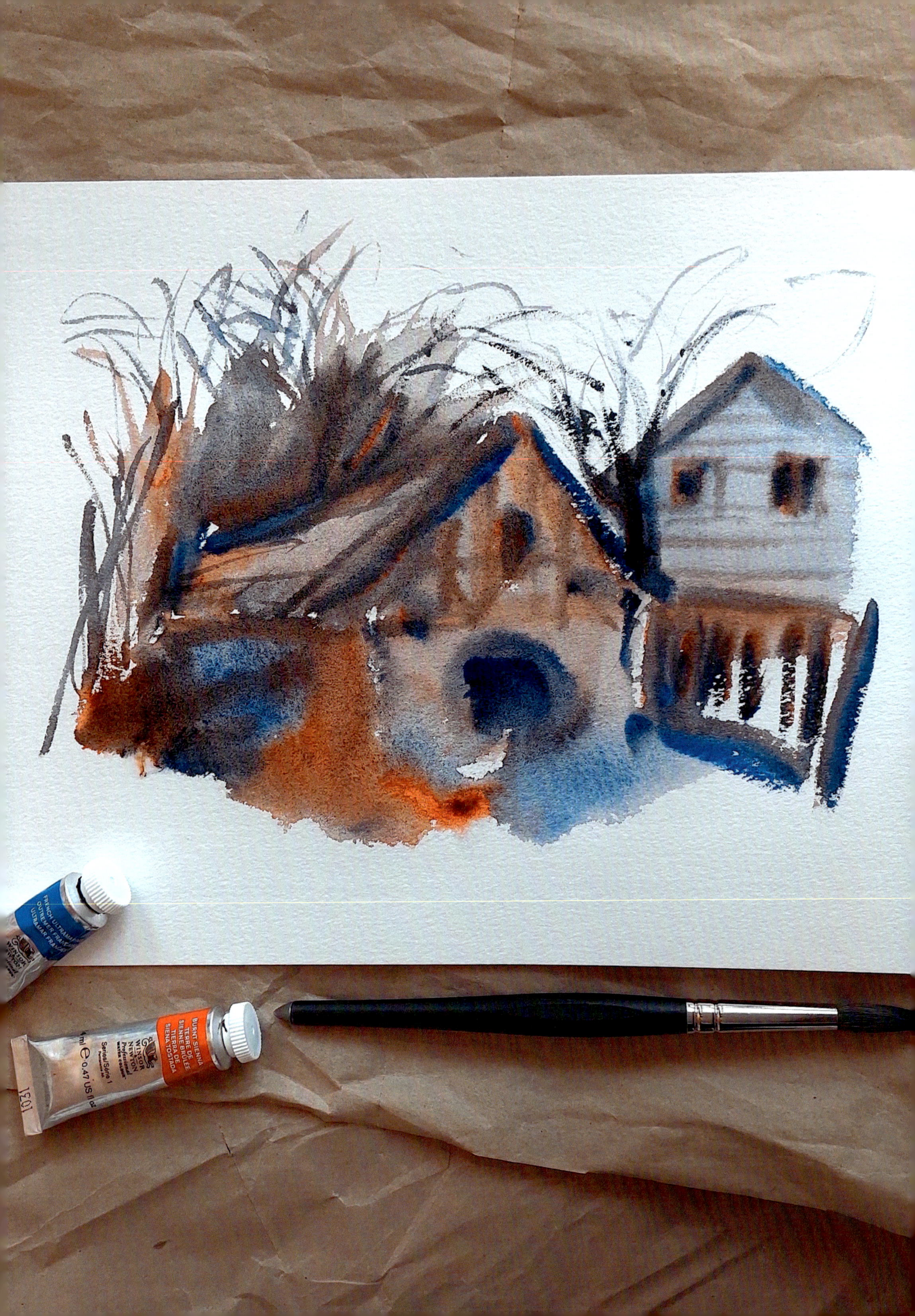
BURNT SIENNA
TERRE DE
SIENNE BRÛLÉE
TIERRA DE
SIENA TOSTADA
WINSOR & NEWTON
Professional
WATER COLOUR
Series/Série 1
0.47 US fl oz
1031

Harmonisches Farbpaar

Ultramarinblau und Siena gebrannt sind, pur aufgetragen, leuchtende Farben. Du kannst mit ihnen aber auch eine große Bandbreite an schwarzgrauen Farbtönen mischen. Besonders bei Landschaften oder Tieren mit braunem Fell kommt dieses Idealpaar der Aquarellmalerei bestens zur Geltung.

1 Trage die Farben direkt aus der Tube auf dein Papier auf. Intensive Näpfchenfarbe oder flüssige Aquarellfarbe ist ebenso geeignet. Verziehe den Farbauftrag mit einem wässrigen Pinsel zur Form eines Hauses. Starkes Vermischen führt zu variantenreichen Grautönen.

2 Deute hinter dem Häuschen mit deinem Pinsel und verdünnter Farbe die Form von Bäumen an, die sich nach oben recken.

3 Male in die noch nasse Farbe mit einer intensiven Mischung aus Siena gebrannt und Ultramarinblau das Tor, Fenster und die Dachstruktur in das Häuschen.

4 Male an der Seite ein zweites Haus und einen Zaun dazu. Nutze auch hier intensives Ultramarin für die Dachkante und die Begrenzung des Zauns. Betone für einen noch größeren Kontrast Fenster und Türen, indem du dunkle Farbspuren aufbringst.

Material 

Schwierigkeitsgrad

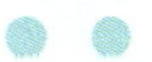

Format
32 x 24 cm

- Aquarellfarbe in Ultramarin und Siena gebrannt
- Aquarellbüttenkarton, 300 g/m²
- Rundpinsel Gr. 12

Technik
Seite 48

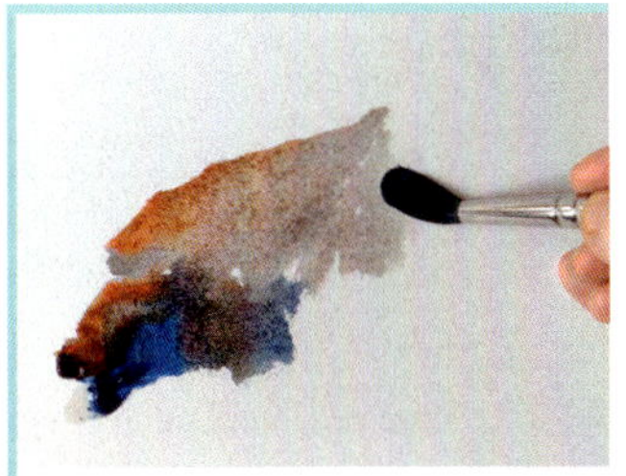

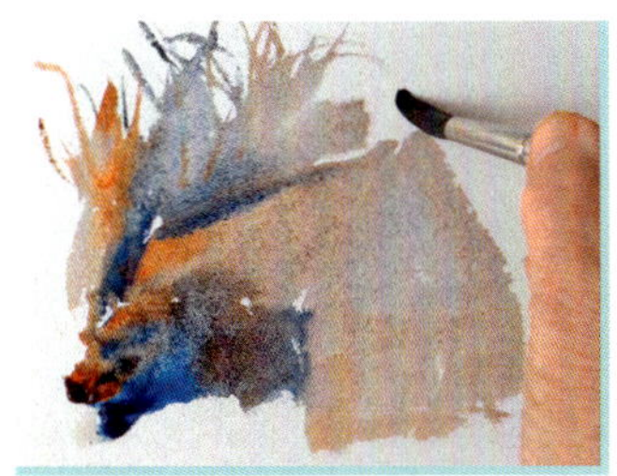

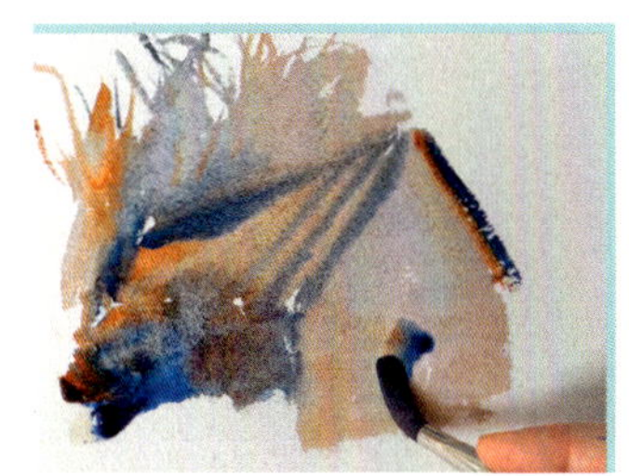

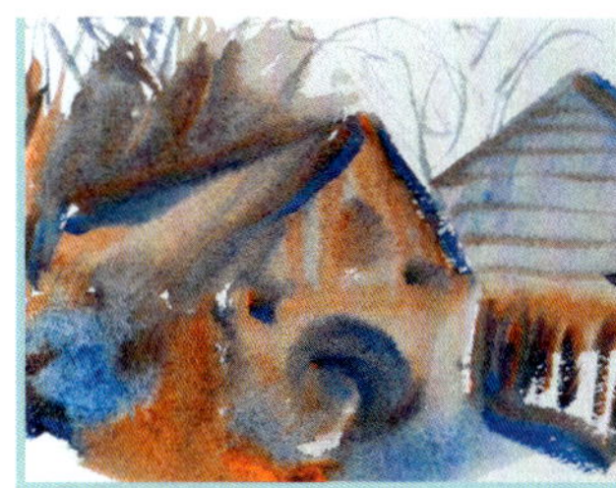

Tipps & Tricks

+ Es lohnt sich, mit feinen Aquarelllasuren über einer hellen Bleistiftzeichnung die fotorealistische Darstellung eines hübschen Vögelchens zu üben.

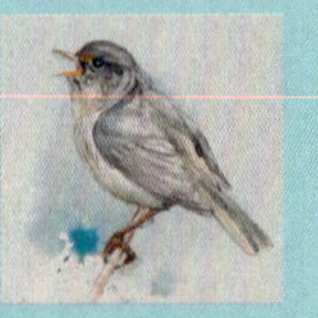

Hinweis

» Du kannst diese Kreativtechnik auch mit ganz anderen Farbkombinationen ausführen.

Gefiederte Freunde

Vögel sind immer wieder gern gesehene Motive und kommen bei allen gut an. Die Farbgestaltung kann bei diesem Motiv jedes Mal anders gewählt werden.

Material

Schwierigkeitsgrad

Format

23 x 24 cm

- Aquarellfarbe in Quinacridone Gold, Kadmiumgelb hell, Saftgrün
- Aquarellbüttenkarton matt, 300 g/m²
- Bleistift HB und 4B
- Wasserlöslicher Graphitstift 6B
- Rundpinsel Gr. 12
- Frischhaltefolie

Technik

Seite 65, 70

Vorlage

In der Digibib

1 Zeichne ein Vogelpärchen auf deinen Aquarellkarton oder übertrage die Vorlage. Zeichne zuerst mit dem etwas härteren Bleistift HB und verstärke die Konturen anschließend mit dem weicheren 4B-Stift.

Überziehe die Zeichnung mit allen drei Farben, sodass ein schöner Farbfleck entsteht. Wenn du magst, kannst du auch schon ein paar Sprenkel setzen.

2 Lege ein größer zurechtgeschnittenes Stück Frischhaltefolie auf und schiebe sie so zusammen, dass Blattstrukturen entstehen. Ziehe die Folie nach etwa zwei Minuten vorsichtig wieder ab. Es sollten sich Strukturen gebildet haben.

3 Sauge mit deinem sauberen, abgetupften Pinsel aus dem rechten Vogel Farbe heraus, sodass er heller wird und besser hervortritt. Ummale den linken Vogel mit Quinacridone Gold und setze den Farbton auch in den Flügel, um ihn zu betonen.

4 Betone zum Schluss noch ein paar Stellen an den Vögeln mit deinem wasserlöslichen Graphitstift, ebenso den Ast.

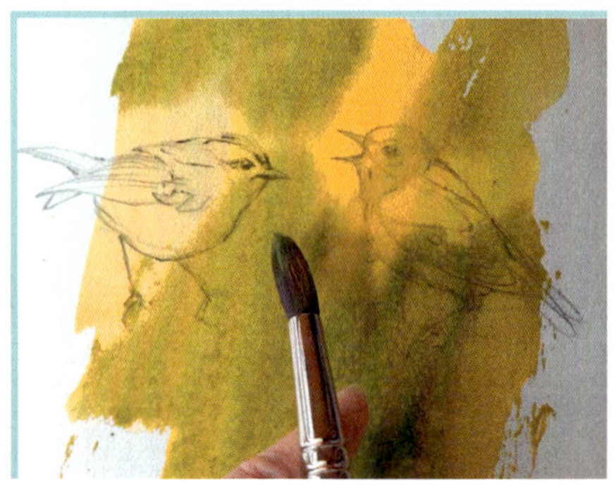

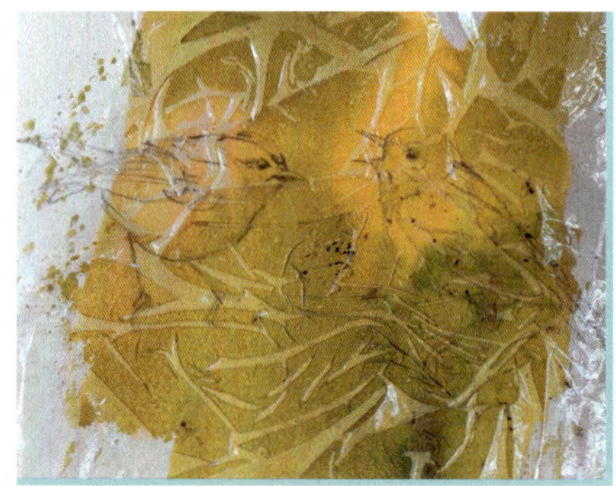

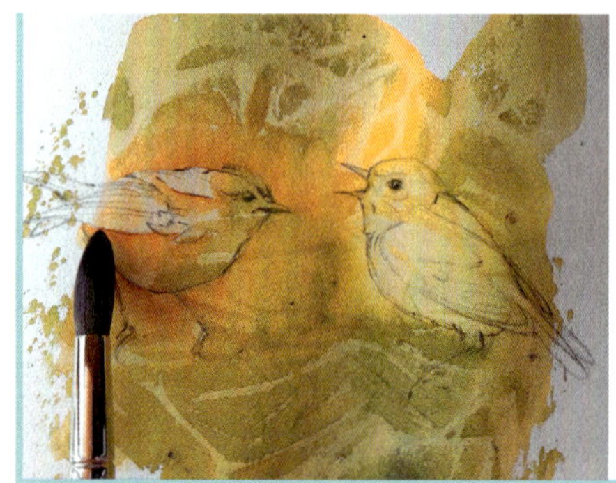

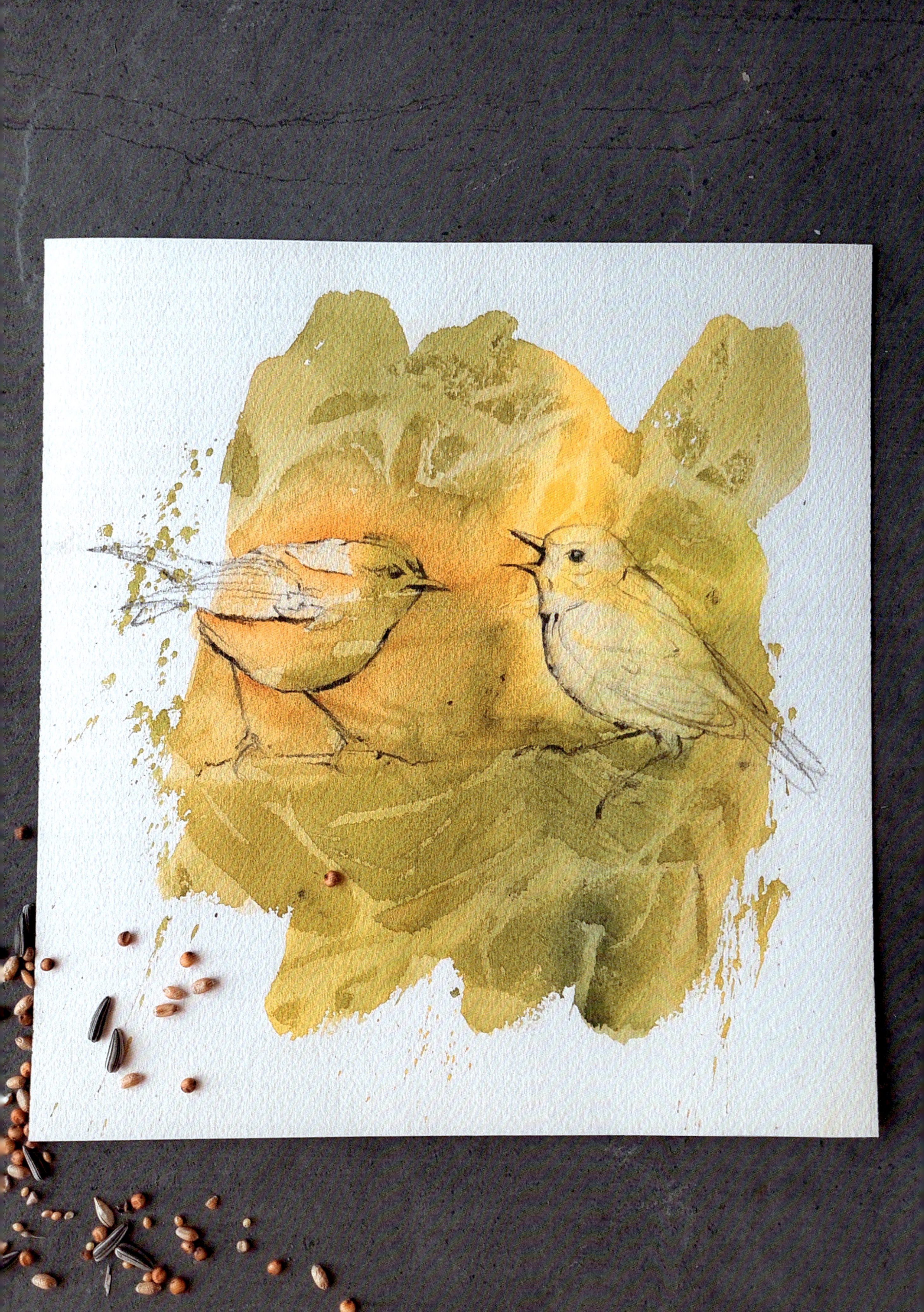

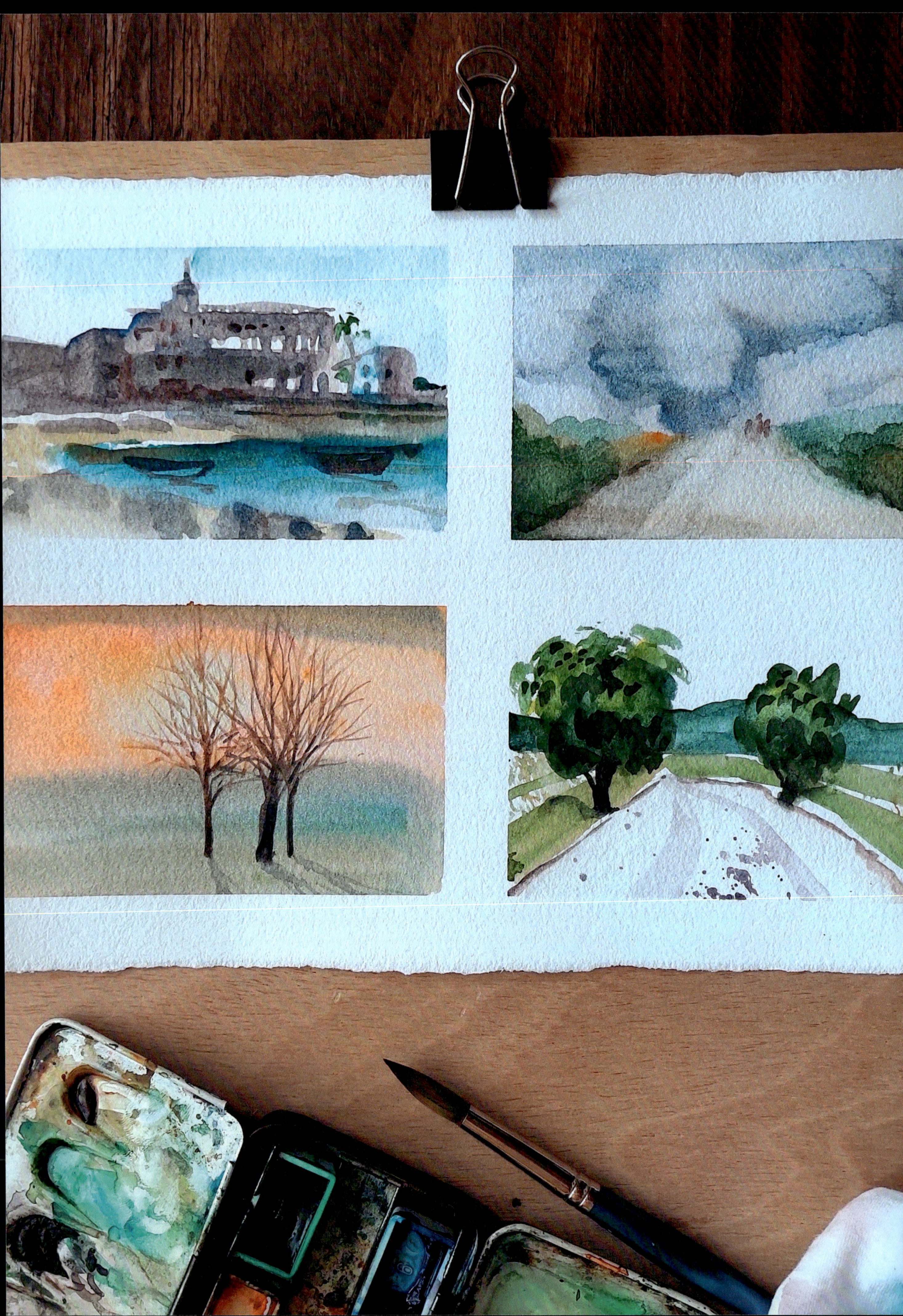

Studienblatt

Es macht Spaß, verschiedene Aquarelltechniken anhand kleiner Farbstudien zu üben. Wenn du sie auf einem geschöpften Büttenpapier ausführst, lassen sie sich zudem ansprechend präsentieren. Hier sind vier Motive mit vier Techniken zusammengestellt: die Stadt am Meer in Lasurtechnik, eine Wolkenstimmung nass in nass und ein Weg in freier Pinseltechnik. Das Motiv der drei Bäume, ebenfalls nass in nass, lernst du hier näher kennen.

1 Teile dein Papier mit Klebeband in vier gleiche Formate auf. Washi-Tape eignet sich hier sehr gut, da es sich leicht wieder ablösen lässt. Lasse die Farben des Hintergrunds nass in nass ineinander verlaufen. Dann trocknen lassen.

2 Male mit einer zarten Lasur eine Kreisform für die Sonne und lasse den Farbauftrag wieder trocknen. Zeichne mit deinem feinen Pinsel drei Bäume auf. Lege die Äste für eine räumliche Tiefenwirkung übereinander.

3 Nach dem Trocknen entsteht durch Abziehen des Tapes ein exakter Bildrand.

Material

Schwierigkeitsgrad

● ●

Format

30 x 21 cm

- Aquarellkasten mit 12 Farben
- Büttenaquarellpapier, geschöpft mit Fließrand, 300 g/m²
- Bleistift
- Rundpinsel Gr. 12, 6
- Washi-Tape

Technik

Grundtechniken ab Seite 42

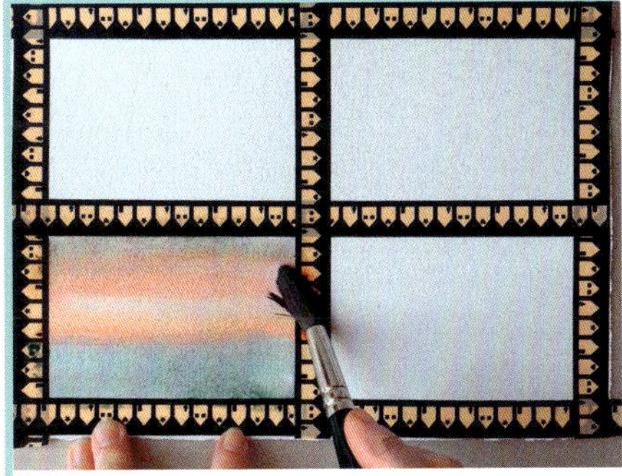

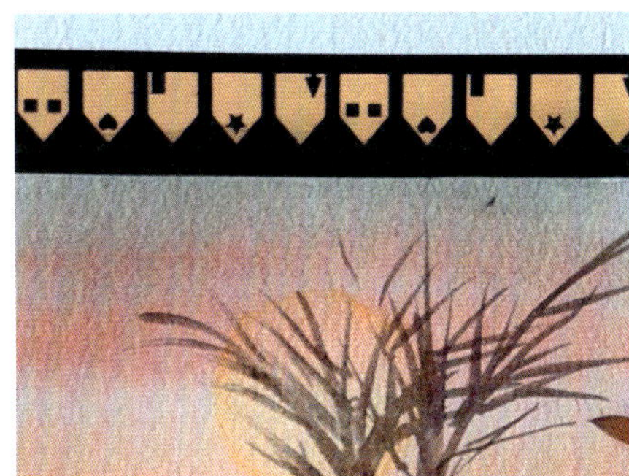

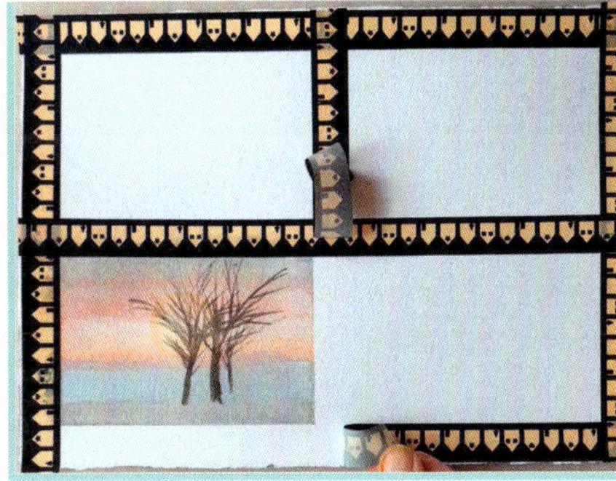

Tipps & Tricks

✦ Grüntöne können wie hier durch die Mischung von Blau- und Gelbtönen entstehen, aber auch aus einem Kasten mit vielen Grüntönen passend herausgesucht werden.

Cosmea

Feine Blüten können auch mit feinen Lasuren zum Leben erweckt werden. Bei einer solchen Technik ist eine Originalblüte als Anschauungsobjekt hilfreich.

Material

Schwierigkeitsgrad

Format
34 x 28 cm

- Aquarellfarben in Magenta, Kobaltblau hell, Phthalogrün, Ocker, Krapplack dunkel, Kadmiumgelb mittel
- Aquarellbüttenpapier, 200 g/m^2
- Bleistift
- Rundpinsel Gr. 12, 6, 3

Technik
Seite 44, 45, 50

1 Wässere dein Büttenpapier und klebe es anschließend mit Nassklebeband auf deine Malunterlage. Verteile deine Farben für die Blüten und Blätter darauf. Lasse alles anschließend gut trocknen.

2 Zeichne Blüten und Stängel mit leichtem Bleistiftstrich vor. Male dann für die Blüten in einzelnen Lasuren mit Zwischentrocknung Blatt für Blatt auf. Füge in die Blütenmitten erste gelbe Kreise ein und betone diese mit beigen und roten Punkten.

3 Male auf den grünen Grund Blütenstängel in einem dunkleren Grün. Die hellen Stängel entstehen durch das Ummalen mit Lasuren.

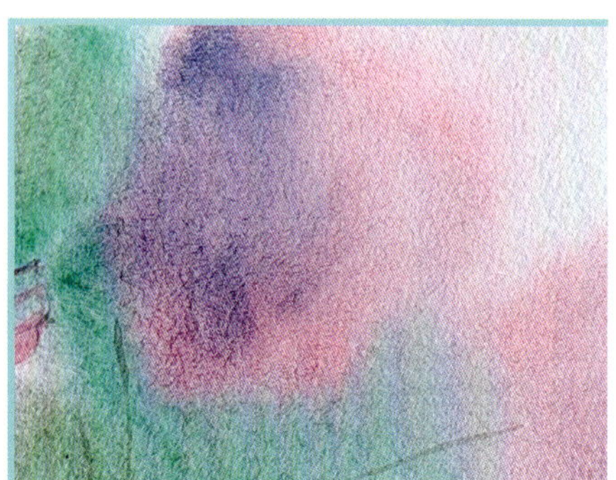

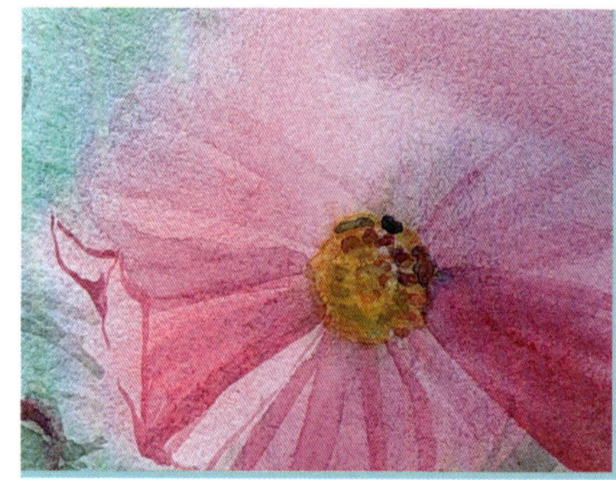

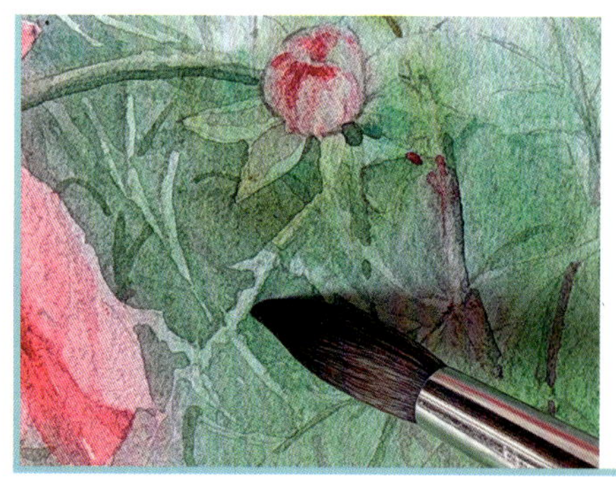

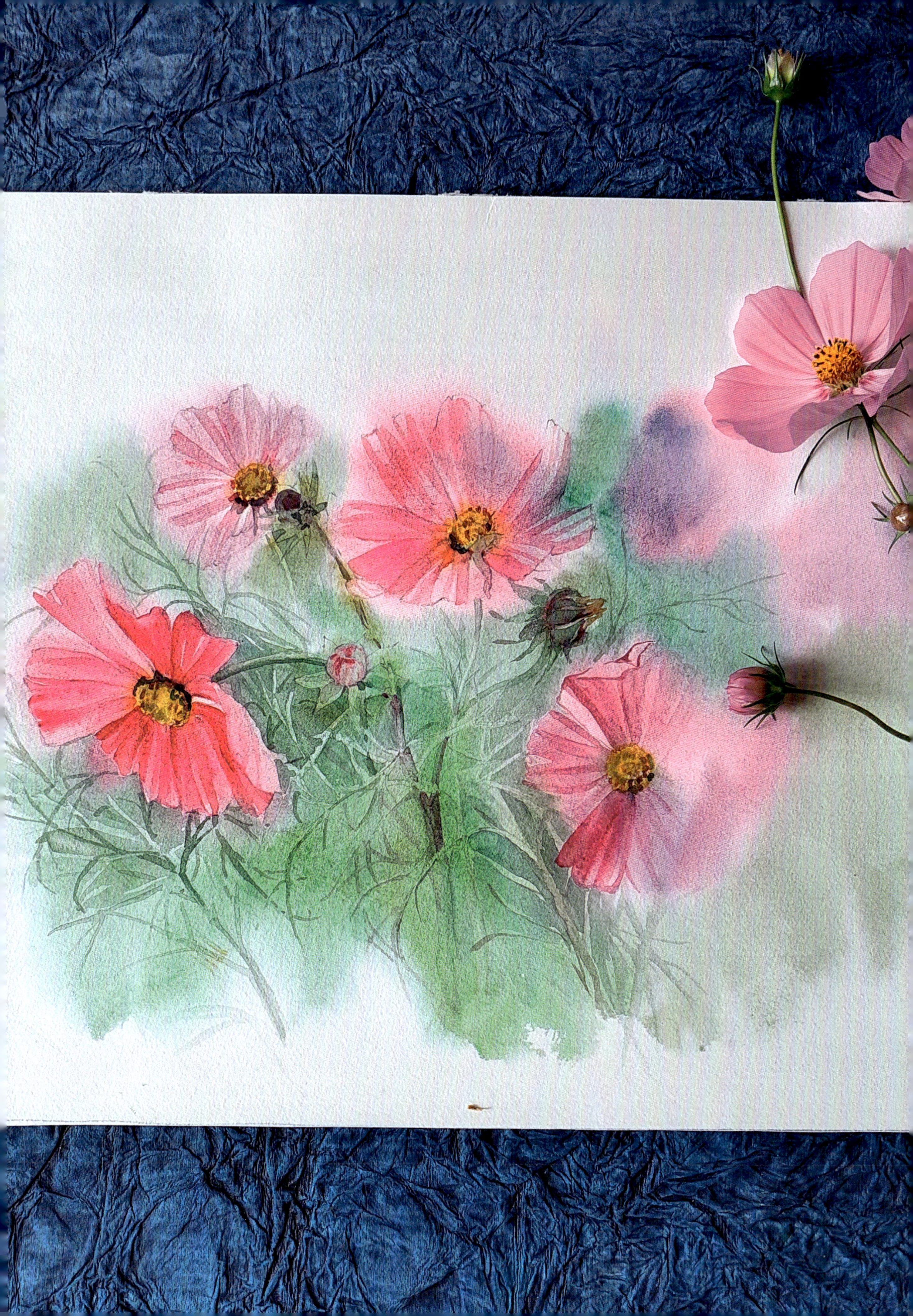

Buchempfehlungen für Dich

Noch mehr spannende Bücher zur Aquarellmalerei

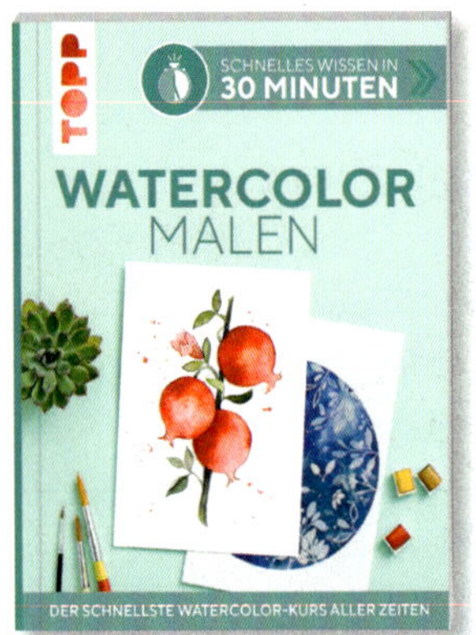

ISBN 978-3-7724-6874-2

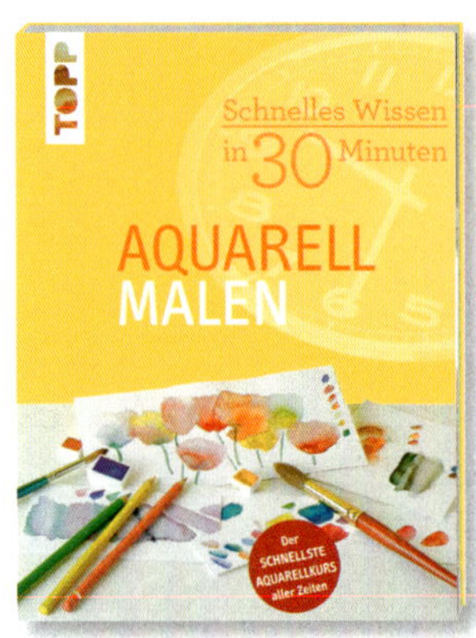

ISBN 978-3-7724-6985-5

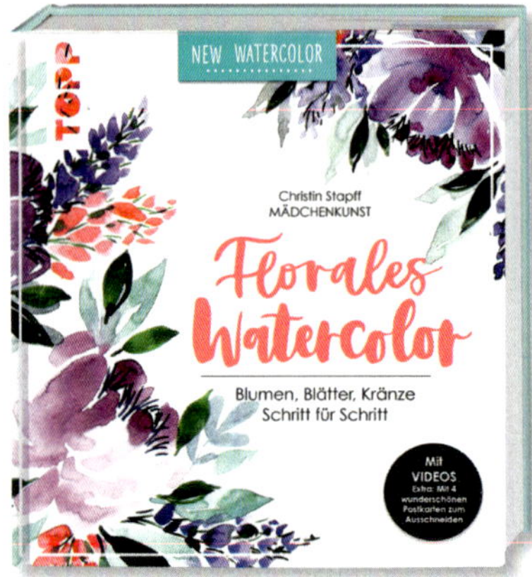

ISBN 978-3-7724-8343-1

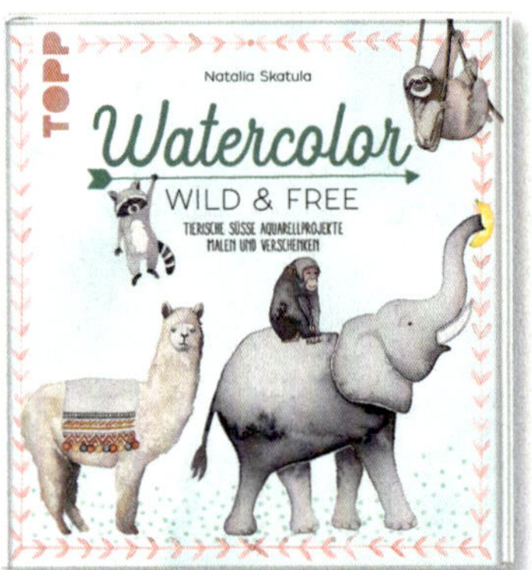

ISBN 978-3-7724-8378-3

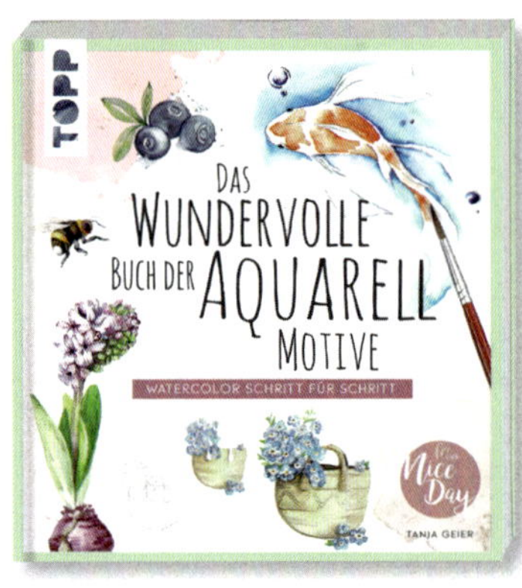

ISBN 978-3-7724-4737-2

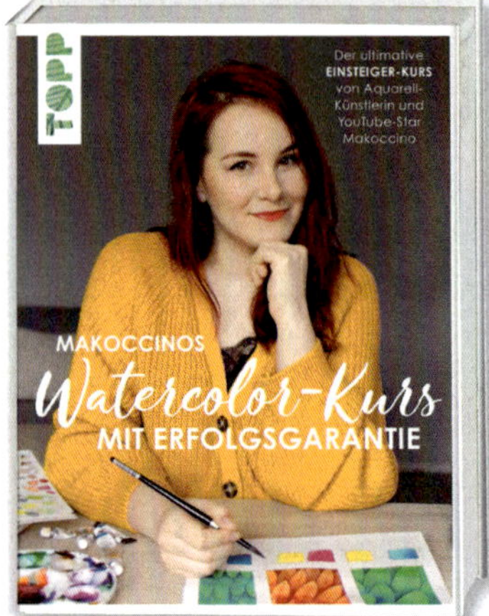

ISBN 978-3-7724-4782-2

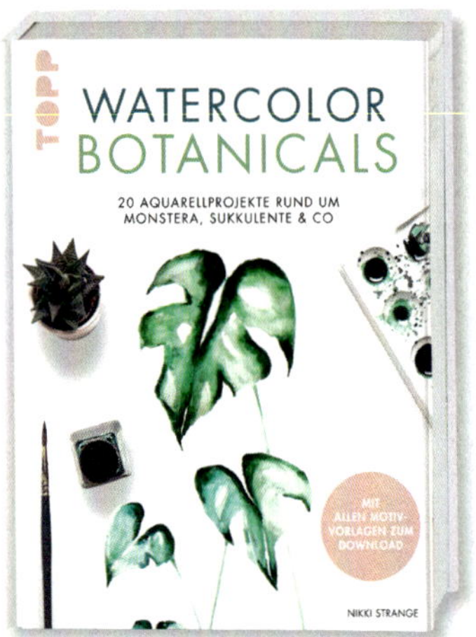

ISBN 978-3-7724-8368-4

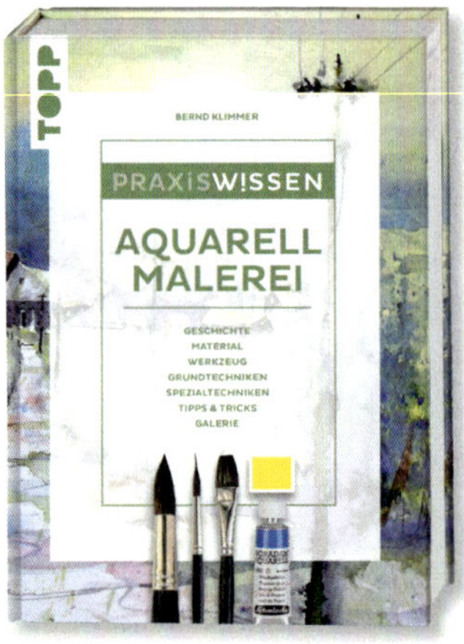

ISBN 978-3-7724-4719-8

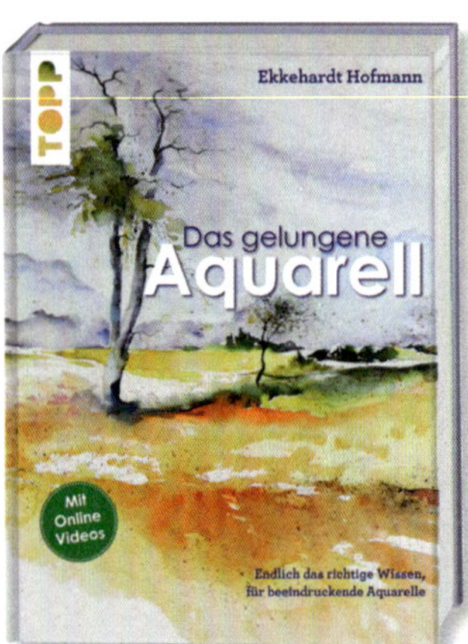

ISBN 978-3-7724-8290-8

Viele weitere Kreativ-Bücher findest du auf www.TOPP-kreativ.de

#TOPPprojekt

Die eigene Kreativität zeigen: TOPPprojekt mit anderen Kreativen teilen und Teil der Gemeinschaft werden.

DIY-begeistert und auf Instagram? Dann unbedingt mitmachen! Hier gibt's Tipps und Feedback zu den eigenen Projekten. Außerdem verlosen wir jeden Monat ein Überraschungspaket. Um am Gewinnspiel teilzunehmen, einfach ein Bild vom Kreativ-Projekt aus unseren Büchern mit #TOPPprojekt posten und unserem Account @frechverlag folgen. Mehr Infos auf TOPP-kreativ.de/TOPPprojekt

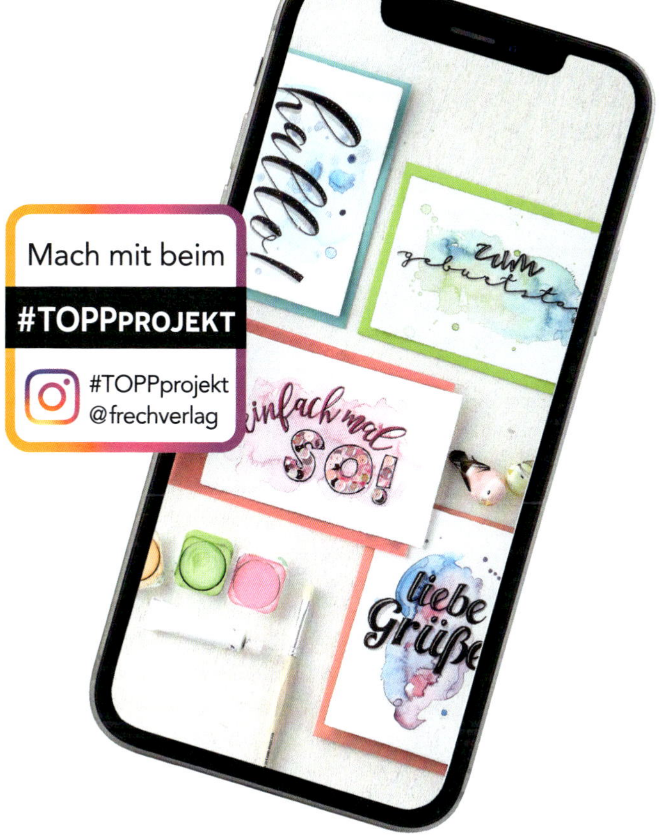

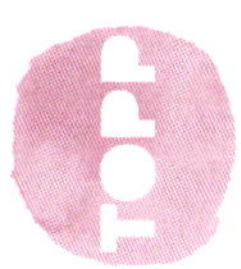

Website

Auf TOPP-kreativ.de kannst du ein riesiges Angebot von über 1.000 Kreativbüchern, Sets & mehr entdecken.

Newsletter

Gleich anmelden unter: TOPP-kreativ.de/newsletter und immer als Erstes von unseren Neuheiten und Sonderaktionen erfahren.

Instagram

@frechverlag

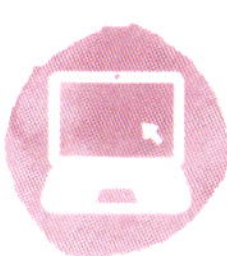

DigiBib

Viele Vorlagen zu diesem Buch stehen dir in der Digitalen Bibliothek unter www.topp-kreativ.de/digibib nach erfolgreicher Registrierung zum Download zur Verfügung. Den Freischalte-Code findest du im Impressum.

Pinterest

pinterest.com/frechverlag

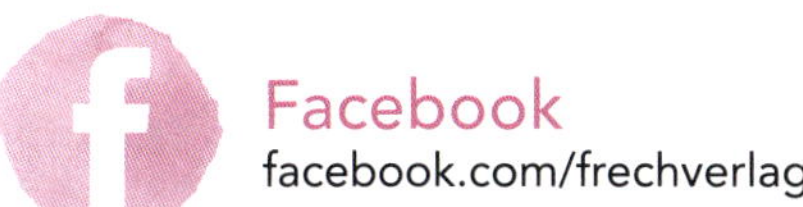

Facebook

facebook.com/frechverlag

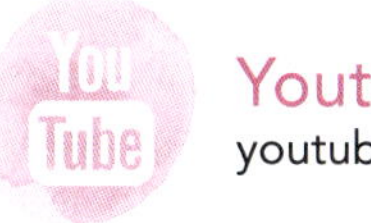

Youtube

youtube.com/frechverlag

Impressum

Kreativ-Hotline

Hilfestellung zu allen Fragen, die Materialien und Bastelbücher betreffen:

Frau Erika Noll berät Sie.
Rufen Sie an: 05052 / 911 858
(normale Telefongebühren)

E-Mail: mail@kreativ-service.info

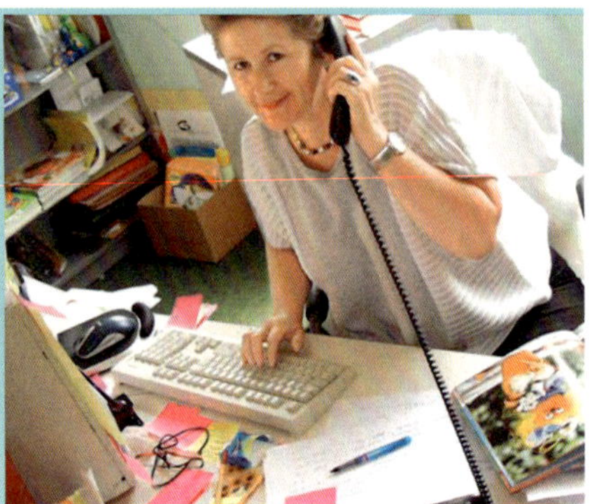

Der Freischalte-Code für die Vorlagen lautet: 14990

KONZEPT UND PRODUKTMANAGEMENT: Hannelore Irmer-Romeo

FOTOS UND MOTIVE: Monika Reiter (Seiten 4, 8, 10-15, 22-31, 42-65, 67-68, 70-73, 76, 78, 110-137, Fotos: Beate Laipple, Künzelsau); Christin Stapff (Seiten 16-21, 32-41, 66, 74-75, 77, 80-109)

PRODUKTMANAGEMENT: Hannelore Irmer-Romeo

LEKTORAT: Betz Lektorat + Redaktion, Tübingen

UMSCHLAGGESTALTUNG: Eva Hook

HERSTELLUNG: Katrin Röhlig

LAYOUT-ENTWICKLUNG: Melanie Herrmann

SATZ: Die Buchmacher, Köln

DRUCK UND BINDUNG: NEOGRAFIA a.s.

1. Auflage 2022

ISBN 978-3-7724-6878-0
Best.-Nr. 6878

Vita

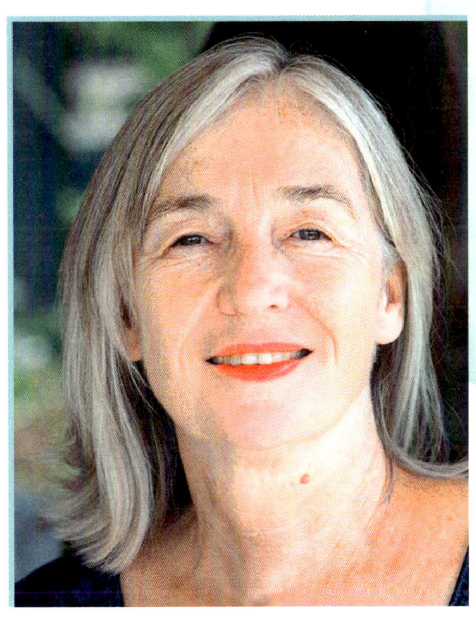

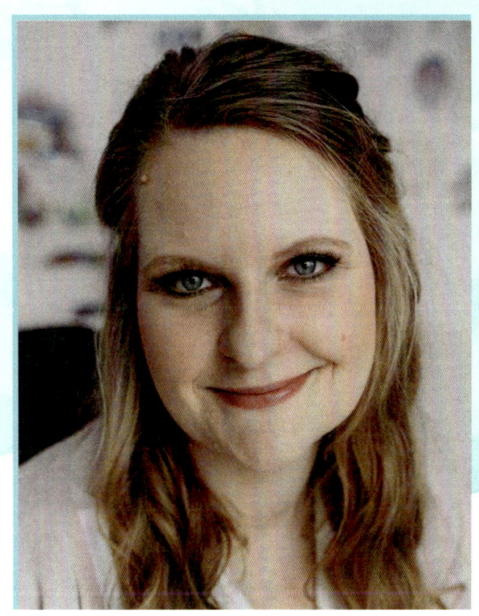

Monika Reiter, Diplom-Designerin, studierte an der Fachhochschule für Gestaltung in Schwäbisch Gmünd. Als Produktdesignerin war sie anschließend für verschiedene Firmen in freier Mitarbeit tätig. Seit 1987 arbeitet sie als Kursleiterin für unterschiedliche Institutionen der Erwachsenenbildung und vermittelt alles Wissenswerte über die Aquarell- und Acrylmalerei sowie das Zeichnen. Aktuelle Informationen über Ausstellungen, Kurse etc. erhalten Sie unter www.reitermonika.de. Auf youtube gibt es zahlreiche Videos der Autorin.

Christin Stapff hat sich nach einer Ausbildung zur TV-Redakteurin selbstständig gemacht und ist glücklich, ihre Liebe zur Kreativität mit dem Journalismus verbinden zu können. 2015 entdeckte sie das Handlettering auf Instagram – und es war Liebe auf den ersten Klick. Seitdem gilt ihre Leidenschaft dem Brush Lettering, aber auch die Aquarellmalerei und das Zeichnen spielen in ihren Arbeiten eine immer größere Rolle.